後悔しない！

離婚の準備と手続き

ベリーベスト法律事務所 監修

ナツメ社

はじめに

今は、我慢せず〝離婚していい〟時代。だからこそ、計画的に準備をしましょう

結婚した人の誰もが、一度は離婚を考えるものです。結婚からわずか数年でそうなる場合もあれば、何十年もたってからということもあるでしょう。理由はさまざま。現在、わが国の離婚件数は、結婚件数の約3分の1を占めています。3組に1組が離婚しているのです。

離婚の手続きそのものは、難しいことはありません。役所に離婚届を提出し、それが受理されれば離婚が成立します。ただ、離婚は結婚生活の終わりであると同時に、新しい人生のスタートでもあります。できることなら、新生活がよりよいものになる離婚をしたいもの。実はそこが難しいのです。とにかく離婚届という「紙切れ」さえ出してしまえばいい、と考えるのはよくありません。

離婚しないでいる人生よりも、もっといい人生を始めるために、上手に離婚しましょう。あなたの権利や新しい未来を守る法律がどんどんできています。「DV防止法」や「年金分割制度」、最近では「第三者からの情報取得手続」が加わり、相手側が養育費や財産分与の支払いを拒んだとしても、「強制執行」しやすくなったのです。時代は、離婚した人たちの人生を応援しています。

離婚しようと思ったら、まず離婚に関する正しい知識をもちましょう。「離婚は結婚の100倍大変」などという言葉におびえて何もしないでいると、新しい人生は手に入りません。正しい知識をもてば、今のままでいたほうがいいのか、離婚したほうがいいのかも見えてきます。離婚しようと決断したら、離婚に向けての準備を始めてください。

本書には、基本的な手続きから、離婚に関する近年の傾向などまで網羅されています。納得いく離婚と明るい未来のために、本書を役立ててください。

ベリーベスト法律事務所

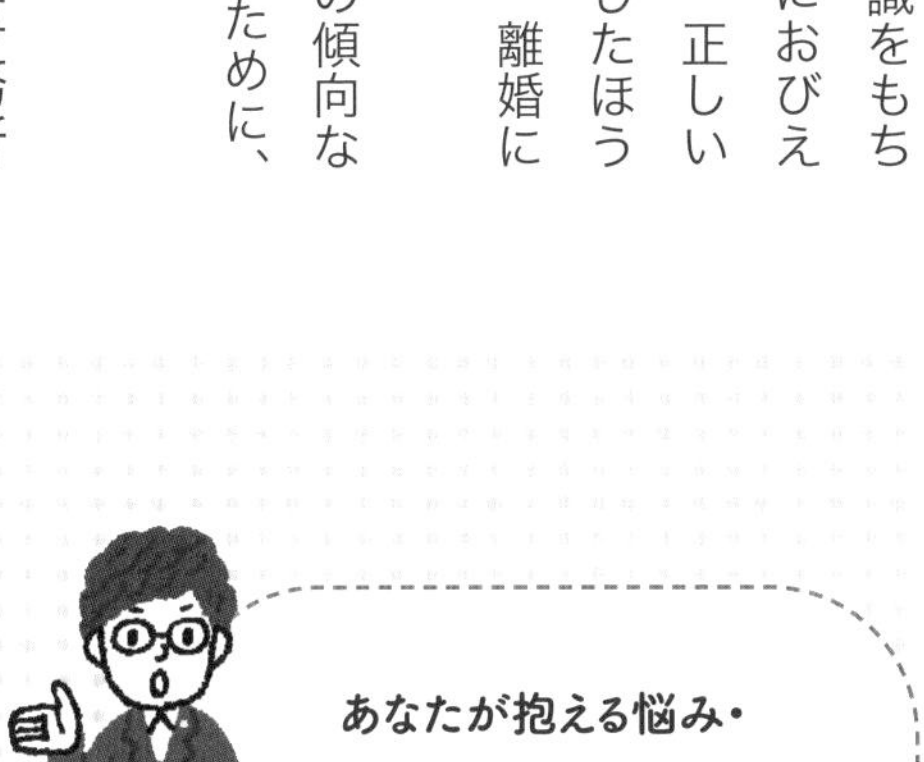
あなたが抱える悩み・
トラブルの解決策が、
きっと見つかります。

〔監修協力〕弁護士 田渕朋子

第1章
離婚の決断は後悔のないように

第2章
知っておきたい離婚の基礎知識

後悔しない！離婚の準備と手続き
CONTENTS

第3章

ケース別・離婚のポイント ―プロはこうして解決する―

第4章

お金の問題をもめずに賢く解決する

第5章 将来を見据えた最善策を子どもに残す

第6章

冷静に1つずつ交渉・手続きを進めよう

第7章

離婚後は、新たな生活に向けて手続きを

後悔しない！離婚の準備と手続き

CONTENTS

離婚後のトラブル

巻末資料

※本書は2020年11月現在の情報にもとづいて作成したものです。

本書 WEB特典のご紹介

株式会社ナツメ社のウェブサイトにて、
下記を提供していますのでご活用ください。

❶ 便利ツールリンク

後悔しない！
離婚の準備と手続き
婚姻費用計算ツール

後悔しない！
離婚の準備と手続き
養育費計算ツール

監修のベリーベスト法律事務所で提供している、「婚姻費用計算ツール」「養育費計算ツール」のリンクがあります。

ウェブブラウザでナツメ社ウェブサイト（https://www.natsume.co.jp）を開き、下部にある右記バナーからご利用ください。

❷ 離婚後の手続きチェックリスト

ダウンロードあり

201ページから掲載のチェックリストをPDF形式で提供しています。

ナツメ社ウェブサイトから「離婚の準備と手続き」で検索し、表示された『後悔しない！離婚の準備と手続き』の書籍紹介ページ内、「サンプルデータダウンロード」のボタンをクリックしてください。

※ダウンロードしたPDFデータは私的利用のみにご利用いただけます。改変や商用利用はできません。
※ダウンロードしたPDFデータの使用により発生したいかなる損害についても、
監修者および株式会社ナツメ社は一切の責任を負いかねますのでご了承ください。

話し合いから裁判まで

離婚の「かたち」はさまざまある

「離婚」は法的に婚姻関係を解消すること

離婚とは婚姻関係を解消することです。法律的には、婚姻は役所の戸籍係に婚姻届を出し、受理されることで成立します。婚姻を解消するには、役所の戸籍係に離婚届を出し受理されるか、裁判所で離婚を決める必要があります。

離婚には、当事者同士が話し合って離婚することと離婚条件を決める「協議離婚」のほか、家庭裁判所の調停委員が話し合いを調整する「調停離婚」、離婚できるかどうかを裁判で決める「裁判離婚」などがあります。

日本では話し合いによる離婚がいちばん多い

日本では、離婚の9割近くを協議離婚が占めています。当事者同士で話し合い、合意することで離婚届を出しているのです。この方法は時間も費用も少なくてすみます。

協議で合意できない場合は、離婚調停を申し立て、第三者の調停委員に入ってもらい、話し合いを調整してもらいます。それで合意できれば調停が成立します。

調停が不成立に終わると、離婚するための残された道は裁判です。ここまで進む人は多くはありません。

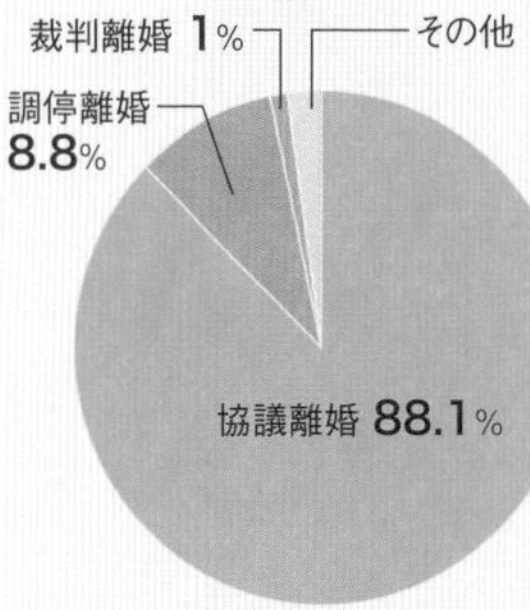
裁判離婚 1%
その他
調停離婚
8.8%
協議離婚 88.1%

［いちばん多い離婚のかたちは？］

多くを占めるのは協議離婚。調停や裁判となるケースは少ない。

（「人口動態調査 人口動態統計確定数 離婚」2019年 e-Statより作成）

協議離婚

当事者同士で離婚の条件などを話し合い、話がまとまれば、離婚届を出します。多くの人がとっている方法です。

私の離婚

夫の浮気に耐えられず
双方で話し合いの末、
シングルマザーになりました

夫の浮気に気づいたのは子どもがまだ1歳のときです。メールを調べてみると、元同級生だという相手との関係は、1年以上前から続いていました。

夫は育児にも協力的でしたし、家ではいつも笑顔。私は夫を信じていたので、1年以上もだまされていたのはショックでした。

あのときは冷静でいられず、とにかく離婚へと突っ走ってしまいました。浮気についてはメールなどの証拠もあったので、離婚協議は一気に進みました。慰謝料、財産分与、養育費についても合意。話し合いから1か月ほどで、離婚届を提出しました。

現在、離婚から3年。シングルマザーになってからの仕事探しは苦労しましたが、実家の両親の助けや公的支援もあり、なんとか生活できています。ただ、養育費の取り決めについて、しっかりと書面に残さなかったことがとても心配です。

進学費

最も簡単な離婚方法ですが、客観性のある協議にならなかったり、法的な視点が抜けてしまうことがあります。あとからトラブルにならないよう、しっかりと対策することが大切です。

調停離婚

第三者である調停委員に話し合いを調整してもらい、当事者同士が合意することで離婚する方法です。

私の離婚

仕事に没頭するあまり夫婦関係が悪化。第三者に入ってもらい離婚しました

裁判所

離婚の火種は以前からあったのです。2人の子どもを抱え、妻は育児に追われていたようですが、当時の私は仕事が忙しく、すれ違いの日々が続いていました。家のローンもあるし、子どもたちにもお金がかかるようになりますから、仕事優先の生活になるのはしかたなかったと思っています。

家庭内の雰囲気はどんどん険悪になっていき、妻が子どもを連れて実家に帰ったことで決定的になりました。別居後は実家を巻き込み、さらに関係が悪化していったのです。

離婚するにあたっては、あとから金銭問題などでもめないように、調停を行うことにしました。離婚調停のことは会社に伝えてあったものの、月に1回調停のために会社を休むのは精神的にも疲れました。私は結婚していたときの家で暮らしているので、なんとなく周囲の目も気になります。

ただ、しっかり取り決めもできたので、調停離婚したことはよかったと思います。

これで成立!

調停委員を介するため、冷静に進めやすくなります。離婚後のトラブルも少なくなります。ただし、お互いが合意できなければ、離婚は成立しません。

裁判離婚

調停が不成立の場合に起こすことができます。離婚が認められるかどうかを、裁判官の手にゆだねるのです。

私の離婚

モラハラ夫との交渉は
合意を得られず泥沼化。
裁判を起こしました

元夫のモラルハラスメントはひどいものでした。子どもが小さいころ、私は専業主婦でしたが、収入がない私をばかにした態度をとり続けていました。元夫が深夜まで飲み歩くことに文句を言おうものなら、私が謝るまで何日でも無視し続ける人でした。

その後、私は少しずつ仕事を始めました。子どもが2人とも独立してからはフルタイムで働き、そのころから元夫とは家庭内別居状態になりました。寝室はもちろん別。食事も一緒にとることはありませんでした。

2年前に離婚調停を始めましたが、金銭問題と自宅マンションのことでもめ、不成立に終わりました。裁判を起こすときには、友人の紹介で信頼できる弁護士さんにサポートしてもらえました。本人尋問では緊張しましたが、事前の練習でなんとか乗り切りました。

裁判によって納得のいく離婚ができたと思っています。マンションなどの名義変更の手間は、思っていたよりも大変でしたが……。

あなたは
○月×日に
……

**裁判離婚は時間がかかり、
精神的な負担も大きく、
多くは弁護士費用もかかります。
調停が不成立でも離婚したいときの
最終手段。日本では1%ほどです。**

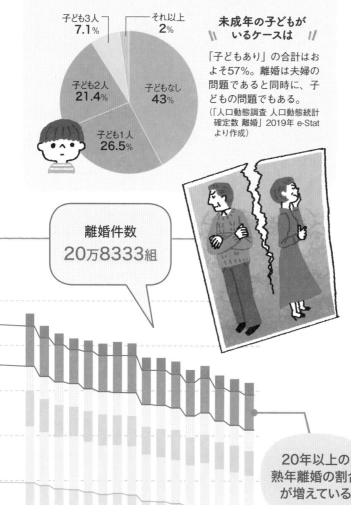

最新データから 現代の離婚事情を見てみよう

離婚後5年以内に再婚した人は

男性 約27%　女性 約22%

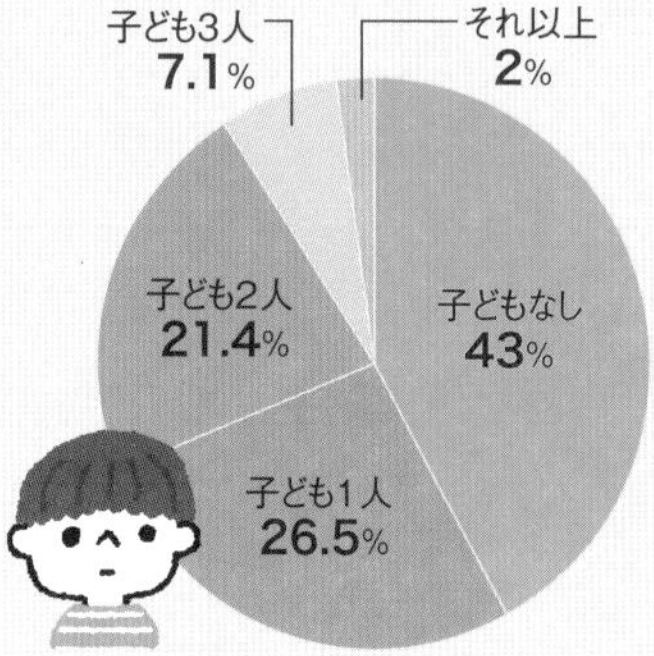
子ども3人
7.1%
それ以上
2%
子どもなし
43%
子ども2人
21.4%
子ども1人
26.5%

未成年の子どもがいるケースは

「子どもあり」の合計はおよそ57%。離婚は夫婦の問題であると同時に、子どもの問題でもある。

（「人口動態調査 人口動態統計 確定数 離婚」2019年 e-Statより作成）

離婚件数
20万8333組
20年以上の
熟年離婚の割合
が増えている
'05
'10
'15
'18

若い夫婦も熟年夫婦も離婚は身近な選択肢に

日本では1996年以降すでに20年以上にわたって、毎年20万組以上の夫婦が離婚しています。かつて離婚は否定的なイメージでとらえられることが多かったのですが、現在では離婚に対する抵抗感が薄れているのでしょう。

また、以前は比較的若い世代の離婚が多かったのですが、同居期間が20年以上の熟年世代の離婚が増える傾向が見られます。これには「年金分割制度（⬇P134）」ができたことも関係しています。

そして現在では、世代に関係なく離婚という人生の選択をする人が多くなってきました。再婚にも積極的で、男女ともおよそ4人に1人は、離婚後5年以内に再婚しています。離婚は人生のゴールではないのです。

同居期間別にみた離婚の年次推移

1980年代までは同居期間5年未満の離婚が多くを占めていましたが、徐々に同居期間20年以上の割合が増えていき、世代を問わず離婚する時代になっています。

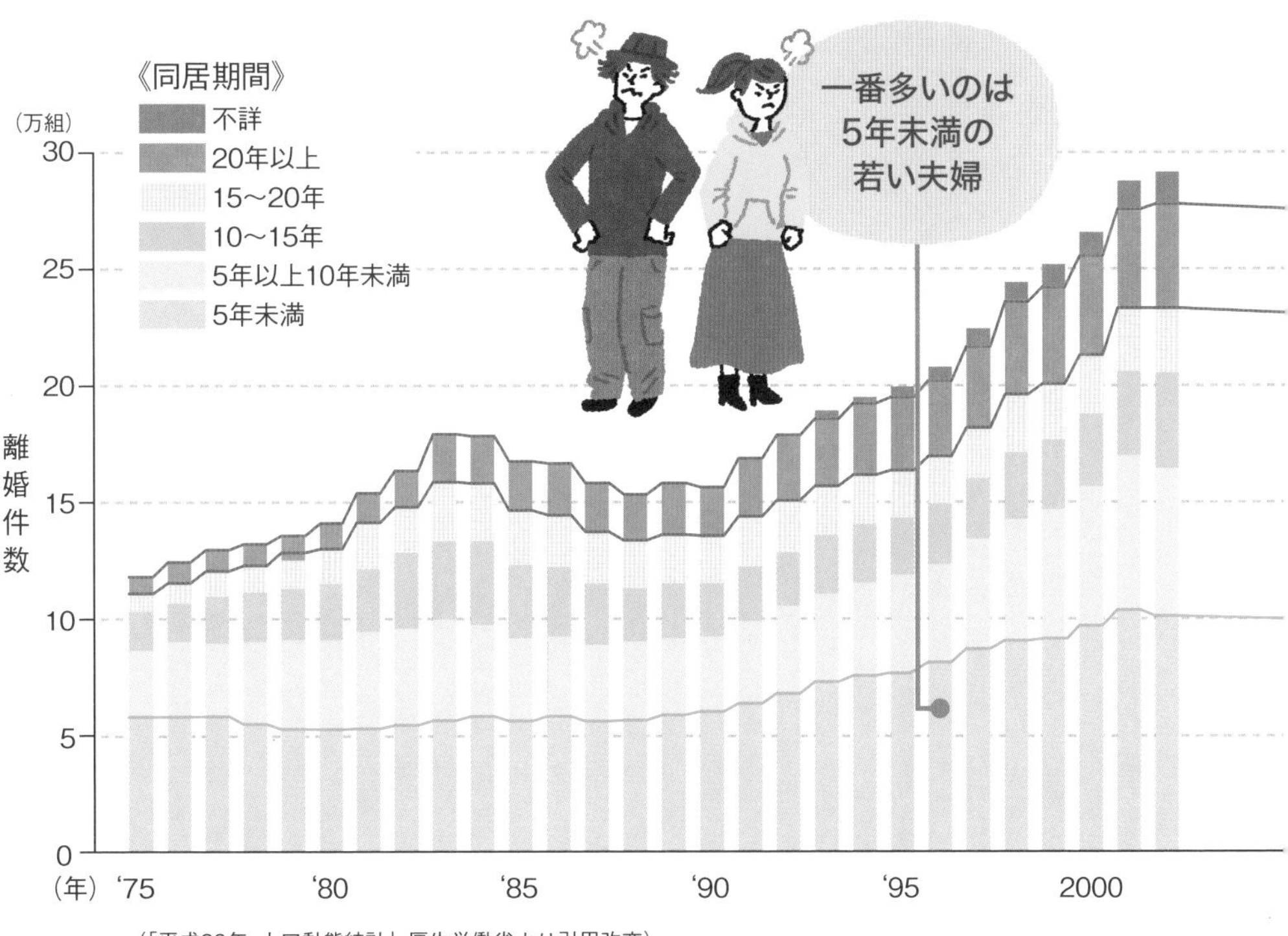
《同居期間》
不詳
20年以上
15～20年
10～15年
5年以上10年未満
5年未満
一番多いのは5年未満の若い夫婦
（万組）
30
25
20
15
10
5
0
離婚件数
（年）
'75
'80
'85
'90
'95
2000

（「平成30年 人口動態統計」厚生労働省より引用改変）

親権を主張する男性が増えている

多くの人たちが「性格が合わない」ことを原因として離婚しています。妻側も夫側も、この原因が圧倒的に第一位。結婚したときはそう感じていなかったのに、一緒に生活しているうちに、人生観や価値観のずれに気づいたり、相手の違う一面が見えてきたりするのでしょう。妻側の理由では「生活費を渡さない」「精神的に虐待する」「暴力をふるう」「異性関係」などもかなり多くなっています。

近年の傾向として、親権を主張する男性が増えてきました。結婚しない人が多くなった時代に、それでも結婚するのは、子どもをもつことが結婚の大きな動機になっているのかもしれません。親権をめぐる争いが増えていますが、男性が親権をとるケースはまだ多くはありません。

[男女別の離婚原因]

家庭裁判所に離婚調停を申し立てたときの動機を、男女別にまとめた結果。

夫

妻

夫		妻
10438件	性格の不一致	18268件
744件	生活費を渡さない	13725件
3370件	精神的に虐待する	11801件
1502件	暴力をふるう	9745件
2373件	異性関係	7378件
2030件	浪費する	4686件
887件	家族を捨てて省みない	3600件
2141件	性的な不調和	3293件
2294件	家族・親族と折り合いが悪い	3171件
384件	酒を飲みすぎる	2752件
1597件	夫婦の同居に応じない	862件
643件	病気	845件
3525件	その他	5189件

（司法統計　家事平成30年度 第19表より作成）

第1章

離婚の決断は後悔のないように

「離婚」の文字が頭に浮かんだら、まずはこの章を。
後悔しない離婚のために、大事なこと、
知っておきたいことをまとめてチェックしましょう。

早まった離婚は後悔を招くことに

勢いにまかせ、離婚を決断するのはよくありません。離婚後、さまざまな悩みや苦労にみまわれる人も少なくないのです。

勢いまかせの離婚は絶対にしてはいけない

一刻も早く離婚したい、という気もちになることはあります。配偶者の長年の浮気が発覚したような場合、怒りから一気に離婚話が進んでしまったりします。しかし、**勢いにまかせた離婚はいけません。よい結果をもたらさないことが多いのです。**

離婚は手続きとしては簡単ですが、あと先を考えずに離婚届にサインしてしまうことだけはやめましょう。

離婚はそのあとのあなたの人生を大きく変えます。子どもがいれば、子どもの人生も変えてしまうことに

離婚後に生じるさまざまな悩み

男女ともに多いのは子どもに関する悩み。
女性は経済的な悩みも多くなります。

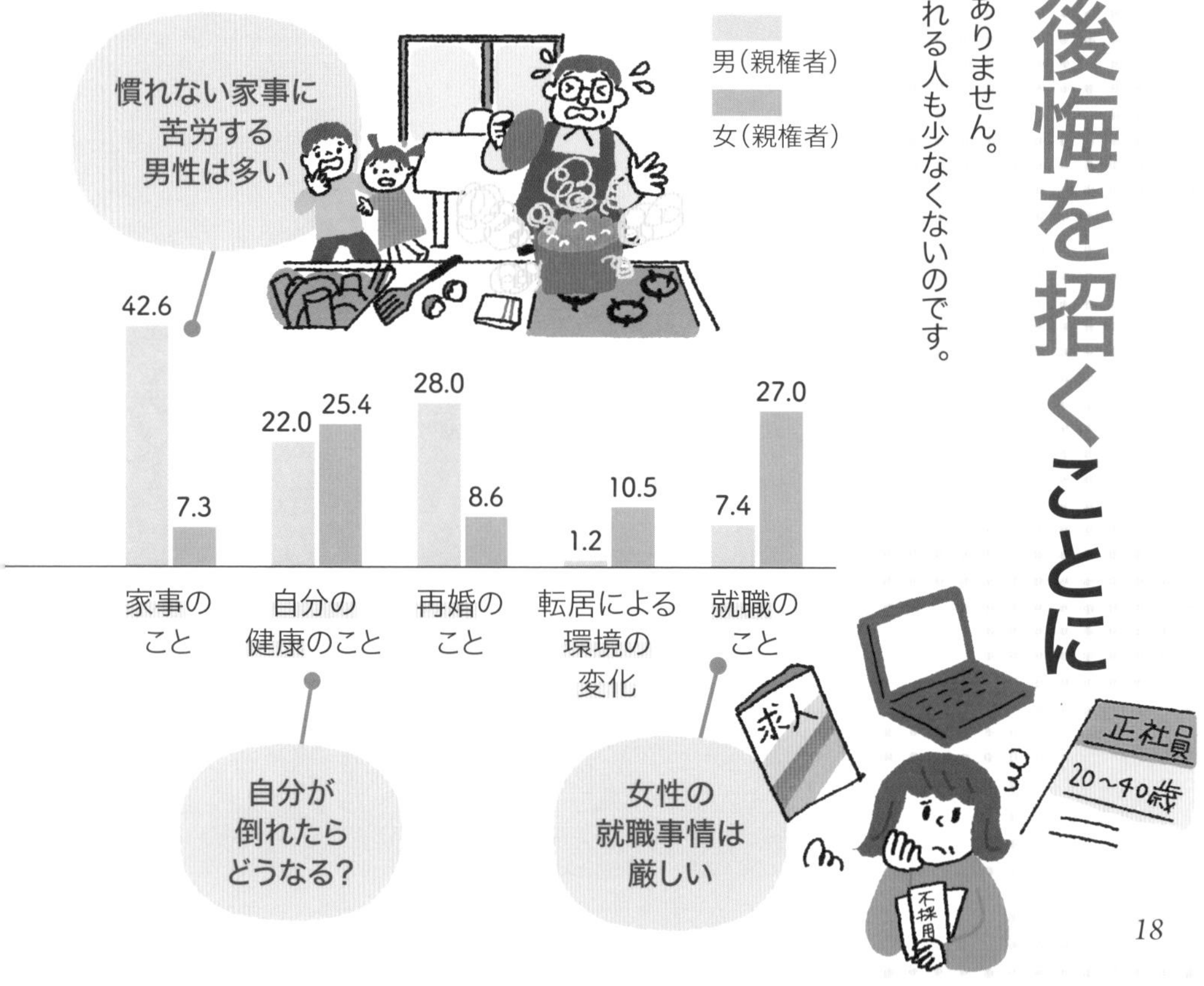
男（親権者）
女（親権者）
慣れない家事に苦労する男性は多い
42.6
7.3
22.0
25.4
28.0
8.6
1.2
10.5
7.4
27.0
家事のこと
自分の健康のこと
再婚のこと
転居による環境の変化
就職のこと
自分が倒れたらどうなる？
女性の就職事情は厳しい
求人
正社員
20～40歳
不採用

なります。暴力などで身の危険がある場合は別ですが、そうでなければ、離婚に突き進む前に、冷静に考えることをまず優先させましょう。

母子家庭の半数以上は貧困というデータもある

離婚後に待っているのは、**経済的な問題、住まいを含めた暮らしの問題、子どもの問題などです。**特にお金が心配という人は多いはず。母子家庭や女性の高齢単身者は、貧困率が50%以上というデータもあります。慰謝料はあるのか、財産分与はどの程度の額になるのか。養育費については受給率が20%程度と低いのが実態です。お金の問題を含め、現実を直視することが大切です。

怒りや不満から「離婚したい」と口にしてしまうと、あと戻りできなくなります。**口にする前に、自分自身でよく考えるようにしましょう。**

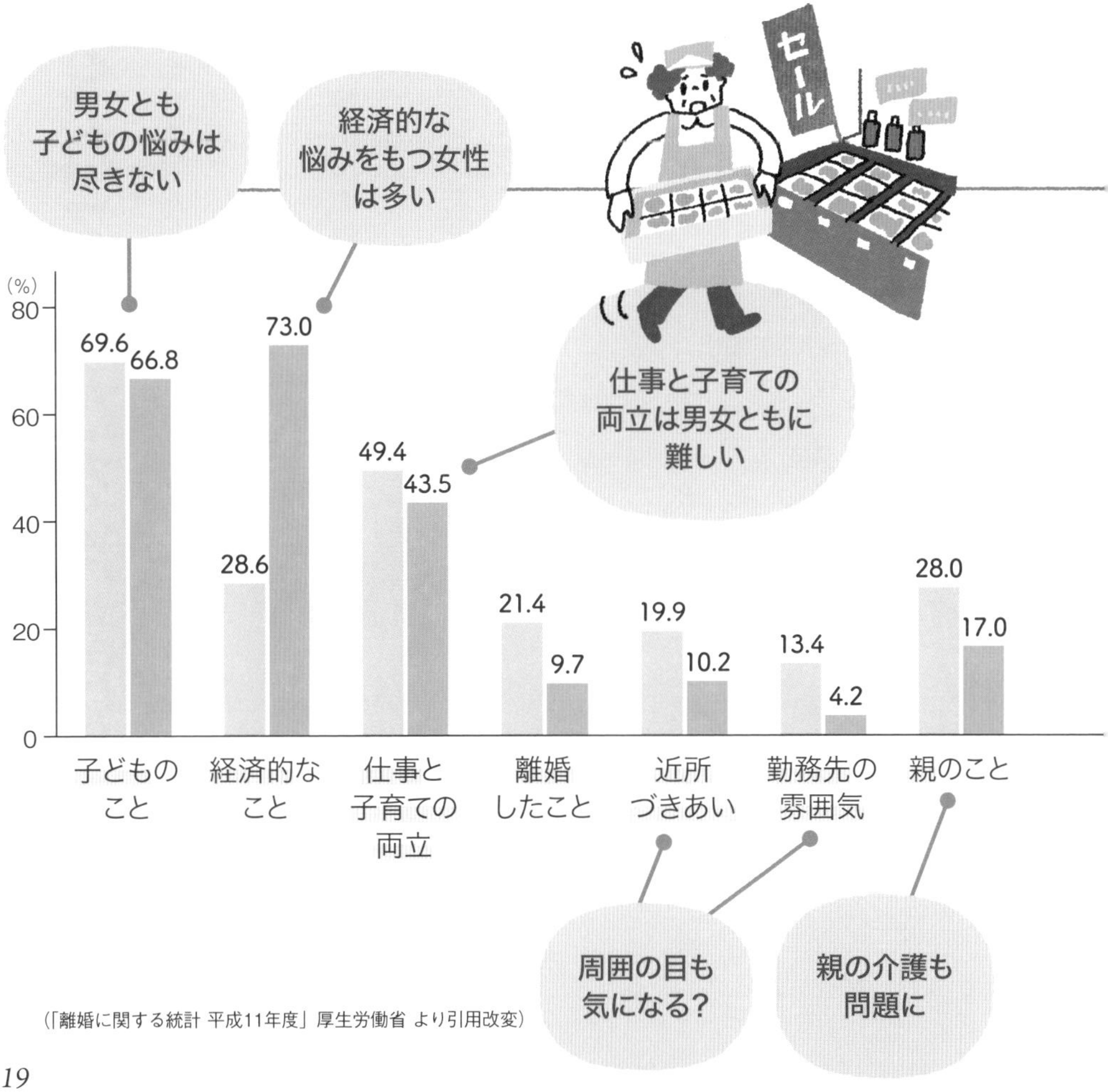
男女とも子どもの悩みは尽きない
経済的な悩みをもつ女性は多い
セール
仕事と子育ての両立は男女ともに難しい
周囲の目も気になる？
親の介護も問題に
(%)
80
60
40
20
0
69.6
66.8
28.6
73.0
49.4
43.5
21.4
9.7
19.9
10.2
13.4
4.2
28.0
17.0
子どものこと
経済的なこと
仕事と子育ての両立
離婚したこと
近所づきあい
勤務先の雰囲気
親のこと

（「離婚に関する統計 平成11年度」厚生労働省 より引用改変）

離婚の決断

今よりよくなるのかを冷静に考えよう

離婚によって生活や環境は大きく変わります。今とどう変わるのか、それでも離婚したいのかをよく考えてみましょう。

望んでいることは何か、自分自身に向き合ってみる

結婚生活のなかで「もう離婚するしかない」という気持ちになることはあります。しかし、本当に離婚以外の選択肢はないのでしょうか。

一緒にいたくないのなら、別居するという方法もあります。浮気が原因なら、慰謝料をとって気持ちを整理し、婚姻関係を続けるのも1つの選択肢です。相手の借金が原因なら、その問題を解決すれば、離婚は回避できるかもしれません。

自分が本当に望むことは何なのか、落ち着いて考えてみましょう。

離婚後の生活を具体的に想像してみる

離婚するかどうかの決断は、冷静に考えてくだすようにします。考えるべき主なテーマは3つあります。

1つは、仕事やお金など経済的な問題です。特にこれまで専業主婦だった場合には、重要になります。2つ目は、住まいをどうするかという問題。3つ目は、子どもがいる場合に限られますが、子どもをどうするかという問題です。冷静になって考えれば、どの問題も現実は甘くないことがわかってきます。

決断をくだすときに判断の基準とするのは、「今のままでいるよりよくなるのか」ということです。離婚してしまってから、こんなことになるとは思わなかったと後悔するケースも少なくありません。

自分の心と体にも目を向けましょう。離婚は精神的に大きな重圧になります。周囲の目、職場の人間関係、親の介護など、ストレスの種はいくらでもあります。また、これまで2人で分担していたことを、1人で担うことになるのですから、健康に不安がないことも重要です。

何か困ったことが起きたときに頼れる人、相談できる人がいると、離婚後の生活の支えになります。

仕事やお金はどうなる?

生活の根幹となるのが仕事とお金。公的支援を最大限に利用することを考えましょう。

母子家庭の母親の半数近くは「非正規雇用」

子どもが小さいと働く時間が限られるなどの理由で、非正規雇用が半数を占めている。収入は正規雇用と大きな差がある。

(「平成28年度全国ひとり親世帯等調査結果報告」厚生労働省より作成)

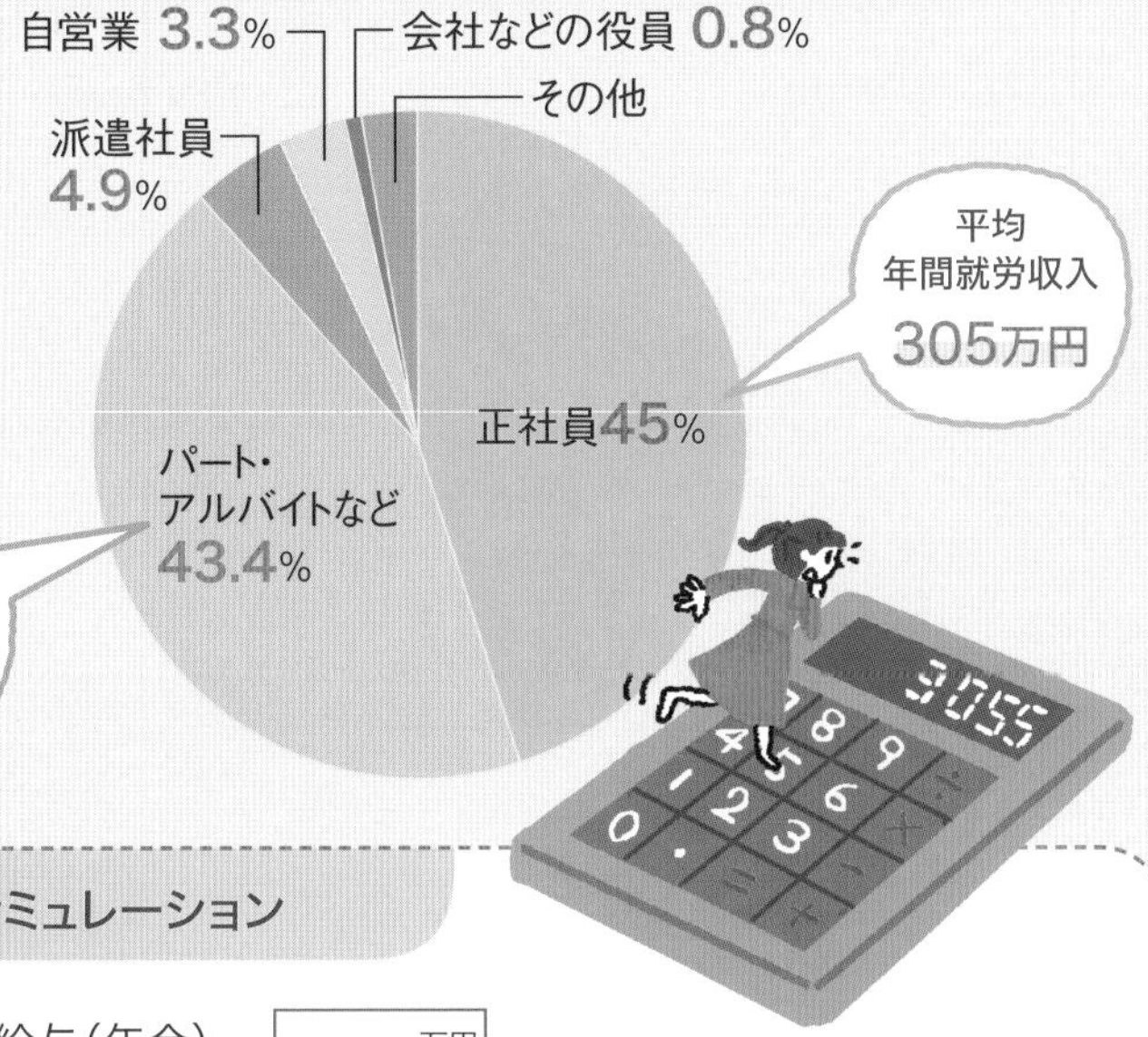
自営業 3.3%
会社などの役員 0.8%
その他
派遣社員 4.9%
平均
年間就労収入
305万円
正社員45%
パート・
アルバイトなど
43.4%
平均
年間就労収入
133万円

やってみよう!

離婚後の家計シミュレーション

収入

手取り給与(年金)	万円
養育費	万円
児童手当	万円
児童扶養(ふよう)手当	万円

1か月分の収支を大まかに計算してみる。収入には、公的支援も加える。養育費は算定表から算出(➡P250)、年金額は「ねんきん定期便」で調べられる。

支出

住居費	万円	教育費	万円
食費	万円	医療費	万円
水道光熱費	万円	娯楽費	万円
日用品	万円	被服費	万円
通信費	万円	生命保険料	万円
交通費	万円	その他	万円

収入合計		支出合計		残金
万円	−	万円	=	万円

✎ 児童手当・児童扶養手当…児童手当はひとり親かどうかに関係なく支給される。児童扶養手当は特定のひとり親家庭に支給される。(➡P218)

住まいはどうする？

離婚後の住まいは大問題。どこに住むかで生活が大きく変わります。

今の住居に住む

メリット 生活環境が変わらないので、子どもにとってもストレスが少ない。持ち家でローンがなければ経済的にも安心。

デメリット 賃貸だと家賃の負担が重くなる。ローンは名義人が払い続ける必要があり、名義変更は難しいことがある。

実家に戻る

メリット 安心感があり、家賃がかからない。家事や子どもの世話などでサポートが期待できる。

デメリット 生活スタイルや価値観の違いからトラブルが起きやすい。親に収入があると児童扶養（ふよう）手当を受けられないことも。

賃貸住宅を借りる

メリット 職場が近い、保育園がある、子どもの学校が変わらないなど、住みたい地域の物件を選べる。

デメリット 家賃が高い。入居するときに保証人が必要。シングルマザーで仕事がパートだと、入居が難しいことがある。

シェアハウスに住む

シングルマザー向けシェアハウスには、保育園への送り迎えや子どもの見守りサービス付きの施設もある。同じ境遇の仲間がいるのも安心。

母子生活支援施設に住む

経済的事情やDV（ドメスティック・バイオレンス）などのため、母子だけで自立した生活が困難な場合に入居できる。独立した部屋で暮らすが、共同生活のルールはある。

公営住宅を借りる

メリット 民間の賃貸住宅に比べて家賃が安く、ひとり親家庭は抽選の当選確率が高い。更新もない。

デメリット 募集期間が決まっていて、抽選がある。自治会組織の仕事をこなす必要がある。

子どもはどうなる？

離婚することで子どもにどんな影響が及ぶのかも考えておきましょう。

環境の変化

片方の親がいなくなること、引越し、転校などで、生活環境も人間関係も、急激に変化する。ひとり親家庭になることで、保育の必要が生じるなど、生活スタイルも大きく変わる。

経済的な影響

養育費は請求できるが、受給率は低い。学費を養育費でまかなえるとは限らず、子どもの希望通りに進学させることが難しいことも。奨学金制度の利用や子ども自身のアルバイトが必要になる場合もある。

精神面への影響

孤独感や見捨てられたという気持ちを抱きやすい。両親の離婚は自分のせいではないか、という自責感を抱く子どももいる。細やかなケアが必要になる。逆に、親の争いや暴力がなくなり安心するケースもある。

[離婚した親がもつ子どもの悩み]

養育費があったとしても働く必要があり、子どもを1人にする時間は増える。離婚によって傷ついた子どもの情緒面も心配。

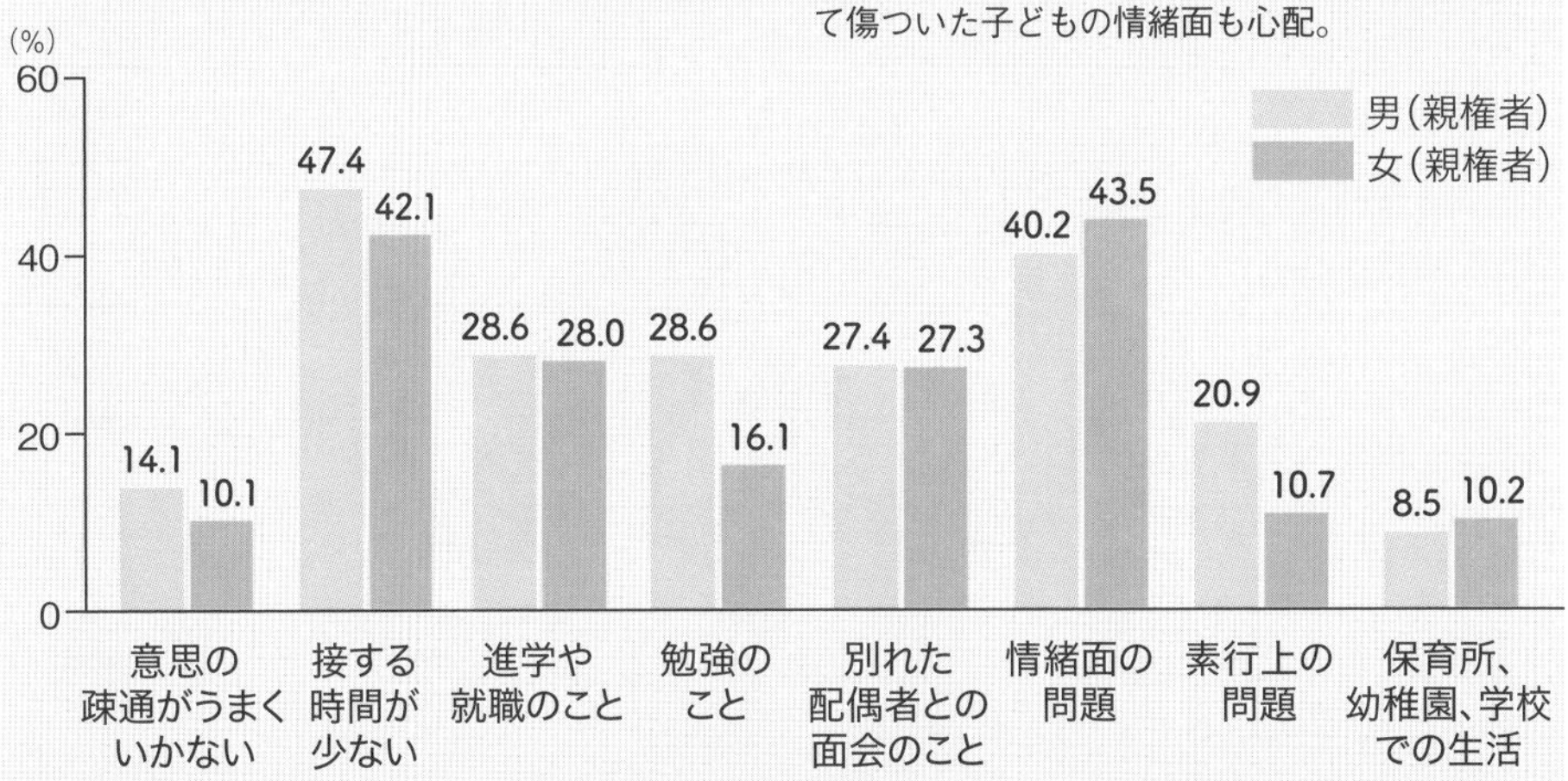
(%)
60
40
20
0
男(親権者)
女(親権者)
14.1
10.1
意思の疎通がうまくいかない
47.4
42.1
接する時間が少ない
28.6
28.0
進学や就職のこと
28.6
16.1
勉強のこと
27.4
27.3
別れた配偶者との面会のこと
40.2
43.5
情緒面の問題
20.9
10.7
素行上の問題
8.5
10.2
保育所、幼稚園、学校での生活

（「離婚に関する統計 平成11年度」厚生労働省 より引用改変）

離婚の決断

話がこじれると時間も費用もかかる

相手も離婚を考えていれば、話し合いはスムーズに進むでしょう。こじれると、時間と費用がかかることを覚悟しておきます。

裁判まで進むと数年以上かかることも

両者がすんなりと同意して協議離婚が成立した場合は、時間も費用もあまりかかりません。しかし、いざ離婚するとなると、お金や子どものことなど、話し合うべき内容は多く、**合意に至らないこともあります。**

そのような場合には、家庭裁判所に離婚調停を申し立てることになり、調停も不成立に終わると裁判になります。調停は成立までに半年〜1年ほどかかるのが一般的。裁判を起こしてから判決が出るまでは、だいたい1年ほどかかります。

離婚成立までにかかる費用は？

離婚の話し合いに時間がかかるほど、費用は膨らんでいきます。

離婚手続き

第三者を介する

調停離婚
数千円程度

裁判を起こす

裁判離婚
数万円程度

2人だけで話し合う

協議離婚
0円

協議離婚なら手続きに費用はかからないが調停や裁判となると、それぞれに費用がかかる。裁判所が遠方にあるとさらに交通費がかさむ。

弁護士や別居にかかる費用がかさむ

離婚が決着するまで別居することになれば、**住まいの家賃や引越し代が必要になりますし、生活費も二重にかかります。**多くの場合、夫婦の収入の少ない側は婚姻費用として相手に生活費を請求できますが、それですべてがまかなえるとは限りません。収入の多い側（主に男性）は、別居期間が長くなるほど、婚姻費用が大きな負担になってきます。

裁判になった場合はもちろん、**調停でも弁護士を依頼することがありますが、弁護士費用は大きな負担になります。**判決に納得できず控訴（こうそ）すると、さらに時間も費用もかかってしまいます。慰謝料や財産分与などがある場合でも、それを入手できるのは離婚成立後だということを忘れないでください。

弁護士への依頼

- 法律相談（30分）　5000円〜
- 着手金　20万〜30万円
- 報酬金　20万〜50万円

このほかに、交通費、通信費、出張費、保全処分の担保金などの実費が必要になる（➡P70・129）。

別居による引越し

- 引越し代　5万円〜
- 新居の契約　家賃の4、5か月分〜
- 新居の家具・家電代　10万円〜
- 生活費1か月　13万円〜

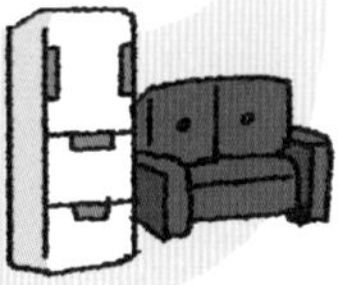

別居中でも生活費は夫婦で分担するため（➡P112）、収入に応じて生活費を負担する。

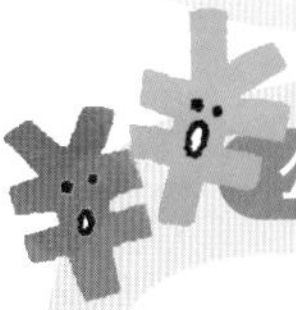

公正証書の作成

- 自分で依頼　5000円〜
- 専門家に依頼　5万〜15万円

自分で直接依頼する場合は手数料のみ。弁護士や司法書士に頼むとその分高くなる。

探偵・調査会社への依頼

- 調査費用　数十万円〜

浮気の証拠集めなどを依頼するときの費用。調査員の人数、時間、調査内容によって異なる。

✎控訴…裁判の内容に納得できず、上級裁判所に申立てをすること。

離婚の決断

誰かに相談すると、糸口が見えることも

離婚に向けてのさまざまな悩みは、ひとりで抱えずに相談することが大事。新たな考え方や有効な解決策が見つけられるでしょう。

相談することで自分の考えもわかってくる

離婚についての考えが行きづまってしまったときは、誰かに相談してみるとよいでしょう。自分一人で考えていると、どうしても感情に左右されてしまいます。考えも狭くなりがちです。**第三者の意見を聞くことは、離婚で失敗しないためにも重要なことです。**

相談先はいろいろあります。相談したい内容に応じて、適切な相談先を選びます。対面で話をするところもあれば、電話やメールで相談できるところもあります。

夫婦関係を修復したいなら思いやりをもって話し合う

配偶者にまだ未練がある、できることならやり直したい、といった思いがあるのなら、**冷静に話し合える場をつくる必要があります。**２人のことをよく知っている人に間に入ってもらい、修復に向けた話し合いをするとよいでしょう。

専門家の力を借りるなら、夫婦カウンセラーのカウンセリングを2人で受け、問題点を指摘してもらいます。また、家庭裁判所に「夫婦関係調整調停（円満）」を申し立てる方法もあります。

最終的に判断するのは自分自身

誰かに相談に乗ってもらったとしても、**離婚に踏み切るかどうか、最終的に判断するのは自分自身です。人まかせにはできません。**

冷静になってさまざま考え、しかるべきところに相談し、**それでも離婚することが最善の道だと思えるのなら、自信をもって決断してください。**

不安はあるでしょうが、何があっても自分でやっていくという覚悟があれば、第二の人生を切り拓いていくことができるはずです。

誰に何を相談する？

悩みの内容に応じて、適切な相談先を選びましょう。

離婚するかどうか迷っている

- 友人・知人
- 離婚カウンセラー
- 男女共同参画支援センター

人に話すことで自分の考えを整理することができる。客観的な判断をしてもらえる。

夫婦間で問題を解決したい

- 離婚カウンセラー
- 夫婦カウンセラー
- 夫婦関係調整調停（円満）

第三者を交えて冷静に話し合うことで、夫婦関係が修復可能かどうか見えてくる。円満を目指して協議する調停もある。

離婚後の仕事について知りたい

- ハローワーク
- 市区町村役場　など

離婚後の状況に応じて、できる仕事を調べてもらえたり、情報がもらえる。（➡P220）

配偶者の暴力について相談したい

- 警察
- 配偶者暴力相談支援センター　など

一刻も早く相談することが大切。電話やメールでの相談も受け付けている。（➡P263）

ひとり親家庭の支援について知りたい

- 市区町村役場

母子・父子自立支援員がいる。相談に行く前に予約しておくとよい。（➡P264）

離婚できるかどうか、法的な見通しを立てたい

- 弁護士

自治体の無料法律相談や法テラスといった相談窓口もある。離婚の原因に借金問題がある場合は、弁護士に相談するのがよい。（➡P262）

調停について知りたい

- 家庭裁判所

調停で扱うのに適しているかどうかなど、相談に乗ってくれる「家事手続案内」を行っている。（➡P267）

✎男女共同参画支援センター…都道府県、市区町村などが自主的に設置している女性のための総合施設。「女性センター」など名称はさまざま。

離婚の準備

突然、離婚を切り出されたら？

離婚を切り出すのではなく、切り出されたら……。
突然のことに驚くでしょうが、落ち着いて対処する必要があります。

まずは落ち着くことが何よりも大切

配偶者から突然「離婚したい」と言われたら、誰でも驚き、精神的なショックを受けます。あまりのことに怒りを覚えるかもしれません。**しかし、怒りにまかせて離婚届にサインしてしまうと、それが受理された瞬間、離婚が成立してしまいます。**

協議離婚でも調停離婚でも、こちらが合意しない限り離婚は成立しません。離婚裁判になっても、こちらに「法定離婚原因」がない限り、一方的に離婚させられることはありません（➡P35・48）。

相手の言い分を聞いたらよく考える時間をとる

離婚を切り出すからには、相手はそれなりの準備をしているはずです。**冷静になって、相手の言い分を聞いてみましょう。**どんな理由で離婚したいのか。離婚したあとはどうするのか。子どもがいるなら、子どもをどうするつもりなのか。反論したいことがあるかもしれませんが、まずは真摯に耳を傾けます。

すぐに返事をする必要はありません。**相手のペースに乗ってしまわないように注意し、いったん話を切りあげて自分の考えをまとめます。**

離婚に応じるとしても納得できるまでサインしない

離婚に応じると決心した場合でも、離婚届を出す前に、離婚条件について協議する必要があります。離婚届にサインするのは、財産分与について、親権について、養育費についてなど、**必要なことをすべて話し合い、納得して合意できたあとです。**

相手が勝手に離婚届を出しそうなら、市区町村役場に離婚届の「不受理申出（➡P173）」を出しておきます。これで自分の意思に反して離婚が成立することは防げます。また、財産を守るために、共有財産をリストア

焦らずに落ち着いて対処する

ショックのあまり怒ったり、勢いで了承することのないようにしましょう。

離婚届
相手から
離婚を
切り出された
落ち着いて
相手の話を聞く
自分はどうしたいのか
を考え、
よく話し合う

相手の言い分に納得できない

納得できなければ離婚を受け入れる必要はない。第三者を交えて話し合いをしてもよい。明確な原因がない場合は、相手が浮気を隠している可能性もある。

離婚に応じる

離婚したほうがよいと思えるのなら、自分が不利にならないよう、離婚の準備を進める。相手の言い分に事実と違う点があったら、それを立証するための証拠を集める。

離婚したくない

相手の言い分をよく聞き、改善できることがあれば努力する。夫婦でカウンセリングを受ける、家庭裁判所に「夫婦関係調整調停（円満）」を申し立てる、という方法もある。

こんなときは？

調停の「呼出状」が届いた

配偶者が離婚調停を申し立てると、家庭裁判所から呼出状が届きます。離婚したくないと思っていても、欠席すると自分にとって不利になります。欠席が続くと、こちらの主張を伝えられないまま相手の主張だけで裁判に進んでしまうことがあるからです。調停には出席し、自分の意見をきちんと主張しましょう。相手の主張に納得できなければ、事実をあげて論理的に反論していきます。

ップしておくようにします。
配偶者が弁護士をつけている場合は、自分も一度、弁護士に相談したほうがよいでしょう。

離婚の準備

考え抜いて決めたなら離婚の準備を

離婚後の生活や子どものことなど、さまざまに考えたうえで離婚したいと思うのなら、離婚成立に向けて準備を進めましょう。

離婚についての法的な知識と情報は必須

離婚しようと決心したら、相手に離婚したいという意思を伝える前に準備を進めておきます。離婚後に後悔しないためにも、離婚に関する正しい知識をもっておくことが大切です。離婚のために協議するときも、離婚調停になったとしても、**正しい知識があれば、自分の考えをしっかり主張することができます。**

子どもがいる場合には、市区町村役場の福祉窓口に行き、ひとり親家庭が受けられる手当や支援などについて情報収集しておきましょう。

時間をかけて準備する

離婚を決意したらすぐに準備にとりかかります。

スタート

「離婚準備貯金」を始める

目標100万円

100

離婚後はもちろん、離婚するのにもお金が必要。目標額が貯まるまでが準備期間と考える。

仕事を探す

仕事探しは早く始めるべきだが、専業主婦で不安がある場合は、パソコン教室などで基本的なスキルを身につけるとよい。ハローワークの職業訓練を受けたり、資格取得を目指すのもおすすめ。

経済的な自立が後悔しない離婚への第一歩

離婚後の生活を考えたとき、最も重要なのは経済的自立です。**まずは離婚の準備資金として100万円を確保しましょう。**別居のための引越し代、新居の敷金や家賃、当面の生活費です。この金額が貯まるまでが離婚準備期間の目安となります。

仕事探しはできるだけ早く始めます。子どもが小さい人や専業主婦の人は、就職で苦労するかもしれません。まずは働けるところで働き、将来ステップアップを目指すのも1つの方法です。

また、精神的な支えになる知り合いをつくっておきましょう。離婚経験のある友人や知人、インターネットのコミュニティなどもあります。さらに、信頼できる弁護士がいれば、難しい問題が生じても安心です。

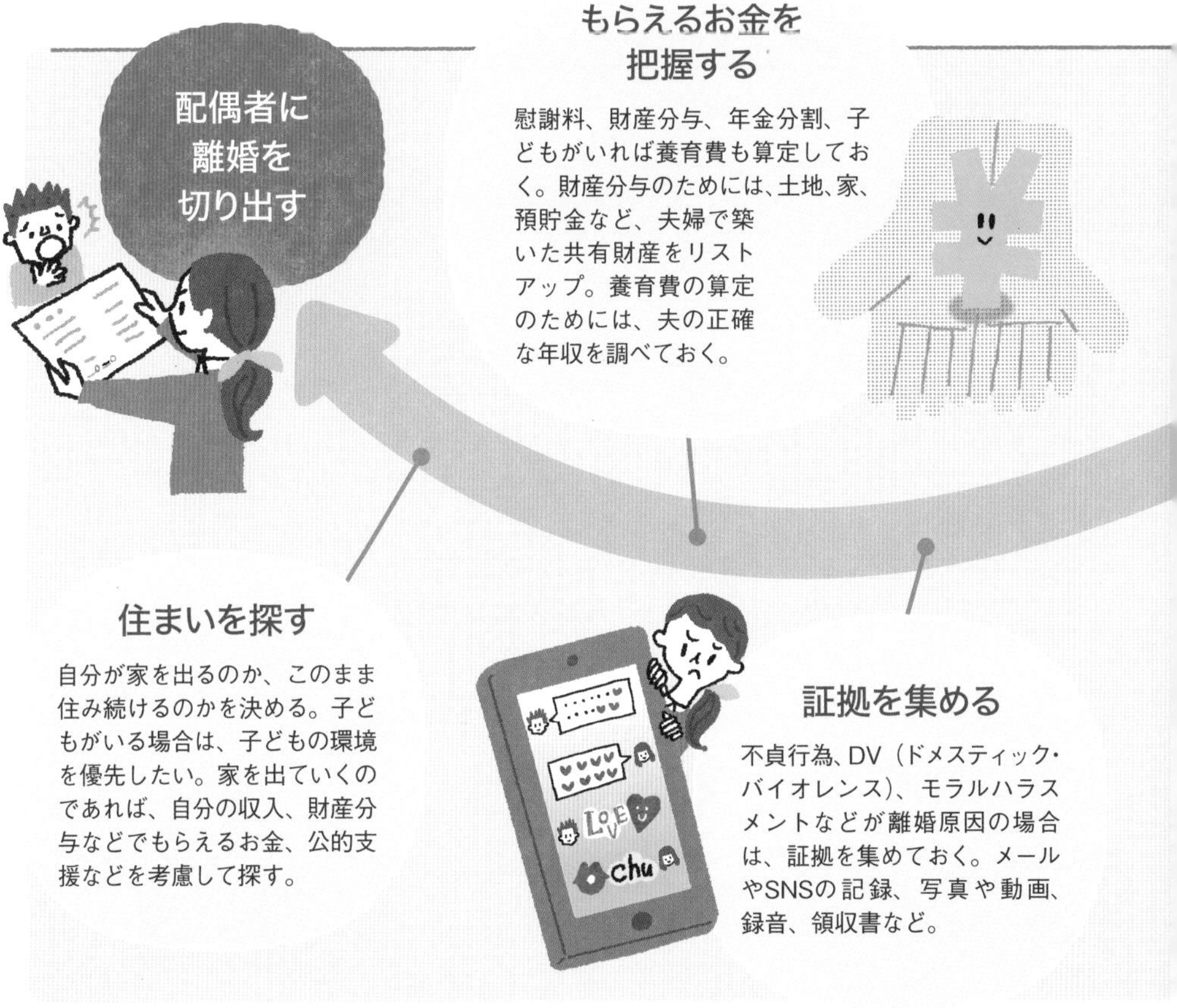
配偶者に
離婚を
切り出す
もらえるお金を
把握する
慰謝料、財産分与、年金分割、子どもがいれば養育費も算定しておく。財産分与のためには、土地、家、預貯金など、夫婦で築いた共有財産をリストアップ。養育費の算定のためには、夫の正確な年収を調べておく。
住まいを探す
自分が家を出るのか、このまま住み続けるのかを決める。子どもがいる場合は、子どもの環境を優先したい。家を出ていくのであれば、自分の収入、財産分与などでもらえるお金、公的支援などを考慮して探す。
証拠を集める
不貞行為、DV（ドメスティック・バイオレンス）、モラルハラスメントなどが離婚原因の場合は、証拠を集めておく。メールやSNSの記録、写真や動画、録音、領収書など。
LOVE
chu

後悔しない離婚の準備リスト

「あれをしておけばよかった」と後悔しないために、しっかり準備しておきましょう。

知識・考え

- □離婚の法的な知識を身につける
- □離婚原因を明確に説明できるようにする
- □将来どうなりたいかイメージをもつ
- □戸籍と姓をどうするか考える(➡P60・62)
- □自治体の支援制度やひとり親支援NPO団体などの情報を集める(➡P218)
- □親権をどうするか考える(➡P142)

仕事・お金

- □離婚後の生活設計を立てる
- □婚姻費用・養育費を算出する(➡P112・154)
- □共有財産をリストアップする(➡P122)
- □共有財産の時価やローン残高を調べる(➡P126・130)
- □年金分割の情報を入手する(➡P134)
- □仕事を探す・スキルアップをする
- □相手の収入を把握する
- □自分の年金額を調べる

その他

- □今の住居に残るかどうかを考える
- □転居するなら住まいを探す
- □信頼できる弁護士を探す(➡P68)
- □不貞行為やDVなどの証拠を集める(➡P50・58)
- □必要なら、探偵・調査会社を探す
- □子どもの転園・転校先・進学先を調べる

納得して離婚するためには、
事前の準備がとても大切。
焦らずに、できることから1つずつ
やっていきましょう。

第2章

知っておきたい 離婚の基礎知識

離婚届を出すだけが「離婚」ではありません。
どんな方法をとるか、戸籍はどうするか、賢い別居の方法や
弁護士の選び方など、基本的な知識を身につけておきましょう。

お互いに合意できるかが決め手になる

離婚を成立させる方法はいろいろありますが、お互いが合意できるかどうかによって、とるべき方法が違ってきます。

双方が合意すれば離婚は成立する

離婚届を役所に提出し、それが受理されると離婚は成立します。問題はそこに至るまでです。**離婚届を提出するためには、「離婚すること」と「離婚の条件」について、夫婦が合意している必要があります。**簡単に合意できないことも多く、そのような場合には、精神的に大きなエネルギーを費やし、時間や費用もかかることになります。

離婚の方法は6種類あります（左図参照）。まずはそれぞれの方法と特徴をよく理解することが大切です。

夫婦の話し合いが行きづまったときは？

夫婦の一方、あるいは両方が離婚を決意した場合、**まず必要となるのは夫婦による話し合いです。**そこで「離婚すること」と「離婚の条件」について合意できれば、離婚が可能になります。このような離婚を「協議離婚」といい、日本では離婚全体の約9割を占めています。

夫婦の話し合いで合意できなかった場合には、**家庭裁判所の調停委員を介した話し合い（調停）を進め、合意を目指します。**調停で合意に達すると「調停離婚」が成立します。調停で合意できなくても、「審判離婚」が成立する可能性があります。

裁判で離婚を認めてもらうこともできる

調停で合意できなかった場合には、**離婚を望む側が、離婚を認めてくれという裁判を起こすことができます。**夫婦の一方が離婚したくないと主張していても、「法定離婚原因」という法律で認められる離婚原因があれば、裁判所に離婚を認めてもらえる可能性があります。こうして成立するのが「裁判離婚」です。裁判の途中、「認諾（にんだく）離婚」「和解離婚」という形で離婚が成立することもあります。

離婚成立までの流れ

離婚には6つの種類があり、それぞれ成立に至る道のりが違っています。

離婚の
意思
離婚の
条件

夫婦の話し合い

双方の 合意 →

協議離婚

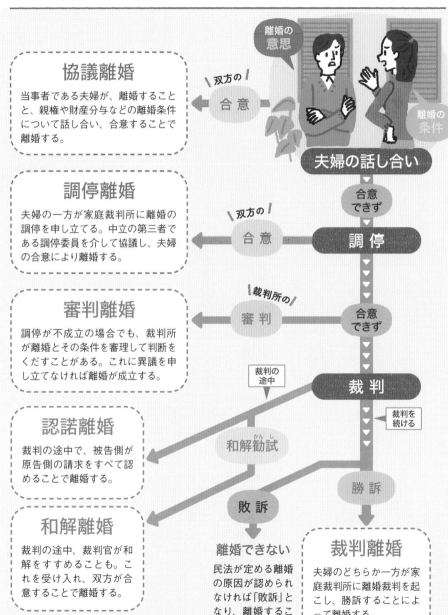

当事者である夫婦が、離婚することと、親権や財産分与などの離婚条件について話し合い、合意することで離婚する。

合意できず ▼

調停

双方の 合意 →

調停離婚

夫婦の一方が家庭裁判所に離婚の調停を申し立てる。中立の第三者である調停委員を介して協議し、夫婦の合意により離婚する。

合意できず ▼

裁判所の 審判 →

審判離婚

調停が不成立の場合でも、裁判所が離婚とその条件を審理して判断をくだすことがある。これに異議を申し立てなければ離婚が成立する。

▼

裁判

裁判の途中 →

認諾離婚

裁判の途中で、被告側が原告側の請求をすべて認めることで離婚する。

和解勧試（かんし） →

和解離婚

裁判の途中、裁判官が和解をすすめることも。これを受け入れ、双方が合意することで離婚する。

裁判を続ける ▼

敗訴 ▼

離婚できない

民法が定める離婚の原因が認められなければ「敗訴」となり、離婚することはできない。

勝訴 ▼

裁判離婚

夫婦のどちらか一方が家庭裁判所に離婚裁判を起こし、勝訴することによって離婚する。

協議離婚

離婚の意思と条件を2人で話して決める

離婚の方法として最も多く選ばれているのが、「協議離婚」です。2人だけで進めていく分、内容や方法についてしっかり理解しておくことが大切です。

双方の合意をもとに離婚届を提出する

夫婦が話し合い、「離婚する意思」と「離婚の条件」で合意できれば、それに従って離婚届を提出できます。それが受理されることで、協議離婚が成立します。

協議離婚のメリットは、夫婦2人が合意すれば、**離婚の原因を問われることも、めんどうな手続きをすることもなく、離婚届を提出できることです。**特別な費用もかかりません。話し合いの日時や場所も、自由に決めることができます。

離婚届には、夫婦2人の署名捺印(なついん)

協議離婚のメリット・デメリット

失敗しないためにはメリットとデメリットの両方を知っておく必要があります。

メリット❶

手続きが簡単

話し合いの形式も場所も時間も自由で、プライバシーも守られる。手続きは協議結果に従って離婚届を提出するだけ。

メリット❷

早く離婚できる

調停や裁判となると、裁判所が決める日程で進むため、離婚までに時間がかかる。協議離婚は2人が合意できれば短期間で離婚が成立する。

メリット❸

有利な離婚条件を引き出せる場合もある

財産分与や養育費などの離婚条件について、たとえ法的根拠がなくても、協議して双方が納得しているのであれば、その条件が認められる。

と、証人２人（成人に限る）の署名捺印が必要です。また、未成年の子どもがいる場合には、夫婦のどちらが「親権者」になるかを決めておかなければいけません。

離婚後のトラブルが起こりやすい

デメリットもあります。合意さえできればすぐに離婚できるのが協議離婚のよいところですが、**話し合いがこじれ、離婚までに長い期間がかかってしまうこともあります。**基本的には夫婦２人で話し合うため、感情的になって話がこじれやすいのです。

また、離婚を急ぐあまり、十分な話し合いをせずに結論を出してしまいがちで、**積み残された問題が出てきてしまうこともあります。**そのため、離婚後にトラブルが起こることが少なくありません。

養育費の取り決めの有無

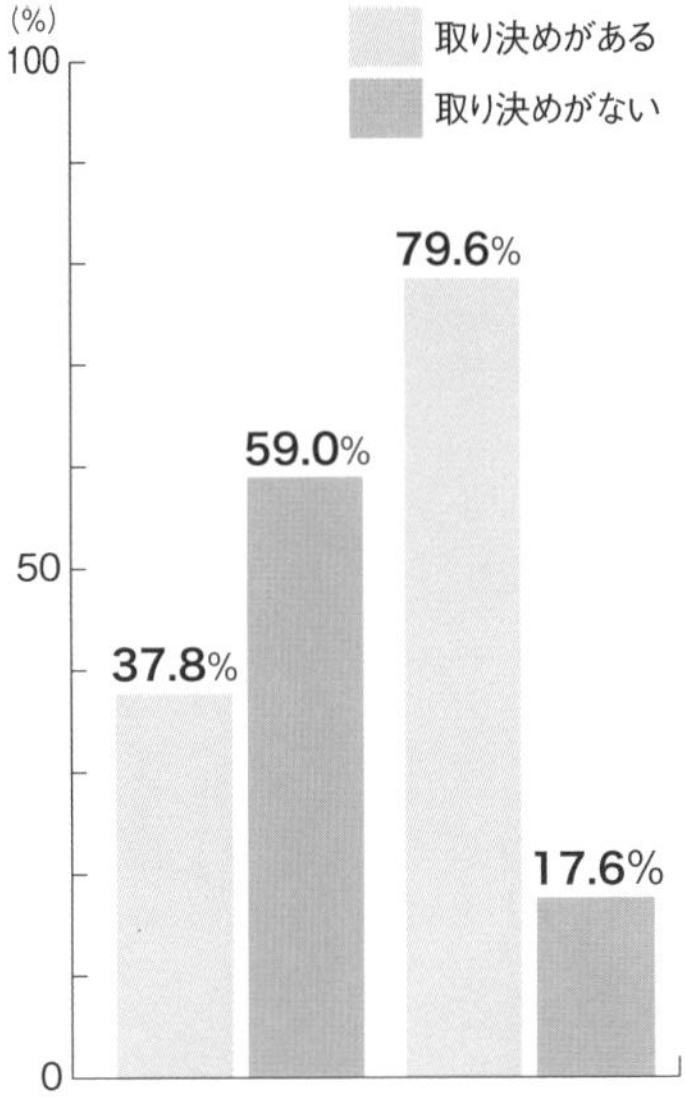
(%)
100
50
0
取り決めがある
取り決めがない
37.8%
59.0%
79.6%
17.6%
協議離婚
協議離婚以外

協議離婚以外の方法をとった場合には、8割近くが養育費の取り決めをしているのに対し、協議離婚では4割弱。取り決めをしていないほうが多い。

（「平成28年度全国ひとり親世帯等調査結果報告」より作成）

デメリット❶

話がこじれやすい

当事者同士で話し合うため、感情的になって話がこじれやすい。話がまとまらなかったり、大きな精神的負担となったりすることがある。

デメリット❷

離婚後のトラブルが起こりやすい

離婚条件についての取り決めが不十分になることが多い。そのため、取り決めたことが守られないなど、離婚後にトラブルが起こりやすい。

協議離婚

合意した内容は必ず文書にする

「協議離婚」では、離婚内容について後日トラブルが起こりやすい。2人だけの話し合いだからこそ、「取り決めの証拠」を残しておきましょう。

お金のやりとりがあるなら口約束は「厳禁」

協議離婚では2人の話し合いによって離婚条件が決まります。財産分与、慰謝料、親権、養育費、面会交流など、**協議して合意した取り決めに関しては、口約束ですませず、文書にしておくことが大切です。**特にお金に関する取り決めがある場合には、必ず文書にしておきましょう。

最低限作成しておきたいのが「離婚協議書」です。協議して取り決めた内容をまとめた文書で、形式に決まりはなく、手書きでもかまいません。作成した日付と夫婦双方の署名捺印が必要です。取り決めた内容を文書にしておくことで、「約束した・していない」といったトラブルを防ぐのに役立ちます。

「公正証書」なら強制執行ができる

離婚協議書は自分たちで作成できる「私署証書」で、取り決めの証拠になります。しかし法的な強制力がないため、財産分与の分与分や養育費などの支払いが滞った場合、約束を守らせるためには、支払い請求の調停や裁判を申し立てなければなりません（⬇P222）。

こうしたときのために、**離婚協議で取り決めた内容の公正証書を作成し、「債務不履行の場合には強制執行に服する」という文言を入れておくようにします。**このような「強制執行認諾文言」が付いた公正証書があれば、約束が守られずに支払いが滞った場合、調停や裁判を経ず、**直ちに裁判所に強制執行を申し立てることができます。**

公正証書は、公証役場で公証人（法務大臣が任命する公務員）に依頼して作成してもらう公文書です。調停離婚の場合の「調停調書」、審判離婚の場合の「審判書」、裁判離婚の場合の「判決書」なども公文書で、法的な強い効力があります。

2人で話し合うべきこと

離婚することに合意できたら、条件を話し合っておきましょう。

戸籍と姓のこと

婚姻で姓が変わった側は、旧姓に戻るのか、結婚していたときの姓を使うのかを決める。旧姓に戻る場合、親の戸籍に戻るのか、新たな戸籍をつくるのか、といったことも決めておく。

- 戸籍と姓（➡P60）

お金のこと

トラブルになりやすいので、しっかりした取り決めが大事。一括支払いか分割払いかなど、具体的に決めておく。

- 離婚までの婚姻費用（➡P112）
- 慰謝料（➡P116）
- 財産分与（➡P122）
- 年金分割（➡P134）

子どものこと

未成年の子どもがいる場合には、親権者が決まっていないと離婚届が受理されない。面会交流の頻度や時間なども決めておくとよい。

- 親権（➡P142）
- 養育費（➡P154）
- 面会交流（➡P160）
- 戸籍と姓（➡P166）

文書による効力の違い

離婚協議書と公正証書の違いを正しく知っておきましょう。

		離婚協議書（➡P176）	公正証書（➡P180）	調停調書（➡P192）
作成方法		合意にもとづいて2人で作成する。	2人で公証役場に行き、公証人に依頼する。	離婚調停を起こした場合、双方の合意にもとづいて裁判所が作成する。
費用		0円	5000円～数万円ほど。慰謝料や財産分与など、公正証書に定める金額によって異なる。	離婚調停の申立てに、収入印紙1200円分と連絡用の郵便切手が必要。
支払いが滞ったときの対処法（⬇P222）	財産開示手続	×	○（強制執行認諾文言付きの場合）	○
	第三者からの情報取得手続	×	○（強制執行認諾文言付きの場合）	○
	強制執行	×	○（強制執行認諾文言付きの場合）	○
	履行勧告	×	×	○
	履行命令	×	×	○
養育費の消滅時効（➡P158）		5年間。養育費が滞っており、請求する権利があることを知っているにもかかわらず、この間、権利を行使せずに放置し続けると、その権利は消滅してしまう。		

調停離婚

調停委員が2人の話を聞き、まとめる

相手が離婚に応じない、離婚条件で折り合いがつかないなど協議離婚が進まない場合は、「調停離婚」を考えます。

家庭裁判所で調停委員を介して話す

協議離婚が困難な場合は、**家庭裁判所に「夫婦関係調整調停（離婚）」を申し立てる方法があります。**法的な離婚原因が求められる「離婚裁判（⬇P44）」とは違い、どのような理由でも申立てが可能です。

調停は、当事者双方が家庭裁判所に出向き、第三者である「調停委員」を介して、非公開で離婚の話し合いを進めるものです。

調停委員は、公平・中立の立場で双方の話を交互に聞き、調整を図ります。**当事者同士が顔を合わせず、冷静に話を進められるのが、大きなメリットです。**

結果に納得できなければ受け入れなくてよい

調停は合意を強制するものではなく、最終的な判断は当事者に委ねられます。話し合いを重ねて双方が合意すれば**「調停成立」で調停離婚が確定します。合意しなければ、「調停不成立」として終了します。**

申立人は、調停の途中で申立てを取り下げることもできます。ただし、離婚裁判を起こすには、いったん調停を起こし、不成立になる必要があります（⬇P45）。

弁護士に依頼しなくても対応できる

調停は調停委員に対し、夫婦の状況や自分の言い分を話すことが中心です。申立てにも難しい手続きはありません。弁護士に依頼しなくても、対応できることが多いでしょう。**依頼した場合でも、当事者自身が出頭して話をするのが原則です。**

ただ、相手が弁護士を立てた場合や複雑な事情がある場合は、弁護士に依頼したほうがよいでしょう。無料相談などを利用して、一度は弁護士に相談してみることをおすすめします（⬇P68）。

離婚に伴う問題をまとめて話し合える

当事者だけでは感情的になりがちな問題も、調停では冷静に話し合うことができます。

慰謝料は
もらえる?
別居中の
生活費は?
「婚姻費用分担請求の調停（➡P114)」を申し立てれば、別居中の生活費（婚姻費用）の話し合いもできる。
離婚する?
しない?
財産は
どう分ける?
子どもは
どっちが
引きとる?
養育費は
どうなる?
申立人
調停を申し立てた人。夫婦どちらか一方が、相手の合意なしに申立人になれる。離婚原因をつくった「有責配偶者」でも可能。
双方が調停委員と
別々に話をする
調停の初日と最終日は夫婦同席で、調停の説明や決定事項の確認などを行う。それ以外は別々に調停委員と話をする。
相手方
調停を申し立てられた相手のこと。
中立的な
意見・
アドバイス
調停委員
40歳以上70歳未満で、社会生活に必要な知識や経験を豊富にもった、弁護士、医師、大学教授などの専門家や長年地域で活動してきた人。

✎ **有責配偶者**…民法で定められた離婚原因をつくりだした配偶者のこと。

調停離婚

調停調書ができたら離婚届を提出

調停を重ね、離婚することやその条件についてお互い合意できた場合には、「調停調書」が作成されます。その後、離婚届を提出します。

双方が合意すれば調停調書がつくられる

ケースにもよりますが、調停は3か月～1年ほどで決着がつきます。

双方が合意すると、裁判所が合意内容を記した調停調書を作成します。裁判の判決と同じ法的効力をもち、相手が記載された内容に従わなかった場合は、直ちに「強制執行」という手段をとることができます（⬇P222）。

強制執行は、公証役場で作成する「強制執行認諾（にんだく）文言付公正証書」でもできますが、調停を申し立てるほうが、費用は安くすみます。

申立人が10日以内に離婚届を提出する

調停離婚では、調停が成立し、調停調書が作成された日付が離婚日となります。その後、戸籍を分けるために、離婚届の提出が必要です。調停成立後、10日以内に申立人が提出するのが原則です（⬇P184）。

なお、調停成立に至らなくても、裁判所が合意目前と判断した場合に、離婚の審判をくだすこともあります。これを「審判離婚」といいますが、実際はごくまれです。審判離婚が成立した場合も、審判が確定した日から10日以内に離婚届を提出します。

[調停にかかる時間]

離婚調停を含む婚姻事件の審理期間は6か月以内が大半を占める。つまり、多くは3～6回の調停で決着がつく。

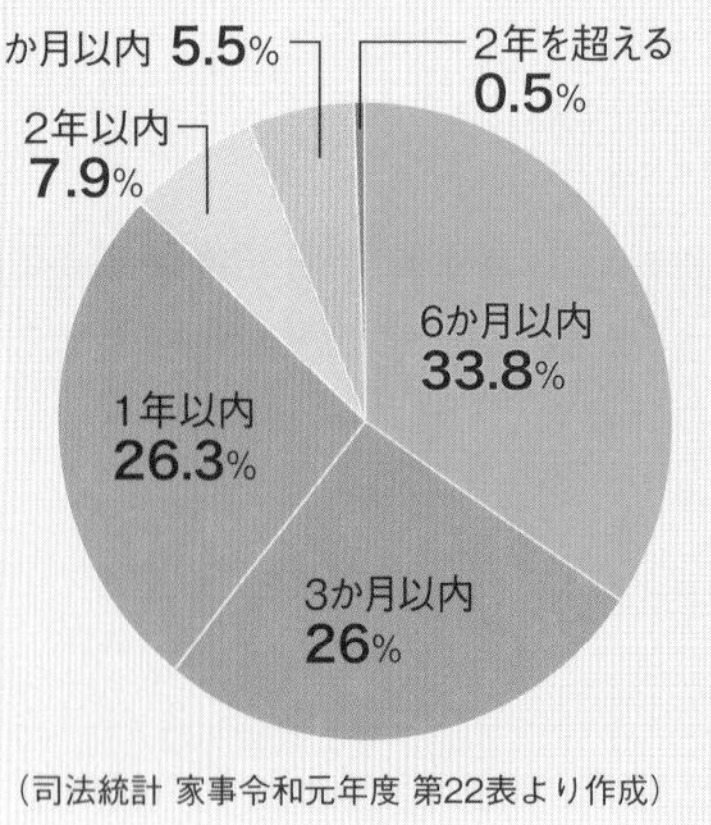

1か月以内 5.5%
2年を超える 0.5%
2年以内 7.9%
6か月以内 33.8%
1年以内 26.3%
3か月以内 26%

（司法統計 家事令和元年度 第22表より作成）

1月
2月
3月

調停離婚の流れ

離婚を望む側が調停を申し立てたのち、話し合いをくり返していきます。

家庭裁判所に調停を申し立てる（➡P188）

↓

裁判所から双方に呼出状が届く

↓

申立てから
1か月〜1か月半後に
調停が始まります。

調　停（➡P190）

- 1か月〜1か月半に1回、平日の昼間に行われる
- 1回の調停は2〜3時間程度

双方の　合 意

↓

調停成立（➡P192）

- 成立した合意内容を裁判官が口頭で確認
- 調停調書の作成

離婚成立

離婚成立から10日以内に！

↓

離婚届を提出（➡P184）

- 申立人が届けるのが原則
- 相手の署名捺印（なついん）と証人は不要

調停が始まってから成立までは3か月〜1年ほどかかる。

合意できず

審判離婚

慰謝料の金額など、わずかな意見の相違で調停が成立しない場合に、裁判所が離婚するのが妥当と判断して審判をくだすことがある。2週間以内に双方から異議申立てがなければ、審判離婚が成立する。

考えの変化

取り下げ

調停不成立

- 時間をおいて様子をみる
- 再度、調停を申し立てる

離婚裁判を起こす（➡P44）

夫婦が原告と被告として法廷で争う

調停でも話がまとまらないとき、次に考えるのは「離婚裁判」です。弁護士の力を借りて、離婚への道を進むことになります。

法的な離婚原因を立証し裁判所に認めてもらう

調停が不成立に終わった場合、離婚するためには、離婚裁判を起こす必要があります。離婚を認める判決を求めて、家庭裁判所に訴えを起こすのです。

裁判では、離婚を望んで訴訟を起こす側が「原告」、訴訟を起こされた側が「被告」となります。つまり、**夫婦それぞれが原告と被告になり、離婚が認められるかどうかを法廷で争うのです。**

離婚裁判では、法律で定められている「法定離婚原因」の有無が判断されます。そして、それがあると認められた場合に、離婚を認める判決が出ます。

協議離婚や調停離婚では、夫婦の合意が必要ですが、**裁判離婚では合意は必要ありません。合意しているかどうかではなく、法定離婚原因があるかないかが重要で、**その点について争っていくことになります。

離婚裁判では、離婚以外に、財産分与、慰謝料、養育費、年金分割などについても、同時に裁判所の判断を求めることができます。裁判を起こすと決めたときには、これらについても「どうしたいのか」を考えておきましょう。

法律が定める5つの離婚原因

原告は下の原因をもとに裁判を起こし、
それが認められるかどうかを争っていきます（➡P48～59）。

1. 配偶者の不貞行為
2. 配偶者からの悪意の遺棄（いき）
3. 配偶者の生死が3年以上不明
4. 配偶者が強度の精神病にかかり、回復の見込みがない
5. その他婚姻を継続しがたい重大な事由がある

専門的な知識が必要で時間も費用もかかる

裁判となると弁護士に依頼するケースがほとんどです。裁判所に離婚原因を書面で説明したり、証拠を提出したりする必要があり、それには法律の知識が欠かせません。裁判を有利に進めるテクニックも求められます。費用はかかりますが、離婚裁判の経験豊富な弁護士に依頼すべきでしょう。

裁判を起こすには、調停の不成立が必要となります。日本では「調停前置主義」をとっているため、まず調停を行い、それが不成立になってから裁判を起こします。

裁判自体にも時間がかかり、裁判を起こしてから判決が出るまでに、半年〜1年半ほどかかります。判決に不服があって控訴する場合には、数年を要することもあります。

裁判離婚のメリット・デメリット

裁判は離婚の最終手段。始める前によく理解しておきましょう。

メリット❶

相手の合意なしに離婚できる

判決には強制力がある。離婚や条件について合意がなくても、勝訴すれば相手の意思にかかわらず離婚が成立する。

デメリット❶

時間や費用がかかる

離婚裁判を起こしてから判決が出るまで半年〜1年半ほど、場合によっては数年かかる。裁判費用、弁護士費用、調査費用なども必要。

メリット❷

強制力をもつ判決書がつくられる

判決書には養育費や財産分与などの支払いに関する記載があり、それが守られない場合、すぐに強制執行の手続きがとれる。裁判の途中で和解した場合の「和解調書」も同じ。

デメリット❷

精神的苦痛が大きい

合意できない内容について争うため、相手から非難されたり、憎しみがつのることも。原則公開されるので、プライバシーが守られないことも負担となる。

判決書…裁判官が判決をくだした理由や事実・結論などを記し、署名捺印した文書のこと。

裁判離婚

判決の確定で裁判離婚が成立する

裁判といっても、テレビドラマで見るような裁判官とのやりとりはほとんどありません。弁護士が表に立ち、粛々と進めていきます。

書面のやりとりが中心。尋問のときは出廷する

裁判というと、法廷であれこれ質問されるというイメージがあるかもしれません。しかし、離婚裁判の場合、書面で主張と反論を重ねることが審理の中心となります。そのため、弁護士に依頼している場合には、**基本的に弁護士が代理人として出廷すればよく、当事者本人は出廷しなくても問題ありません。**

本人が出廷する必要があるのは、**裁判官や弁護士から直接質問される「本人尋問」**です。争点が整理され、証拠などが出そろった段階で行われます。それまでにまとめられてきた書面の内容について、事実かどうかなどが尋ねられます。

本人尋問のあと、最終的な書面のやりとりを行うこともありますが、多くは審理終了となります。その後1か月ほどで判決が出て、判決書が原告と被告の双方に送られます。

判決日から2週間以内に不服の申立て（控訴）がなければ、判決が確定します。離婚を認める判決だった場合には、この段階で離婚が成立します。**判決確定から10日以内に、原則として原告が離婚届を提出します。**

控訴する場合には、2週間以内に高等裁判所宛の控訴状を提出します。

判決を待たずに和解することも多い

裁判が進み争点が整理されてくると、裁判官から原告・被告の双方に対して和解をすすめるのが一般的です（和解勧試）。**裁判所の関与のもと、双方が譲り合って合意し、離婚が成立するようにすすめるのです。**

これによって和解した場合には、和解離婚が成立（裁判終了）することになります。離婚までの期間が短くてすみ、精神的・経済的負担も減るでしょう。離婚裁判で和解するケースは多く、近年では、裁判離婚数を上回っています。

審理…裁判官などが取り調べを行って事実や法律との関係を調べること。

離婚裁判の流れ

弁護士を通じてお互いの主張と反論を重ねながら、和解か勝訴を目指します。

さまざまな手続きや口頭弁論は弁護士が中心となって行います。

調停不成立

↓

家庭裁判所に裁判を申し立てる(➡P194)

↓

裁判所から原告に呼出状、被告に呼出状と訴状が届く

↓ 申立てから1〜2か月後

口頭弁論

- 月1回程度のペースで行われる
- 双方が書面上で主張と反論を重ねる

↓

判 決(➡P196)

- 判決書が双方に送達される

敗訴の判決が出たら離婚できない。どちらかが不服の場合、控訴してさらに争うことになる。

↓ 2週間以内に控訴する → **裁判続行**

↓ 控訴なし → **判決確定**　裁判離婚成立

↓

和解勧試（裁判の途中で提示される）

↓

和解成立(➡P198)　和解離婚成立

- 和解調書の作成

合意でき和解が成立すると、「和解調書」がつくられる。判決書と同様の強制力があり、内容が守られなかった場合には、すぐに強制執行の手続きがとれる。

↓ 離婚成立から10日以内に！

離婚届を提出(➡P184)

- 原則、原告が届ける
- 相手の署名捺印と証人は不要

離婚原因

法律で認められる離婚の原因は5つ

離婚裁判では、法的な視点が必要になります。
民法で定められている離婚原因にあたるかどうかがポイントです。

夫婦には4つの義務がある

結婚して夫婦になると、4つの義務を負うことになります。そのうち「同居義務」「協力義務」「扶助義務」の3つは、民法752条に、**「夫婦は同居し、互いに協力し扶助しなければならない」と定められています。**正当な理由なく同居を拒んだり、生活費を渡さなかったり、家事や育児を放棄したりすることは認められません。

4つ目は「貞操義務」です。**貞操とは、配偶者以外の人と性的関係をもたないことです。**

夫婦の4つの義務

夫婦には果たすべき義務があり、
それを怠れば離婚原因として法的に認められます。

同居義務

夫婦は一緒に住むことが義務づけられていて、単身赴任などの正当な理由なく、同居を拒むことはできない。相手の同意なく別居したり、配偶者を閉め出したりすることもできない。

協力義務

お互いに支え合って生活を営むことが義務づけられている。家事や育児などを放棄したり、悪意をもって相手の生活を破綻させようとしたり、迷惑をかけたりすることはできない。

扶助義務

夫婦が同レベルの生活を送れるようにするため、収入格差を考慮し、収入の多い側が相手を支えることが義務づけられている。生活費を渡さないということはできない。

貞操義務

民法に貞操義務を直接規定している条文はない。しかし、離婚原因の1つに不貞行為が入っていることから、配偶者以外と性的関係をもたないことが義務づけられている。

義務を果たさないことが裁判離婚の原因になる

離婚裁判となった場合、**裁判所が離婚を認めるのは、民法770条1項が定める「法定離婚原因」にあてはまる場合のみです。**逆の言い方をすると、法定離婚原因にあてはまれば、相手が離婚したくないと主張していても、裁判で離婚が認められる可能性があります。

法定離婚原因のうち第1号～第4号は、夫婦の義務が果たされていないことが、具体的にあげられています。第5号に関しては、夫婦の義務が果たされたかどうかではなく、夫婦関係を修復できないほど破綻させ、夫婦関係の継続が困難となる事由がある場合に、離婚が認められます。

幅広い解釈ができるため、**離婚裁判の多くは、第5号にあてはまるかどうかが争点となります。**しかし、離婚判決が出るかどうかはケースバイケースです。

法定離婚原因とは

民法770条には、以下の通り規定されています。

第1項　夫婦の一方は、次に掲げる場合に限り、離婚の訴えを提起することができる。

第1号　配偶者に不貞な行為があったとき

自分の意思により配偶者以外の異性と性的関係をもった場合。不倫など。（➡P50）

第2号　配偶者から悪意で遺棄（いき）されたとき

正当な理由なく生活費を渡さない場合や、同居を拒むような場合。（➡P52）

第3号　配偶者の生死が3年以上明らかでないとき

家出、失踪、行方不明などで、消息がなくなってから3年以上が経過している場合。（➡P54）

第4号　配偶者が強度の精神病にかかり、回復の見込みがないとき

回復の見込みがない強度の精神病により、夫婦の義務を果たせなくなった場合。（➡P56）

第5号　その他婚姻を継続しがたい重大な事由があるとき

暴力、セックスレス、親族との不和、長期間の別居などで、夫婦関係が破綻している場合。（➡P58）

第2項　裁判所は、前項第1号から第4号までに掲げる事由がある場合であっても、一切の事情を考慮して婚姻の継続を相当と認めるときは、離婚の請求を棄却することができる。

法定離婚原因があるときでも、
第2項を認めるときは離婚請求が棄却されます。
裁判を起こしたからといって
必ず離婚できるわけではないので
注意しましょう。

原因❶

配偶者以外と性的関係をもつ不貞行為

民法770条第1項第1号の法定離婚原因。
自らの意思によって、配偶者以外の異性と性的関係をもった場合があてはまります。

夫婦の貞操義務に対する違反行為

夫婦は配偶者以外の人と性的関係をもってはならない、という貞操義務を負っています。この義務を守らず、**配偶者以外の異性と自分の意思で性的関係をもつことが「不貞行為」にあたります。**浮気や不倫で離婚裁判を起こすには、不貞行為があったかどうかが問題となるのです。

性的関係があったかどうかが問われるため、愛情があってデートを重ねていても、プラトニックな関係であれば、基本的には不貞行為にはなりません。反対に、酔ったはずみで

不貞行為とは?

"自分の意思"で配偶者以外と"性的関係をもつ"ことです。

不貞行為と認められる ○

- 性的関係を伴う継続的な浮気
- 酔ったはずみなど、一度だけの性的関係
- 不特定の相手との売春・買春
- 風俗店に通い続けている

相手や自分の行為がこれにあたるか考えてみましょう。

不貞行為と認められない ×

- 好きな人がいて、交際しているが性的関係はない
- レイプなど、自由意思によらない性行為
- 別居後に性的関係をもった場合

別居後の性的関係は法的には不貞行為にならない。別居に至った時点でのほかの離婚原因を考える。

1回だけでも、風俗店での行為でも、自分の意思で性的関係をもてば、不貞行為があったことになります。

決定的な証拠があれば調停・裁判で有利

不貞行為があったかどうかを争う場合には、**証拠を集めておくことが何より大切です。**証拠となるのは不倫現場の写真だけではありません。以下のようにたくさんあるので、しっかり集めておきましょう。

調査会社に頼んで決定的な証拠を得る方法もあります。費用がかかりますが、信頼できる調査会社を弁護士に紹介してもらうこともできます。

明確な証拠がない場合や、プラトニックな浮気が続いている場合は、不貞行為ではなく、婚姻関係を継続しがたい重大な事由があり関係が破綻していることを原因にして離婚請求することを考えます（➡P58）。

不貞行為の証拠になるもの

証拠はとても重要です。日ごろからコツコツと集めておきましょう。

浮気現場の写真

ラブホテルに出入りする写真などがあれば強力な証拠となる。

ホテル

浮気相手からのメール・電話

メールやメッセージアプリの画面、通話履歴は写真に残す。SNSの投稿が証拠になることもある。

口紅などがついた衣類

口紅やファンデーションなどがついた衣類は、洗わずにビニール袋などに入れて保存する。

カーナビやETCカードの記録

カーナビで設定された目的地の履歴を写真に保存する。ETCカードの利用履歴も調べる。

レシート、クレジットカードの明細

ホテルやレストラン、プレゼントなどのレシートやクレジットカード明細が証拠となることも。ネット銀行の利用明細も調べてみる。

レストラン
カード明細

帰宅時間、外泊の日時や回数

帰宅が遅いときや外泊をしたときは、日付と帰宅時間を記録しておく。出張の日付や期間も記録する。

原因❷

夫婦の義務を故意に怠る悪意の遺棄

民法770条第1項第2号の法定離婚原因。正当な理由なく生活費を渡さない場合、同居を拒むような場合があてはまります。

どうなるかわかっていながら義務を怠る

「悪意の遺棄」とは、正当な理由がないのに、夫婦の同居義務、協力義務、扶助義務を果たさないという意味です。相手が困ることがわかっているのに、それでも義務を果たさずにいると、離婚原因として認められる可能性が高くなります。

悪意の遺棄にあてはまるかどうかのポイントは、正当な理由があるかどうかです。夫婦の義務を果たしていなくても、正当な理由があれば悪意の遺棄とはなりません。

たとえば別居していても、それが単身赴任だとすれば、もちろん問題とはなりません。配偶者の暴力がひどくて家を出た場合なども、除外されます。家事をやらないとしても、仕事や病気などの理由でできない場合には、協力義務違反による悪意の遺棄とはなりません。失業中で収入がなければ、生活費を渡さないからといって、扶助義務違反による悪意の遺棄とはいえないのです。

このような正当な理由がないにもかかわらず、夫婦の義務が果たされなかった場合に、悪意の遺棄が問われることになります。**正当な理由があるかどうかを証明するのには、証拠が必要になることがあります。**

婚姻を継続しがたい重大な事由とされることが多い

実際には、悪意の遺棄という原因だけで離婚が認められることは、あまりありません。

かつては、ふらりと家を出て行ったまま帰ってこないようなケースをあてはめていました。しかし現在では、そのようなケースの場合、**長期間の不在によって婚姻関係が破綻していることを重視し、法定離婚原因第5号の「婚姻を継続しがたい重大な事由」ととらえる**のが一般的です。婚姻関係の破綻が、重視されるようになっています。

悪意の遺棄にあてはまるケース

それだけで離婚が認められることは少なくなっていますが、
離婚原因の1つとして法律で定められています。

同居義務違反

正当な理由なく、配偶者を追い出す

勝手に家を出て別に住居を借りている場合や、配偶者を閉め出して家に入れない場合など。暴力から逃れるための別居は、正当な理由があるのであてはまらない。

協力義務違反

特別な理由なく家事をしない、働かない

家事を担当する専業主婦（夫）が家事をしない場合や、健康に問題がないのに働かない場合など。仕事があって家事ができない場合や、病気で働けない場合は該当しない。

扶助義務違反

生活費を渡さない

配偶者が生活に困ることが明らかなのに生活費を渡さない場合。失業や病気で収入がないような場合は、生活費を渡さなくても悪意の遺棄にはならない。

裁判例

妻を閉め出し、扶助を放棄。夫の行為はどうなの？

夫婦は結婚後30年間、夫の家業を営んできました。妻の兄が同居を始めてから夫婦関係が悪くなり、兄のために妻が家の金をもち出したことで夫婦間の争いが激化。口論になって妻が家を飛び出したとき、夫が妻を家に入れないようにしたことから、夫婦は別居。妻は、生活保護を受けるようになりました。

妻は「悪意の遺棄」と「婚姻を継続しがたい重大な事由」を理由に離婚裁判を起こしましたが婚姻関係の破綻は妻に主な責任があり、夫の行為は、悪意の遺棄にあたらないと判断されました。　（最高裁判所　昭和39年9月17日）

夫の同居拒否や
扶助義務の放棄という状況に、
正当な理由があったと
認められたのです。

原因❸

配偶者の生死が3年以上わからない

民法770条第1項第3号の法定離婚原因。
家出、失踪、行方不明などで、消息がない場合があてはまります。

行方不明ではなく「生死不明」

「配偶者の生死が3年以上明らかでないとき」とは、最後に消息が確認できたときから起算し、生死不明が3年以上続いている状態。これにあてはまれば、離婚原因として認められることがあります。

行方不明と誤解されやすいのですが、行方がわからないだけでなく、生きているか死んでいるかもわからない必要があります。そして、裁判で離婚が認められるためには、生死不明であることを証明しなければなりません。そのために必要なのが、警察に出した捜索願の受理書や、親族・友人・知人・職場の人などによる、「連絡がないし、見かけてもいない」といった内容の陳述書です。

離婚裁判は基本的には調停の不成立が前提となりますが、この場合は相手がいないので、調停を経ずに裁判を起こすことができます。

「失踪宣告」が利用できることがある

生死不明が3年未満の場合は、この項目にあてはまりませんが、「悪意の遺棄」や「婚姻を継続しがたい重大な事由」によって離婚の判決が得られる可能性があります。

一方、生死不明が7年以上続いている場合は、離婚裁判を起こすほか、失踪宣告を利用する方法もあります。

失踪宣告とは、生死不明の状態が7年以上続いている人を、法律上死亡したとみなす制度です。家庭裁判所に申立てをして審判を受け、失踪宣告が認められると、生死不明者は死亡したことになります。

この場合、離婚が成立するのではなく、相手の死亡により婚姻関係が解消されます。そのため、離婚の場合の財産分与ではなく、配偶者が死亡したときと同様に、財産を相続することができます。これが失踪宣告を利用するメリットといえます。

配偶者が生死不明での離婚手続き

生死不明の状態が続いている年月によって、離婚や婚姻解消を目指す方法があります。

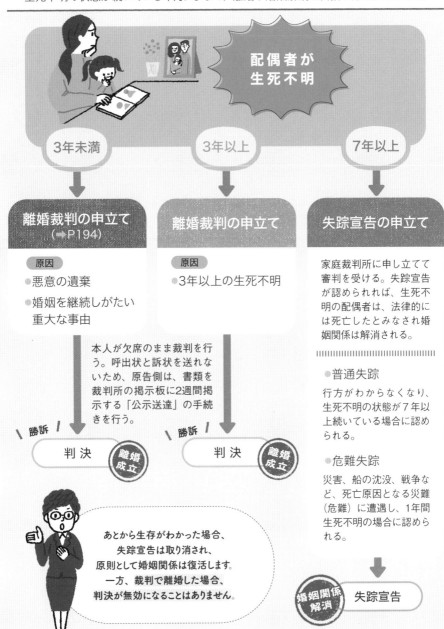

配偶者が生死不明

3年未満

離婚裁判の申立て
（➡P194）

原因
- 悪意の遺棄
- 婚姻を継続しがたい重大な事由

3年以上

離婚裁判の申立て

原因
- 3年以上の生死不明

本人が欠席のまま裁判を行う。呼出状と訴状を送れないため、原告側は、書類を裁判所の掲示板に2週間掲示する「公示送達」の手続きを行う。

＼勝訴／ 判決 → 離婚成立

＼勝訴／ 判決 → 離婚成立

7年以上

失踪宣告の申立て

家庭裁判所に申し立てて審判を受ける。失踪宣告が認められれば、生死不明の配偶者は、法律的には死亡したとみなされ婚姻関係は解消される。

- 普通失踪

行方がわからなくなり、生死不明の状態が7年以上続いている場合に認められる。

- 危難失踪

災害、船の沈没、戦争など、死亡原因となる災難（危難）に遭遇し、1年間生死不明の場合に認められる。

失踪宣告 → 婚姻関係解消

あとから生存がわかった場合、
失踪宣告は取り消され、
原則として婚姻関係は復活します。
一方、裁判で離婚した場合、
判決が無効になることはありません。

原因❹

回復の見込みがない強度の精神病

民法770条第1項第4号の法定離婚原因。
回復の見込みがないほどの病状によって夫婦の義務を果たせない場合があてはまります。

強度の精神病で夫婦の協力義務が果たされない

配偶者が重い精神病を患い、回復の見込みがない場合には、**それを原因に離婚裁判を起こすことが、民法で認められています。**

夫婦の関係は精神的なつながりが重要です。しかし、重い精神病によってその関係が失われると、夫婦としての協力義務を果たせなくなります。さらに回復の見込みがないとなれば、夫婦関係の改善は今後も難しいといえ、離婚原因になると考えられているのです。

ただし、離婚原因として認められるには、いくつかの条件が必要です。

これまでの経過や離婚後の生活が重視される

重い精神病で義務が果たせないといっても、病気になったのは本人の責任ではありません。そうした理由もあり、**回復の見込みがない強度の精神病があるというだけで離婚が認められたケースは、実際にはごくまれです。**

この離婚原因が認められるためには、重い精神病で回復の見込みがないことが、精神科医の診断を参考にして判断されます。対象となる病気の種類も決まっています。

また、結婚してから今までの経過も問題となります。長期間にわたり、相手配偶者が誠実に看病してきたという事実が求められます。そのうえで、病気の配偶者が、離婚後もお金の心配をすることなく治療が受けられ、生活にも困らない見込みがあることなどが条件となります。

離婚裁判となると、病気の配偶者本人が出頭して自分の立場を主張する必要がありますが、判断能力に問題がある場合は、家庭裁判所に後見人を選任してもらいます。相手配偶者は、後見人に対して裁判を起こすことになります。通常、後見人には被告の親や兄弟などが選ばれます。

後見人…判断能力が十分でない本人に代わって権利を行使する人のこと。

強度の精神病が離婚原因と認められる条件

下記の4つの条件がすべてそろっていることが求められます。

❶ 病気の種類

認められるもの ○	認められないもの ×
●統合失調症 ●躁（そう）うつ病 ●偏執病 ●初老期精神疾患	●ノイローゼ ●ヒステリー ●神経衰弱 ●アルコール依存症 薬物依存症

対象となるのは治療の難しい深刻な精神病だけ。精神科の病気なら何でも認められるわけではない。

❷ 病気の程度

長年治療してきたがよくならず、回復の見込みがないことが条件。それを証明するため、専門医による診断書や意見書を提出する。

❸ これまでの経過

精神病の配偶者に対し、長年にわたって看病や介護を続けてきたかどうかも考慮される。

❹ 離婚後の生活の見込み

離婚後も治療を継続できる見通しが立っていること、経済的に困らない見通しが立っていることが求められる。

裁判例

精神病の妻との離婚が成立

妻が強度の精神病で回復の見込みがない状態となり、看病をしながら幼い子どもを育ててきた夫が、離婚裁判を起こしました。経済的な余裕はなかったものの、夫は入院している妻を献身的に看病してきました。過去の療養費は、妻の後見人である父親に出してもらっていましたが、その後、分割で支払いを続けています。将来も治療費の一部を支払うと表明。また、妻の実家は夫の支払いがなくても療養費で困るような資産状態ではなく、生活が保障されていると考えられ、離婚が認められました。

（最高裁判所　昭和45年11月24日）

回復の見込みがない強度の精神病を原因とする離婚裁判で、最高裁が離婚を認めたのはこれが最初の事例でした。

✎ 認知症…医学的には「神経疾患」と捉えられることから、上記❶には含まれていない。認知症を離婚原因とする場合は、ケースによって第4号、または第5号として争う。

原因❺

婚姻を継続しがたい重大な事由

民法770条第1項第5号の法定離婚原因。暴力、セックスレス、長期間の別居など、さまざまな理由で夫婦関係が破綻している場合があてはまります。

夫婦の状況から個別に判断される

「婚姻を継続しがたい重大な事由」というのは、とてもあいまいな表現です。しかし、**だからこそ多くのケースがこの原因にあてはまります。**実際、離婚を求める裁判の多くで、離婚原因の1つとしてこれが加えられています。

日本の離婚裁判は、基本的には夫婦の義務などを守らなかった人の責任を重視する有責主義にもとづいています。それが近年、婚姻関係の破綻を重視する方向へと、裁判所の判断基準が変わってきているのです。

以下のような事由が1つでもあれば、婚姻関係が破綻しているとして離婚裁判を起こすことができます。

長期間の別居

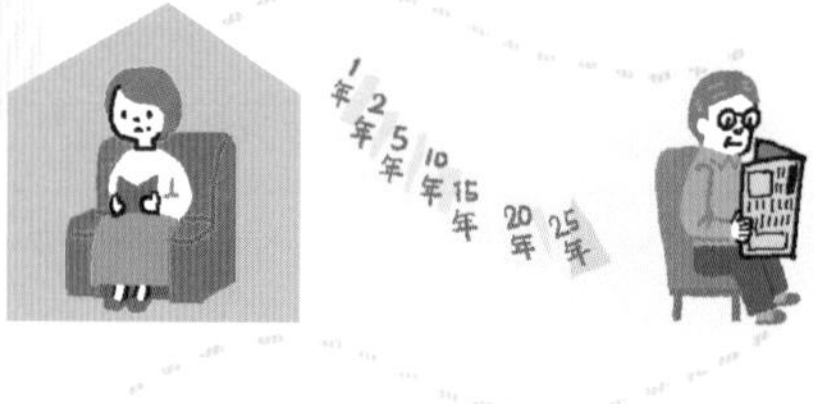

1年
2年
5年
10年
15年
20年
25年

別居が長く続いていることは、婚姻関係が破綻していることを客観的に表す。関係の修復は難しいと考えられる（➡P64）。

犯罪行為に伴う服役

服役が直ちに離婚原因と認められるわけではないが、何度もくり返す場合や、服役期間が長い場合は、婚姻関係の継続が困難と考える。

暴力・虐待

配偶者から暴力や虐待を受けている場合は、婚姻関係の継続が困難と認められる。心を傷つける暴言なども対象。

婚姻を継続しがたい重大な事由によって離婚裁判が起こされた場合、裁判所は個々のケースで判断することになります。双方の言い分を聞き、現在の夫婦の状況なども考え合わせ、すでに婚姻関係が破綻していて修復不能だと判断されれば、離婚を認める判決が出ることになります。

複数の原因が重なれば認められやすくなる

何が婚姻を継続しがたい重大な事由になるかは、人それぞれです。そのため、いろいろな種類の事由が考えられます。裁判で争う場合には、複数の事由があれば、それだけ離婚が認められやすくなります。

また、離婚裁判を有利に進めるためには、証拠をそろえておくことも大切です。写真や音声のほか、いつどのようなことがあったのかを記したメモなども重要な証拠となります。

婚姻を継続しがたい重大な事由と認められるもの

性的な不一致

常識から逸脱している異常な性行為を強要される場合、セックスの拒否などがある場合、婚姻を継続しがたい重大な事由と認められることがある。(➡P78)

アルコール中毒・薬物依存

これらの精神疾患により、配偶者から暴力や暴言などの被害を受けている場合には、重大な事由として認められる可能性がある。

過度な宗教活動

宗教活動が直ちに認められることはないが、多額のお金をつぎ込むなど、生活の崩壊を招いている場合には認められる。(➡P86)

借金・ギャンブル・浪費

程度の問題だが、これらの行為をくり返し、生活を圧迫するような状態になっている場合には重大な事由と認められる。(➡P84)

戸籍と姓

もとの戸籍に戻るか、新しくつくる

婚姻時につくった夫婦の戸籍は、離婚と同時に別々になります。多くの場合、妻側が自分の戸籍を変更します。

離婚したら 夫婦の戸籍は分かれる

戸籍とは、日本国籍をもつ者の出生、婚姻、死亡、夫婦や親子といった親族や身分に関する情報を証明した公文書です。夫婦と未婚の子どもを一単位とするため、結婚するときには、親の戸籍を出て配偶者になる人と新しい戸籍をつくります。

離婚する場合、夫婦の戸籍は別々になります。戸籍の筆頭者は変わらず、配偶者が戸籍から抜かれる（除籍）ことになるため、**ほとんどの場合、妻側は戸籍の変更が必要になります。**

離婚届の提出前に 慎重に考えて決める

籍を抜けた側は、**婚姻前の戸籍に戻るか、新たな戸籍をつくるかを選びます。**もとの戸籍がない、婚姻時の姓を使いたい、子どもと同じ戸籍にしたい（➡P166）などの場合は、自分で本籍地を決めて新たな戸籍をつくることになります。

戸籍の変更は離婚届が受理されると同時に完了するため、**離婚届を書く前にどうするかを決めておくことが大切です。**なお、一度新たな戸籍をつくると婚姻前の戸籍に戻ることはできません。慎重に選択しましょう。

こんなときは?

戸籍から離婚歴を消したい！

戸籍には離婚に関する事項が記載され、戸籍を見れば、離婚成立日、相手の氏名、離婚方法などがわかります。しかし、本籍地をほかの市区町村に移す「転籍」をすると、それらの記載は引き継がれないため、表示されなくなります。ただし、戸籍をたどると記載は残っています。完全に消すことはできません。

離婚に伴う戸籍の変化の例

離婚に伴って戸籍を出る場合は、婚姻前の戸籍に戻るのか新たな戸籍をつくるのか、
姓の変更はどうするのかについても考える必要があります。

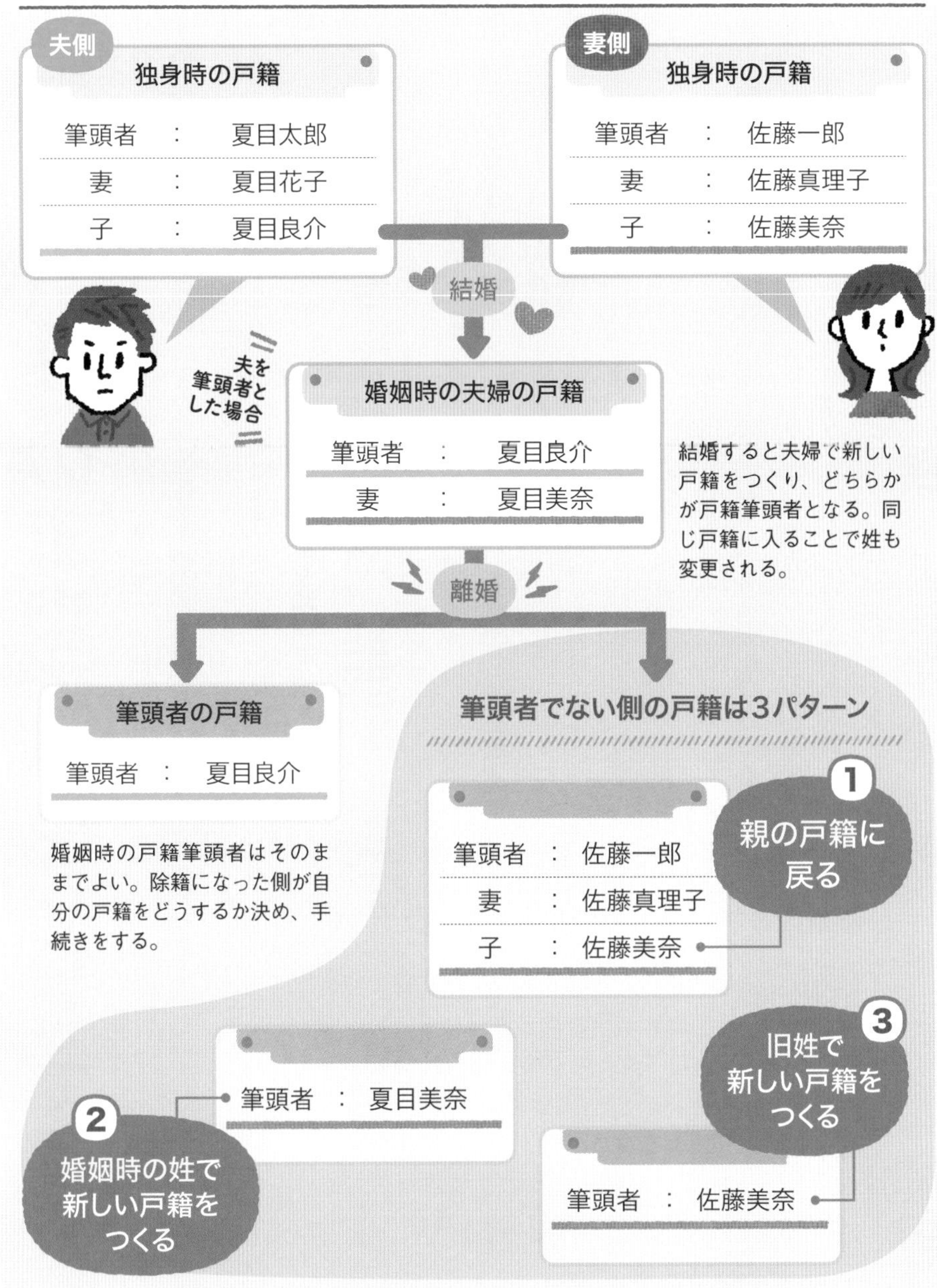
夫側
独身時の戸籍
筆頭者　：　夏目太郎
妻　：　夏目花子
子　：　夏目良介
妻側
独身時の戸籍
筆頭者　：　佐藤一郎
妻　：　佐藤真理子
子　：　佐藤美奈
結婚
夫を筆頭者とした場合
婚姻時の夫婦の戸籍
筆頭者　：　夏目良介
妻　：　夏目美奈
結婚すると夫婦で新しい戸籍をつくり、どちらかが戸籍筆頭者となる。同じ戸籍に入ることで姓も変更される。
離婚
筆頭者の戸籍
筆頭者　：　夏目良介
婚姻時の戸籍筆頭者はそのままでよい。除籍になった側が自分の戸籍をどうするか決め、手続きをする。
筆頭者でない側の戸籍は3パターン
1 親の戸籍に戻る
筆頭者　：　佐藤一郎
妻　：　佐藤真理子
子　：　佐藤美奈
2 婚姻時の姓で新しい戸籍をつくる
筆頭者　：　夏目美奈
3 旧姓で新しい戸籍をつくる
筆頭者　：　佐藤美奈

戸籍と姓

婚姻中の姓のままでいることもできる

戸籍の変更とともに考えておきたいのが、姓（氏）についてです。その後の生活、子どものことをよく考えて決める必要があります。

離婚後は旧姓に戻るのが原則

離婚にあたり、親の戸籍に戻るには、親と同じ姓にする必要があります。一方、新たな戸籍をつくる場合には、旧姓または婚姻時の姓のどちらを選んでも問題はありません。本人が自由に決めることができます。

ただし、民法では婚姻前の姓に戻ることを原則としています。そのため、旧姓に戻る手続きは非常にシンプルです。離婚届にある「婚姻前の氏にもどる者の本籍」の項目に、新たな本籍と旧姓を記入するだけですみます。

婚姻時の姓を使うには届出をする

婚姻時の姓を使い続ける場合は、離婚届のほかに「離婚の際に称していた氏を称する届（⬇P245）」を提出する必要があります。離婚届と同時か、離婚成立から3か月以内に住所地や本籍地のある役場に提出します。

この期限内であれば、相手の同意が得られなかったり、特別な理由がなくても、届出のみですませることができます。ただし、一度提出してしまうと3か月以内であっても取り消すことはできません。よく考えて決めましょう。

こんなときは?

離婚後3か月以上たつが、姓を変えたい

期限後に婚姻時の姓に変更したい、または、旧姓に戻りたいという場合は、家庭裁判所に申立てをする必要があります。「家事審判申立書（氏の変更）」に「申立ての理由」などを記入して、申立人の住所地の裁判所に提出します。

やむを得ない事由があると認められれば許可され、姓を変更することができます。

それぞれの姓のメリット・デメリット

一度決めた姓は、簡単には変更できません。

旧姓・婚姻姓のそれぞれにどのような問題があるのか、事前にしっかりと考えておきましょう。

旧姓にした場合

再婚したときにはまた変えることになる

もう一度名義変更をする必要がある。

さまざまな手続きがめんどう

銀行口座やクレジットカード、会社への届出など、さまざまな場面で名義変更の手続きが必要。

元夫や元親族との関係を断ち切れる

終止符を打ったことが実感でき、気分を新たにできる。自分の両親にも、快く迎えられやすい。

周囲に離婚が伝わる

自分で報告しなくても、わかってしまう。周囲に知られたくない場合は、婚姻時の姓を通称として使う。

子どもの姓も手続きが必要

学校での呼び名が変わるなど、子ども自身にも少なからず影響がある。

旧姓で
心機一転

婚姻時の姓にした場合

元夫が再婚したときの心理的な抵抗

自分も子どもも、再婚相手と同じ姓を名乗ることになる。

元夫の姓を名乗る心理的な抵抗

自分の名前を書くたびに、相手やその家族が浮かんだり、つらい思い出がよぎることも。

子どもの姓は変えなくてすむ

子どもの姓に関して悩む必要がなくなる。子ども自身も嫌な思いをすることは少なくなる。

さまざまな手続きが不要

名義変更の手続きがいらないため、離婚後の生活がスムーズに始められる。

2回目以降の離婚では旧姓に戻れない

再婚後に再び離婚した場合には、初婚時の姓か再婚時の姓しか選ぶことができない。

離婚後も
仕事をスムーズに
続ける

周囲に離婚したことが伝わらない

自分から話さない限り周囲の人は気づかないため、これまで通りに過ごすことができる。

離婚前の別居

長い別居そのものが離婚の原因になる

離婚の結論を出す前に、まずは離れて暮らしてみるのもよい方法です。
相手が離婚に合意しないとき、破綻の事実をつくりたいときにも有効です。

婚姻関係の破綻を示す事実となる

結婚生活が続けられないときに選択されることが多いのが別居です。別居には、お互いに冷却期間を置ける、離婚に向けての話し合いを冷静に進められる、離婚後の生活をイメージしやすい、などのメリットがあります。

また、相手が離婚に同意しない場合は、**長期間の別居を設けることで、それ自体を婚姻関係の破綻として離婚原因にすることができます。**

夫婦には「同居義務」がありますが、相手の承諾がないからといって別居できないということはありません。DV（ドメスティック・バイオレンス）被害があるような場合は、無理に同居せず一刻も早く別居したほうがよいでしょう（➡88ページ）。

住まいと生活費の確保が必要

住み慣れた家を出る際に必要なのは、住まいと生活費の確保です。事前の貯金、収入源となる仕事は必須です。

ただし、別居中でも、婚姻中に必要な生活費は夫婦双方に負担義務があります。**相手の収入のほうが多ければ、多くの場合は「婚姻費用」と**

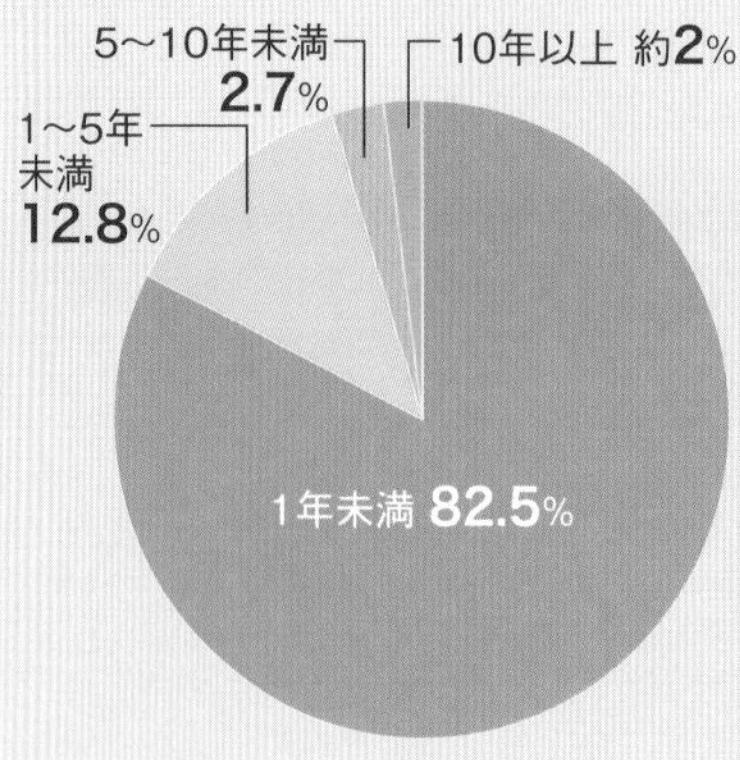
5～10年未満 2.7%
10年以上 約2%
1～5年未満 12.8%
1年未満 82.5%

別居から離婚届提出までの期間は？

別居期間が1年未満で離婚に至ったケースは82.5%で、そのうち9割以上が協議離婚。一方、10年以上の別居は約2%で、8割以上が協議離婚。

（平成21年度「離婚に関する統計の概況」厚生労働省 より作成）

して相手に請求できます（➡P112）。

配偶者に扶養義務があるにもかかわらず、生活費の支払いを拒否された場合、家庭裁判所に調停を申し立てて請求することができます。

別居の意思は伝えたほうがよい

別居にあたっては、突発的・一方的に家を出るのではなく、計画的に進めましょう。

DVを除いて、別居の正当な理由が相手に伝わらなければ、離婚の際に相手から、「同居義務違反」として責任を問われる可能性もあります。メールや電話などで、「なぜ別居するのか」という理由をしっかり伝え、証拠も残しておきましょう。

ただし、同居義務違反を理由に強制的に別居を解消させることはできません。離婚する意思があれば、別居をやめる必要はありません。

離婚前別居のメリット・デメリット

メリットとデメリットを理解し、しっかり準備したうえで行動に移そう。

デメリット❶

生活費が余分にかかる。手続きも必要

別居用の住まいが必要で、日々の生活費もかかる。住民票を異動する、児童手当の受取人を変えるなど、さまざまな手続きも必要になる。

メリット❶

お互いに冷静になれる

物理的な距離をとることでお互いが冷静になれる。また、子どもに両親の争う姿を見せずにすむ。

メリット❷

離婚の話し合いが進めやすくなる

改めて話し合いの場を設けることになるので、離婚に向けた話し合いが進めやすくなる。

デメリット❷

証拠や情報の確保が難しくなる

不貞行為やDVに関する証拠・情報の確保が難しくなる。相手が財産の情報を隠したり、離婚協議の前に勝手に離婚届を提出されてしまう可能性もある。

メリット❸

離婚後の生活がイメージできる

金銭面、生活面、仕事面など、離婚後の生活で必要なものが具体的にわかる。

離婚前の別居

しっかり準備を整えてから家を出る

別居を決めたら、子どものこと、生活費のこと、離婚協議に向けた情報の収集など、できる準備はすべてすませておきましょう。

不利な離婚条件にならないように準備する

離婚を少しでも有利に進めるためには、証拠、情報集めが重要です。相手に責任があり、慰謝料を請求する予定なら、その証拠になるメールや写真はできる限り集めておきます。DVによるケガがある場合には、医師の診断書も用意します。

お金に関する情報も大切です。離婚届の提出後に慰謝料や財産分与、年金分割といった離婚条件を話し合うことは難しく、手続きも煩雑(はんざつ)になります。相手の収入がわかるものや、証券類、不動産の権利書、生命保険証券などはコピーしておきましょう。財産の勝手な処分を防ぐには「保全処分手続き(⬇P128)」を利用します。

離婚届は「不受理申出」の手続きを行うと、勝手な提出を防ぐことができます。不受理申出は、本人が知らないうちに提出された書類を受け取らないよう、市区町村役場にあらかじめ申し出るものです。のちに本人が申出を取り下げることで、効力はなくなります。

手続きは原則、本人が本籍地のある役場窓口に「離婚届不受理申出(⬇P244)を」提出します。本籍地が遠ければ、宛先を本籍地の市区町村長にし、住所地の役場に提出します。

親権をとりたいなら子どもを連れて出る

裁判所が親権者を決める場合、現状で子どもを監護している側が優先されます。そのため、親権をとりたいと考える場合には、子どもを連れて家を出るようにします。

別居先に住民票を異動すると、転園・転校の手続きがスムーズです。児童手当の受取人が相手になっている場合には、受取人の変更手続きもすませておきましょう。また、可能であれば、別居中の子どもとの面会ルールを決めておくとよいでしょう(⬇P160)。

✎生活に不安がある…別居中の生活費や住宅について不安がある場合は、福祉事務所や役所に相談してみる。

別居に向けてやっておくこと

離婚協議・調停・裁判を有利に進めるためにも、別居前の準備は重要です。

□ 婚姻費用の請求

婚姻中にかかる生活費は、夫婦間で金額の取り決めを行うか、「内容証明郵便」を使って具体的な金額を請求する。相手が応じない場合は家庭裁判所で「婚姻費用分担請求調停」を申し立てる。

□ 財産情報の確保

給与明細や銀行の取引明細などのほか、不動産の権利書や生命保険証書など、収入や資産がわかる書類はコピーをとる。また、家財道具も財産となるため、しっかり写真を撮っておく。

□ 不貞行為などの証拠の確保

不貞行為を起こしたことを立証できるものがあれば、相手に離婚の責任があるとして慰謝料請求も可能に。ラブホテルの領収書（クレジットカード明細など）、メールやSNSなどの記録のコピーをとる。

□ 役場や郵便局での手続き

別居先に住民票を異動し、自らが世帯主になることで小中学校の編入手続きや児童手当の受給など、いくつかの手続きが簡単になる。郵便物の転送届も併せて行う。

- 離婚届不受理申出
- 転入届・転出届
- 転送届

別居時にもち出すもの

離婚するために必要なもの、子どもに必要なものをリスト化してモレのないように。

- □ 自分の貯金通帳、カード、届出印
- □ 実印、銀行印、印鑑証明カード
- □ 健康保険証、パスポート、運転免許証、マイナンバーカード
- □ アドレス帳など知人の連絡先
- □ 源泉徴収票など相手の収入がわかる資料のコピー
- □ 不動産の権利証のコピー
- □ 生命保険証券のコピー
- □ 相手の通帳、株券、債券、会員権などのコピー
- □ 不貞行為、DVなどの証拠
- □ 個人的に大切な品物
- □ 常備薬、お薬手帳

など

弁護士の選び方

離婚に強く相談しやすい弁護士を選ぶ

離婚を決心したら、あるいは相手が離婚したがっているなら、離婚に強い弁護士に相談することで今後の見通しを立てることができます。

離婚を決心したら早い段階で相談を

離婚を決心したら、法律の専門家に相談します。離婚成立後、あるいは離婚しなかった場合の見通しが立てやすくなります。財産分与はどのくらいか、慰謝料はもらえるのか、離婚裁判になったら勝てる見込みがあるのか、親権はどうなるのかなど、まずは自分の疑問点をメモしておきましょう。

他人には言いにくいことも、正直に話すことで、より現実に即した意見がもらえます。弁護士には守秘義務があります。どんなことも安心して話してください。

離婚に強い弁護士を探そう

弁護士探しで安心できるのは、知人による紹介です。ただし、弁護士には、それぞれ専門分野があります。離婚裁判の経験が豊富な弁護士かどうかは必ず確認しましょう。

心あたりの弁護士がいないときは、法テラスや弁護士会を活用したり、自治体の法律相談で尋ねましょう。ホームページに離婚事案の扱い件数を掲出している法律事務所もあるので参考にしてください。実際に会った際は、話を真摯に聞いてくれるか、

こんなときは?

離婚に踏み切れず、迷っている

弁護士への相談事項は、調停や裁判に限りません。婚姻費用の請求、公正証書の依頼なども可能です。離婚すると決めていなくても、相談することができます。一人で思いつめたり、相手との話がこじれる前に、早めに相談しましょう。弁護士への無料相談は各地で定期的に開催されています。自治体や法テラスに問い合わせてみましょう。

料金に納得できるか、法律用語の説明がわかりやすいか、相性がよいかなどを確認します。

感情的にならず離婚原因や財産の情報を伝えて

弁護士に相談する際のポイントは、なるべく感情的にならないことです。事前に用意したメモなどにもとづき、まずは自分が離婚原因と考えていることを冷静に弁護士に伝えます。

財産分与については、婚姻期間中に形成した双方名義の財産の詳細を調べます。持ち家の購入代金・頭金の有無、誰がいくら出したか・連帯債務者・保証人・ローン残高・現在の資産価値に関する資料は必須です。

子どもの養育費の見通しは、両親の収入に関する記録から導きます。給与所得者であれば源泉徴収票など、自営業者は確定申告書の控えなどが必要です。

弁護士に依頼するときのポイント

離婚や別居するにあたり、大事な情報を教えてもらえるよう準備していきましょう。

ポイント 1 まずは相談してみて、相性を見極める

法律相談は初回無料のところも多い。いくつか回って、相性がよく離婚に強い弁護士を見つける。わからないことは積極的に質問し、答えに納得できるか、わかりやすいかを判断基準にする。

ポイント 2 事情はすべて打ち明ける

弁護士には守秘義務がある。知人や身内には打ち明けられない事情も隠さず、すべて正直に話したうえで、離婚に向けてしたいこと、したくないことをはっきりと伝える。弁護士は依頼人に不利なことはしないので安心を。万が一、相手が同じ弁護士事務所に相談していた場合には、判明した段階で弁護士側から断りがある。

ポイント 3 冷静に必要な情報を伝える

当人同士ではトラブルになりがちな離婚の交渉を、代わりに行うのが弁護士。財産分与や慰謝料請求、養育費、親権、面会交渉など、離婚条件の交渉を弁護士にまかせるからには、必要と思われる情報はすべて伝える。

弁護士費用

着手金や報酬金、手数料などがかかる

弁護士の依頼には、それなりの費用がかかります。費用の内訳を知り、上手に活用しましょう。

事案に応じて弁護士が自由に決める

弁護士の費用は、弁護士が自由に決めることができます。大まかな目安は、日本弁護士連合会によって提示されていますが、依頼者の抱えている問題、依頼内容のほか、弁護士の経験値によって費用は変動します。

弁護士費用の内訳は、着手金、報酬金、日当、手数料と実費です。依頼が決まった際に着手金を支払い、決着後には結果に応じた報酬金を支払います。手数料は書類作成などにかかる費用です。加えて交通費などの実費がかかります。

弁護士費用の内訳

何にどのくらいかかるのかを把握しておきましょう。

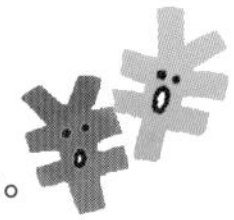

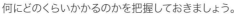

弁護士報酬	着手金	弁護士に依頼することが決まったときに支払う。結果には関係なく、返金もない。依頼内容によって異なるが、20〜50万円程度とされる。離婚調停が不成立となり、新たに離婚裁判を起こすとなれば、追加で着手金を支払う場合もある。
	報酬金	離婚成立後の成功報酬。金額は財産分与や慰謝料など経済的利益の請求金額に応じて決められる。着手金と同額から２倍程度に、経済的利益の10%程度を合わせた金額が一般的。裁判で敗訴した場合は不要なのが原則。
	日当	離婚手続きのために遠方に出向いた場合、出張日当が1日5〜10万、半日３〜５万円程度かかる場合がある。また、裁判所への出廷日当として２〜５万円かかることも。
	手数料	内容証明郵便の作成など、１回程度の手続きで完了する事務手数料。１〜２万円程度。
実費		切手代、コピー代、収入印紙代、交通費、宿泊費、通信費や、財産を鑑定する場合に必要な鑑定料など、弁護士が立て替えた実際の金額。交通手段などはあらかじめ確認しておく。

相談時に見積もりをとる

弁護士に依頼することになると、最低でも数十万円が必要になります。**依頼前に必ず見積もりをとり、金額を確認しましょう。**

金額に納得して依頼が決まると、依頼内容を記した「委任契約書」が作成されます。隅々まで目を通し、委任契約書に疑問や間違いがないかをよく確認します。

民事法律扶助の利用条件

離婚裁判など夫婦間の紛争の場合は、
①〜③の条件すべてにあてはまる必要があります。

❶資力が一定以下であること

収入　申込者の手取り月収額（賞与を含む手取り年収の12分の1）の合計が、以下の基準を超えない。

《収入基準》

単身者	2人家族	3人家族	4人家族
182,000円以下 (200,200円以下)	251,000円以下 (276,100円以下)	272,000円以下 (299,200円以下)	299,000円以下 (328,900以下)

＊（　）内は東京や大阪など大都市の基準。
＊申込者等が、家賃または住宅ローンを負担している場合は、上記の収入基準に負担額を加算できる（上限あり）。
＊５人家族以上は、１人増につき30,000円（33,000円）加算。

資産　申込者がもつ現金、預貯金等を合算した額が以下の基準を超えない。

《資産基準》

単身者	2人家族	3人家族	4人家族
180 万円以下	250 万円以下	270 万円以下	300 万円以下

＊将来負担する医療費、教育費などの備蓄については相当額が控除される場合がある。

夫婦間の紛争の場合のみ、収入も資産も、申込者本人の分だけで計算されます。

❷勝訴の見込みがないとはいえないこと

❸民事法律扶助の趣旨に適すること

報復感情を満たすだけの訴訟や宣伝のため、権利濫用にあたるものは対象にならない。

経済的に苦しいなら法テラスに相談を

弁護士費用の支払いが困難な場合は、「法テラス」を利用しましょう。**法テラスは法務省所管の公的法人で、法律トラブル解決の総合案内所です。**相談方法は電話、メール、面談などがあります（⬇P262）。

法テラスでは、**経済的に余裕のない場合、3回まで無料相談ができます。また、報酬金以外の弁護士費用の無利子立替も可能です。**これを「民事法律扶助」と呼びます。ただし、利用には上記の条件があります。

法テラスから紹介される弁護士は若手が多く、自分で選ぶことはできません。不安な場合には、自身で法テラスと契約している弁護士を探し、直接依頼することもできます。この場合も、利用条件を満たせば、民事法律扶助を受けられます。

再婚と出産

女性の再婚は離婚後101日目から

女性の場合、離婚後の再婚や出産については民法上の決まりがあります。「再婚後に子どもを」と考える場合は特に、決められたルールを知っておきましょう。

女性はすぐには再婚できない

離婚後、男性はいつでも再婚できますが、**女性には100日間の再婚禁止期間が設けられています。**離婚後に妊娠がわかったとき、父親が前夫なのか再婚相手なのかをめぐってトラブルになるのを避けるため民法で定められているのです。

ただし、再婚禁止期間であっても、再婚が認められることがあります。「離婚したときに妊娠していなかったこと」または「離婚後に出産したこと」のいずれかを証明する医師の証明書がある場合です。

再婚後の子どもの姓と戸籍はどうする?

離婚した女性が子連れで再婚した場合、子どもは再婚前の母親の戸籍に残ったままになります。そこで、**子どもの姓や戸籍をどうするかについて、よく考えておくことが必要です。選択肢は4つあります。**

❶子どもの戸籍・姓は変えない

婚姻届を出すだけにします。すると、子どもとは戸籍と姓が別になり、再婚相手と子どもの間に法律上の親子関係は生じません。

❷子どもを同じ戸籍に入れる

この場合、再婚相手と子どもを養子縁組させるのが一般的です。子どもの姓も同じになり、再婚相手は子どもの養父となります。

❸養子縁組せず、同じ戸籍に

子どもの姓を再婚相手の姓に変えるため、家庭裁判所に子の氏の変更を申し立てて許可を得ます。そのうえで、同じ戸籍になるように入籍届を出すという方法があります。この場合、再婚相手と子どもの間に親子関係は成立しません。

❹再婚相手が女性の戸籍に入る

子どもと母親の戸籍と姓は変わりません。この場合も、養子縁組をしなければ、再婚相手と子どもは親子関係にはなりません。

再婚時の子どもの戸籍と姓のパターン

子どもの戸籍と姓をどうしたいかによって、よりよい方法を選択しましょう。

再婚相手の戸籍　結婚　**妻と子の戸籍**

再婚相手の戸籍	
筆頭者	田中 謙

妻と子の戸籍	
筆頭者	佐藤美奈
子	佐藤太一

パターン❶　子どもの戸籍と姓は変わらない

子どもの戸籍	
子	佐藤太一

（筆頭者の母は除籍）

再婚した夫婦の戸籍	
筆頭者	田中 謙
妻	田中美奈

婚姻届を出すだけでよい。

パターン❷　再婚相手の子どもになる

家族３人の戸籍	
筆頭者	田中 謙
妻	田中美奈
養子	田中太一

再婚相手と子どもの養子縁組を行うことで子どもは同じ戸籍に入る。

パターン❸　戸籍と姓をそろえるだけ

家族３人の戸籍	
筆頭者	田中 謙
妻	田中美奈
妻の子	田中太一

子どもの姓を変更し、許可を得たら、子どもを再婚相手の戸籍に入れる「入籍届」を提出する。

パターン❹　母親が戸籍筆頭者になる

家族３人の戸籍	
筆頭者	佐藤美奈
夫	佐藤 謙
子	佐藤太一

再婚相手が女性の戸籍に入れば、子どもの姓は変わらない。再婚相手と子どもの親子関係は成立しない。

女性が子連れで再婚し、子どもに養父ができたとしても、**子どもと実父の親子関係は変わらず、養育費の支払い義務も継続されます。**ただし、養父が第一次的な扶養義務者になるため、実父が養育費の減額を家庭裁判所に申し立てることができます。実父と養父の経済的状況によっては、減額が認められます。

離婚後に生まれた子どもの戸籍は？

離婚後300日以内に子どもが生まれた場合、**親権は母親がもちますが、父親は前夫と推定され、嫡出子（夫婦間に生まれた子ども）として前夫の戸籍に入れることになっています。**離婚後に生まれた子どもが父親不在にならないため、民法で定められているのです。

女性が再婚していても同様です。父親である前夫が扶養義務を負うこ

離婚後に生まれた子どもの戸籍

出産日が離婚後300日以内かどうかで、生まれた子どもの戸籍は大きく変わります。

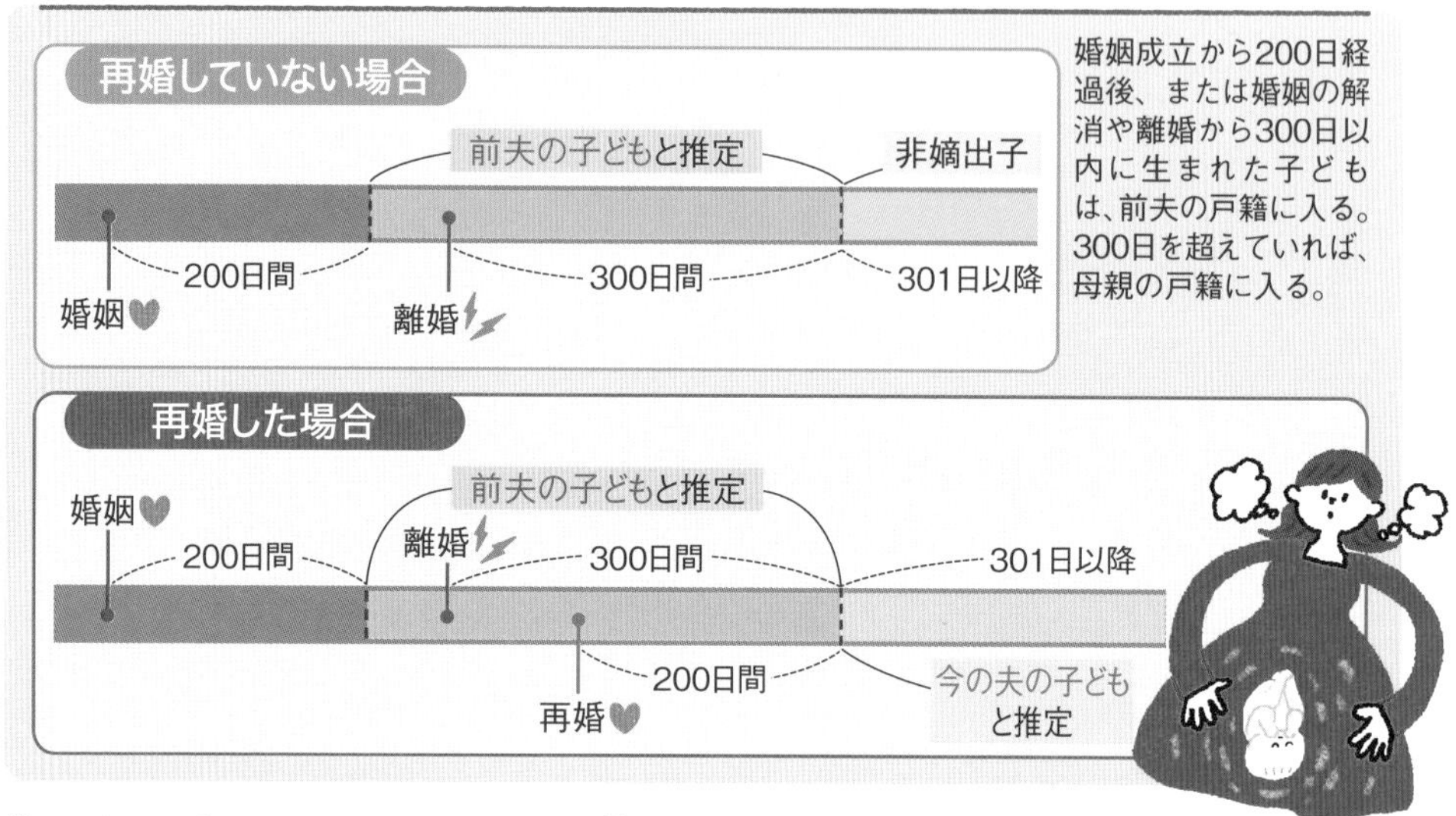

再婚していない場合
前夫の子どもと推定
非嫡出子
200日間
300日間
301日以降
婚姻
離婚
再婚した場合
前夫の子どもと推定
婚姻
離婚
200日間
300日間
301日以降
200日間
今の夫の子ども
と推定
再婚

婚姻成立から200日経過後、または婚姻の解消や離婚から300日以内に生まれた子どもは、前夫の戸籍に入る。300日を超えていれば、母親の戸籍に入る。

［ 子どもの実父を認めてもらう方法 ］

懐胎時期に関する証明書	親子関係不存在確認調停	嫡出否認調停	認知調停
医師が作成する「懐胎時期に関する証明書」によって、妊娠が離婚後であることを証明する。	前夫に自分の子どもではないことを認めてもらう。離婚成立前の妊娠でも前夫が父親になり得ないことを証明する必要がある。	前夫側から、生まれた子が自分の子どもではないという調停を申し立てる。子どもの出生を知ってから1年以内に行う必要がある。	再婚相手など、実の父を相手に調停を申し立てる。離婚成立前の妊娠でも、前夫が父親になり得ないことを証明する必要がある。

とになります。問題なのは、実の父親が前夫ではない場合です。そのようなときに、子どもの本当の父親を認めてもらう方法がいくつかあります。

1つは、妊娠したと推定される時期が離婚後であるという「懐胎時期に関する証明書」を添えて出生届を出す方法です。認められれば、母の非嫡出子（婚姻関係にない男女間に生まれた子ども）として、あるいは再婚相手を父とする嫡出子として、出生届を出せます。

そのほかに、「親子関係不存在確認調停」「嫡出否認調停」「認知調停」を申し立てる方法もあります。

再婚しなかった女性が、離婚後301日以降に出産した場合、生まれた子どもは非嫡出子として母親の戸籍に入ります。相手の男性から認知してもらえば、扶養義務が生じるので養育費を請求することができます。

第3章

ケース別・
離婚のポイント

―プロはこうして解決する―

性格の不一致、性の問題、DV、熟年離婚など、
さまざまな離婚原因に対し、
専門の弁護士から見た解決策を紹介します。
自分のケースにあてはめて考えてみましょう。

性格の不一致

婚姻関係の破綻を示すことが重要

離婚原因として最もあげられることの多い「性格の不一致」。調停・裁判となると、長期の別居などがないと認められにくくなります。

CASE 1

妻は異常なほどのキレイ好き。清潔ルールに耐えられない！

汚いわ！

もともときれい好きな妻でしたが、結婚後にエスカレート。帰宅後すぐの着替え、洗濯物のたたみ方やゴミの捨て方など、一挙手一投足に細かく指示が出ます。あまりの細かさに爆発寸前です。

いちばん多い理由だが それだけで離婚は難しい

結婚はもともと性格が異なる他人同士がお互いに歩み寄ることで成り立ちます。お互いの違いを認めて協力し、補い合えれば、結婚生活は充実したものになるでしょう。しかし、どちらかが一方的にルールを押しつけたり、聞く耳をもたないと、その結婚は苦痛でしかありません。

実際に、離婚に至る原因の多くが性格の不一致です。しかし、離婚調停や裁判では、**相手と性格が合わないという原因だけで離婚を認められ**ることはあまりないといえます。

相手が応じなければ 長期戦になる可能性が高い

まずは2人で話し合うことです。上記のケースなら「あまりに細かい清潔ルールはつらい」など、**離婚を考えるに至った原因を相手にはっきり伝えることが重要です。**それでも折り合いがつかない場合には、離婚調停を申し立てることになります。

性格の不一致という主張は、相手からすれば自分を否定されたも同然。長期戦になる可能性も高くなります。また、どちらかに責任があるというものではないため、慰謝料の請求は難しいでしょう。

婚姻関係の破綻とは？

2人の信頼関係が失われていることは、以下の3つから客観的に示すことができます。

長期間別居している

一時的な別居ではなく数年に及んでいて、もう二度と一緒には暮らせないと思っている。

生活費を渡していない

配偶者や子どもを省みることがなく、扶養する義務を怠っている。

お互いが修復する意思を失っている

離婚届を出していないだけで、お互いに結婚生活を継続する気持ちがない。

ほかの原因も加われば説得力が増す

性格の不一致だけではなく、そこから派生した「婚姻を継続しがたい重大な事由（➡P58）」すなわち、**お互いの信頼関係がなくなったことを示す複数の事由があれば、調停や裁判で折り合いがつく**可能性は高まります。

たとえば、「妻の異常なキレイ好きを発端にお互いの意思疎通が難しくなり、別居している」「互いに夫婦関係を修復する気はないと感じている」といった婚姻関係の破綻を示す客観的な事情があると、説得力は増してきます。実際に離婚を考えるまでには、さまざまな要因があったことでしょう。それを思い返し、離婚原因を整理して考えてみましょう。

裁判例

価値観の違いから夫婦関係が破綻！

古典音楽や読書などの趣味をもち、高水準の知的な生活を望む夫と、平凡で平和な生活を望む妻。価値観の違いから夫は妻に嫌気がさし、離婚を申し出ましたが、妻は応じません。互いの趣味や性格に理解や興味を示すこともなく、平行線のまま別居期間は16年に。

最終的には離婚裁判で、「互いの趣味や性格に拒絶反応を起こし、協調の努力もできなかったのが破綻原因。性格の不一致により婚姻関係の破綻に至っているよりほかはなく、性格の不一致が婚姻を継続しがたい重大な事由になる」として夫の離婚請求が認められました。

（東京高等裁判所・昭和54年6月21日）

性格の不一致としか言えない状態でも、長期間の別居などによって破綻に至ったとして、離婚が認められました。

性の不一致

一方的な性交の拒否や強要は離婚原因に

性生活は非常に個人的なもの。人知れず悩んでいる人は多いでしょう。一方的な性行為の拒否や強要は、「婚姻を継続しがたい重大な事由」になります。

CASE 2

結婚直後からセックスレスに。夫婦の愛情が感じられない

結婚直後からなぜか夫がセックスレスに。現在では寝室も別々です。何でもないフリをしてふつうに接していますが内心は傷ついて、夫からの愛情を感じられず、とても苦しいです。

婚姻関係の破綻につながる要因の1つ

そもそも結婚は夫婦の性生活を暗黙の前提としているものです。夫婦間の性行為にどちらかが納得できなければ、破綻の要因になります。

ケースのように、結婚直後から性行為がなく、セックスレスの場合は性行為の拒否にあたります。たとえば結婚前から、「子どもをもちたい」という話をしていたのにもかかわらず、セックスレスなのであれば、裁判では有利に働きます。

一方で、「性的なことには興味はない」と結婚前から聞いていたのであれば、結婚後に性行為がないからといって離婚したいというのは、通りにくくなります。裁判になればむしろ、「身勝手な主張」ととられる可能性があるでしょう。

性の不一致は、重大な離婚原因となり得ますが、**不一致だったことをいつ知ったかがポイントです。**もし「性交ができない」「通常とは異なる性嗜好がある」ことなどを知らずに結婚し、これをどうしても受け入れられなければ、離婚の原因として成立します。

合意できない性の不一致は慰謝料請求も可能です。難しいかもしれませんが、第三者から見てもわかるよ

離婚原因となる性の不一致

性生活は結婚の前提的な要素。拒否や無理強いは離婚原因になります。

異常な性嗜好

SM、アナルセックス、パートナーを交換して性交するスワッピングなど、異常な性嗜好を強要された。

セックスレス

離婚原因になるのは、愛情がなくなった、元来性欲が低いなどからセックスレスになり、相手が苦痛を感じている場合。年齢や病気が理由の性交不能では、離婚請求は認められにくい。

同性愛

同性愛を受け入れられず、婚姻生活が破綻し、修復不可能となった。

うな記録に残しておきましょう。

裁判は原則公開のため、協議でまとまることが多い

性の不一致が原因ですでに婚姻関係が破綻しているのであれば、裁判でも離婚が認められます。

ただし、裁判は原則的に公開され、誰もが傍聴可能です。裁判を起こした場合には、傍聴席にいる人に、ごく個人的な内容が公開されることになります。このため、性の不一致が原因の離婚では、協議離婚が成立するケースが多くなっています。

協議離婚にあたっては、自分の主張を我慢したり、逆に感情的に怒りをぶつけることはせず、**冷静な話し合いによる解決を目指しましょう。**相手との交渉を弁護士にまかせることもできます。

裁判例

性交不能を知らせずに結婚し、離婚裁判に

夫は性的興奮や性的衝動の起きない体質。そうと知らずに見合い結婚した妻でしたが、新婚旅行中もその後の同居中も、性行為はありませんでした。夫は泌尿器科や精神科で治療を受けましたが、効果はありませんでした。

妻は実家に帰り、翌年、夫の性的不能を原因に、財産分与と慰謝料請求の離婚裁判を申し立てました。裁判所は、「3年半のセックスレスは婚姻を継続しがたい重大な事由」として離婚および200万円の慰謝料を認めました。

（京都地方裁判所・昭和62年5月12日）

夫の性交不能を知っていれば、妻は結婚しなかったかもしれません。こうした点からも夫に非があると考えることができます。

自分の不貞

不貞した側からの離婚請求は難しい

通常、離婚原因となる出来事を起こした「有責配偶者」からの離婚請求は受け入れられません。認めてもらうには、その責任を十分に果たす必要があります。

CASE 3

不倫がバレて夫婦関係が悪化。もうこのまま離婚したい！

妻に浮気が見つかって以来、毎日責め立てられ、ストレスで耐えられません。自分の浮気にも非はありますが、謝罪に聞く耳をもってくれずウンザリ。愛情も冷めているので離婚したいです。

離婚調停は起こせるが裁判は難しい

お互いの信頼から成り立っている結婚を壊す原因となる行為をした側を「有責配偶者」といいます。

有責配偶者から離婚を切り出した場合でも、**相手が合意すれば、離婚することができます。**

しかし、離婚協議や調停で合意できずに裁判になった場合、**有責配偶者からの訴えが認められることは相当難しいといえます。**「自分が不倫をしているから別れたい」といった身勝手な訴えは、簡単には通りません。

ところが、最近は有責配偶者からの離婚の訴えが認められるケースが出てきました。

「別居期間が婚姻期間に比べてかなり長く、婚姻生活が破綻している」「養育すべき未成熟の子どもがいない」「相手に離婚による社会的、精神的、経済的なダメージがない」。こうした条件にあてはまれば、裁判離婚が成立するケースも出てきています。

有責配偶者からの離婚請求であったとしても、**「婚姻関係が破綻しているなら離婚を認める」という破綻重視の考え方に変化してきているのです。**

公序良俗・信義誠実…社会における秩序や一般的な道徳心、相手の信頼にそって誠意をもって行動する、という法律の原則。

有責配偶者からの離婚が認められる条件

最低でも、以下の条件を満たす必要があります。

❶ 別居期間が長期間に及ぶ

❷ 夫婦間に未成熟の子どもがいない

❸ 離婚によって相手配偶者が経済的・社会的・精神的に過酷な状況に置かれない

裁判例

愛人と暮らす夫からの離婚請求!?

夫婦には子どもがなく、結婚11年目に養子を迎えました。ところが、養子の母と夫が不倫関係にあることが発覚したのです。その後、夫は不倫相手と同棲を始めてさらに子どもをもうけ、別居期間は36年に及びました。

夫が起こした離婚裁判は1審、2審の棄却後に上告。「別居が長期間で、未成熟の子どももおらず、離婚によって妻の状態が過酷にはならない」として、夫からの離婚請求は認められました。

（最高裁判所・昭和62年9月2日）

最高裁からの差戻審では、妻には財産分与で1000万円、慰謝料1500万円が支払われました。上記の条件をすべて満たしているため、離婚を認めない理由はないと、判断されたのです。

時間とお金をかける覚悟が必要

とはいえ、有責配偶者が相手を納得させるには、相当な覚悟が必要です。裁判所では「公序良俗」や「信義誠実」の原則に反していないかという考えにもとづいて判断するため、**有責配偶者は相当な誠意を相手に見せる必要があります。**

たとえ別居中であっても、配偶者の経済的・社会的・精神的困難がないように配慮が必要です。婚姻費用を支払ったか、財産分与や慰謝料は十分かなど、離婚の妥当性が認められるためには時間とお金がかかると考えたほうがよいでしょう。

子どもが未成熟の場合は、子どもへの影響が優先されます。離婚を認める判決を出せば、子どもから片親を引き離すことになるため、基本的には認められないと考えてください。

未成熟の子ども（未成熟子）…成人年齢に関係なく、経済的、社会的に自立できていない子どものこと。
差戻審…上級裁判所の判断によって、もとの裁判所でもう一度調べること。

親族との不和

配偶者がどう対応したかがポイント

親族との不和だけを原因として、離婚を成立させるのは難しいでしょう。不和があったとき、夫婦がお互いにどのような対応をとったかが重要になります。

CASE 4

姑（しゅうとめ）から山ほどのダメ出し。味方してくれない夫にウンザリ！

出産直後、夫の実家近くに新築戸建てを購入。姑は専業主婦で、2日に一度はやってきて、家事や育児にダメ出しします。夫は完全に姑の味方なうえ、そのマザコンぶりにもう耐えられません。

直接的な離婚原因にはならない

結婚によって関係ができる義父母はじめ親族とは、ウマが合うかどうかはわかりません。結婚当初はほどよい距離で良好にしていても、出産や育児などがきっかけで不和になる可能性はあります。

しかし、配偶者の親族と折り合いが悪くなり、それを原因に離婚裁判を起こしても、裁判所はまず認めてくれないでしょう。**離婚はあくまでも配偶者同士の問題であり、親族とどれだけいさかいを起こしても、直接的な離婚原因にはなりません。**

不和の解消に向けて双方が努力したかどうか

親族と不和になったとき、改善のためにできることはいくつかあります。まずは配偶者と話し合い、親族との不和を理解してもらい、つらい気持ちを受け止めてもらうことが重要です。また、同居していることが不和の原因なら、物理的に離れて暮らすことも考えましょう。

こうした対処には、配偶者の協力が欠かせません。協力が得られず、**むしろ不和を助長するような場合、婚姻関係の破綻とみなされる可能性があります。**

信頼関係を壊す配偶者の対応

問題は親族との不和そのものではなく、配偶者との関係や対処のしかたです。

1
不和を解消しようとする努力がみられない

2
不和がひどくなるように働きかける

3
配偶者が自分の実家にいりびたっている

など

信頼関係が失われて婚姻関係が破綻

裁判例

婿（むこ）養子の夫に対する妻の両親の態度がひどい！

妻の実家は雑貨商を経営する農家。夫が婿養子に入り結婚生活が始まりました。結婚後に夫は就職し、給料をすべて家に入れていたにもかかわらず、義父は実家の仕事を言いつけ、自由な時間を与えません。妻も味方をせず、家庭内に安らぐ場所はありませんでした。夫は愛情が薄れついに別居。お互い離婚を決意します。

裁判所は離婚を認め、そこに至った原因は妻の義父母にもあるものとして、夫が受けた精神的苦痛に対して慰謝料を認めました。

（東京高等裁判所・昭和28年7月6日）

妻が夫をかばっていれば、夫婦関係は保たれたかもしれません。夫には妻と義父母からの慰謝料が認められました。

配偶者の言動を記録に残しておく

親族との不和をきっかけに配偶者との信頼関係が失われ、離婚を決意したのであれば、相手が親族に味方したり、自分を非難する音声、会話内容などの記録を残しておきましょう。調停離婚や裁判離婚を目指す際に、**婚姻関係が破綻していることを示す証拠になります。**

また、**別居をする際には、必ず子どもを連れて出ます。**配偶者と親族が子どもを育てる状態が続くと、親権をとることは難しくなります。

相手と親族の関係が深い場合、協議や調停にも親族が口をはさみ、泥沼化することがあります。早めに弁護士に相談し、直接会わずにすむ方法を考えるのが賢明です。

浪費・借金

家計の破綻を招くほどなら離婚原因に

結婚前は「太っ腹」あるいは「経済力がある」と思っていたものの、実は借金や浪費グセによるものだったら。離婚原因になるかどうかは程度の問題です。

CASE 5

自分の趣味にお金をつぎこみ、借金まで。もう許せない！

夫は車が趣味。度々、家族に黙って、家計には見合わない高級車に買い替え。問いつめると、知人から借金をしている様子。返済のメドも立たず、どうするつもりなのかと怒り心頭です。

金銭感覚の違いは婚姻関係の破綻を招く一因

浪費グセや、投資、ギャンブルなどによる多額の借金は、夫婦２人で築く財産に悪影響を及ぼします。

夫婦間の金銭感覚があまりにも異なると、信頼関係を損ねる原因にもなり、エスカレートすると生活費を使い込む、仕事に支障が出る、金銭感覚のずれを指摘すると暴力をふるうなど、婚姻関係の破綻につながります。

離婚を望むなら、相手がどれだけのお金を使っているのか、**クレジットカードの明細やレシート、購入した物品の写真、あるいは借用書、借金の督促状などを証拠として残しておきましょう。**協議や調停が難しければ、金銭感覚の違いからくる婚姻関係の破綻を原因に、裁判での離婚成立を目指します。

金銭感覚の違いでは慰謝料請求は難しいとしても、子どもの養育費の請求は可能です。支払いを確実にするために、強制執行ができる公正証書を準備しましょう。

また、浪費グセや借金の有無と、子どもを引きとり育てる親権の問題は切り離して考えられます。親権をとりたい場合は、その準備も整えておく必要があります。

公正証書…「強制執行認諾文言付」で強制執行が可能となる（➡P38）。

借金を減額・免除してもらう債務整理

多額の借金は以下の方法がとれないか、
弁護士・司法書士に確認しましょう。

借金

任意整理	個人再生	自己破産	過払い金請求
利息の免除などを借入先と直接交渉する。以後の返済計画を立て直し、和解を取り交わす。	住宅ローンとそのほかの借金がある場合、住宅ローンの支払いは継続して自宅を残し、ほかの借金は大幅に減額してもらう。	一定額以上の価値のある財産をすべて手放し、免責を得ることで、借金を払わなくてもよくなる。	2010年以前からある借金の場合、法外な金利設定により利息を払い過ぎの可能性がある。過払金は返金請求できる。

離婚せずに、問題解決を図る方法もある

まずは相手が抱える借金の「借入理由、金額、借入先、担保にしているもの、保証人」を確認しましょう。住宅ローンなど、日常生活の費用にあてた借金は、夫婦双方に返済義務があると思われがちですが、**実際は名義人以外が取り立てにあうことはほとんどありません。**ただし、自分が連帯保証人になっている場合は、返済義務が生じてしまいます。

これらを確認のうえ、離婚せずに**借金問題の解決を考えるなら、「債務整理」という方法があります**（上図参照）。弁護士や司法書士に相談してください。離婚するなら、財産分与の**際に相手の借金を背負い込まないようにしましょう。**

裁判例

浪費グセが直らない妻に対する離婚請求

公務員の夫と専業主婦の妻は、夫の実家に同居。経済的なゆとりがありました。夫は当初、妻の浪費に気づいていませんでしたが、知人に借金をしたり、アイロン、スーツ、反物を質に入れたりするなど、浪費はどんどんエスカレートしていました。

倹約家の義母と折り合いが悪くなり、夫婦仲もこじれはじめると、妻は夫の安月給や義母の態度を責めました。離婚協議を経て、一度は子どもと夫婦3人での再出発を誓ったものの、浪費がとまることはなく、夫の生命保険を担保にした借金も判明。

結婚から6年、裁判所は妻の浪費を原因に夫の離婚請求を認めました。

（東京地方裁判所・昭和39年10月7日）

妻には浪費の問題はありましたが、子育てにおいてはなかった。そのため、親権は妻がもつことになりました。

宗教活動

それだけの原因で離婚成立は難しい

信仰の違い、あるいは宗教活動に熱心すぎる、というだけでは離婚原因にはなりません。過度な宗教活動が原因で結婚生活に支障があることがポイントです。

CASE 6

宗教にはまった妻と子どもの入信をめぐってトラブルに

大病をきっかけに新興宗教の信者になった妻。それだけならともかく、子どもを入信させようと集会への参加を強要します。「やめてほしい」といっても聞く耳をもってくれず、離婚しかないと。

夫婦間でも信仰や宗教の自由は尊重される

誰にでも、信仰や宗教活動の自由があります。結婚前の入信であれ、結婚後のものであれ、「気に入らない」「理解できない」という理由だけで離婚することは、裁判では認められません。**すなわち、法律上は信仰の違いが直接的な離婚原因にはならないのです。**

もちろん、相手の信仰を否定したり、無理に変えさせようと強要することもできません。どうしても離婚したいのなら、**協議や調停を行い、お互いの合意のうえで行います。**

限度を超えた宗教活動は離婚原因になり得る

あまりに熱心な信仰が理由で結婚生活に支障があり、夫婦の義務（⬇P48）に違反していれば離婚原因となります。たとえば、家事や育児を放棄したなら協力義務違反、活動費や寄付のために家計に多大な負担がかかっていれば協力・扶助（ふじょ）義務違反、勝手に家を出て宗教施設に寝泊まりするなどがあれば同居義務違反といえます。

配偶者や子どもに同じ信仰を強要・強制することも、離婚原因になり得ます。宗教活動と結婚生活が両立てているかがポイントです。

宗教活動が家庭に与える悪影響を具体的に説明する

相手の異常な宗教活動が原因で婚姻関係が破綻し、離婚を決意したのであれば、**その記録を詳細に残しておくことが大切です。**

集会や布教活動などへの参加頻度や費やす時間がどの程度なのか、寄付金額や活動費などの具体的な支出金額はいくらかなどです。何か購入したものがあれば、いくらで何をどれだけ買ったのか、写真とともに残しておきます。また、家事や育児に及ぼす影響も具体的に記録します。

限度を超える宗教活動とは？

結婚生活に差し障り、家計や子育てに悪影響があるケースがあてはまります。

宗教活動にのめり込み、仕事・家事・育児を放棄している

夫や子どもに同じ信仰を強要する

宗教活動のために、勝手に家を出た

宗教活動に多額のお金をつぎ込んでいる

裁判例

限度を超えた宗教活動ではないと判断された

子育てを義母にまかせ、２人で家業の理容店を切り盛りする夫婦。結婚から16年目、妻は親族の誘いである宗教に入信。月に1～3回程度の集会活動と宗教書を読むことに没頭するようになりました。そのうち夫に黙って子どもを入信させるなどしたため、夫は怒り、信仰を捨てるようにせまりましたが、かえってのめり込むようになりました。

夫は妻を実家に帰しましたが、妻は月に一度子どもと会い、夫に手紙を出すなど家に帰る努力をしました。一方の夫は、同居を拒み、妻が宗教活動に夢中なことを原因として離婚裁判を起こしました。裁判所は「夫が妻の宗教を許しさえすれば夫婦の共同生活の回復は可能」として認めませんでした。

（名古屋地方裁判所豊橋支部・昭和62年3月27日）

夫婦であり続けようと努力する妻に対し夫がもう少し歩み寄ることができれば、結婚生活は継続できると判断されたのです。

DV離婚

警察や支援センターに相談、身を守る

DV（ドメスティック・バイオレンス）に対しては、身の安全が最優先です。離婚を切り出すのは証拠を集め、代理人を立ててからにします。

CASE 7

何かにつけて暴力をふるう夫。別れたいけれど仕返しが怖い

付き合っていたころは優しく、頼りがいがある人だと思っていました。しかし、結婚したとたんに豹変（ひょうへん）。気に入らないことがあれば暴力、暴言をくり返すようになったのです。

どんな理由でも暴力は許されない「不法行為」

配偶者からの暴力の防止及び被害者の保護等に関する法律「DV防止法」の制定から約20年が経ちました。夫婦間やパートナー間の家庭内暴力、DVに関する意識は高まってきています。しかし、DVそのものが減っているわけではなく、相談件数はむしろ増え、2018年には年間11万4千件を超えています。

女性が男性からDV被害を受けるケースが圧倒的に多いものの、逆のケースも増加してきています。

DVは、身体的な暴力だけとは限りません。「モラルハラスメント」と呼ばれる心理的な攻撃や、経済的な攻撃、性的強要も含みます。モラルハラスメントの被害者は、自分が悪いと思い込み、被害者と自覚していない場合もあります。また、子どもにわかるように配偶者に暴力をふるう「面前DV」は、児童虐待の1つとも考えられています。

どんな例であれ、DVは許されない不法行為です。婚姻を継続しがたい重大な離婚原因となります。

身の安全を確保したうえで第三者を介した離婚を

DVの被害にあったときは、まず

DVとみなされる行為

殴る、蹴るなど身体的暴力だけではなく、
「いやだ」と思うことを強要されるのもDVにあてはまります。

身体的暴力

打つ、殴る、蹴る、髪を引っ張る、壁に打ちつけるほか、刃物やベルト、熱湯、冷水などを使い、体に危険が及ぶ行為。

精神的暴力

「誰のおかげで生きていると思ってるんだ」などと大声をあげたり、相手を軽視する、命令する、無視することなどを続けて心を傷つける行為。

社会的暴力

男女問わず交友関係や行動を監視、また制限や拘束をして、外出させない、もちものをチェックするなど、社会的な自由を奪う行為。

性的暴力

同意のない性行為を強要する、見たくないポルノ動画を見せる、避妊に協力しない、中絶を強要するなど。

子どもを利用した暴力

子どもに直接危害を加えたり、「危害を加えるぞ」と脅すことで、相手の行動を制限する。子どもが相手の悪口を言うように仕向けるなど。

経済的暴力

生活費を渡さない、もしくは必要最低限にする、働くことを認めない、家計を管理してお金をもたせない、貸した金を返さないなどの行為。

第三者への相談を。特に警察への相談は重要です。被害者が事前にＤＶ被害者と電話番号などを登録しておく「110番通報者登録制度」を利用すると、被害があったときに情報が円滑に指令され、警察が迅速にかけつけられます。また、市区町村役場や都道府県に設置される「配偶者暴力相談支援センター（ＤＶ相談ナビ）」への相談がＤＶの証拠の1つになり、「ＤＶ等支援措置」や「保護命令」につなげることができます。

ＤＶ等支援措置は、被害者の転居先を加害者やその代理人に開示しないという措置です。

ＤＶの場合、離婚を切り出そうにも「怖くて言えない」「伝えても相手にしてくれない」というケースがあります。爆発的な暴力、暴言が続いたあとに突然優しくなると、「ＤＶではないのかもしれない」と相手を信じたい心理も働くでしょう。し

DV相談ナビ…「#8008」に電話をかけると、最寄りの配偶者暴力相談支援センターにつながる（➡P263）。

DV等支援措置の手続き

DV、ストーカー、児童虐待から身を守るため、相手に居場所を知られないようにします。

警察・相談機関に
相談
必要なもの
□住民基本台帳事務における支援措置申出書
（「相談機関の意見」欄が記入済のもの）
□身分証明書
□印鑑
市区町村役場に
申し出る
申出書は市区町村役場窓口にある。市区町村役場は警察、支援センター、児童相談所などに意見を聞いたり、裁判所の「保護命令決定書」などを確認する。
市区町村役場が
事実確認
支援措置の
決定
支援措置の有効期間は、
事実確認の結果を申出者に
連絡した日から1年間。
延長の申し出は、
期間終了1か月前から
可能です。

かし、そうした行為がくり返されれば、いずれは命に危険が及ぶかもしれません。保護施設（シェルター）を活用することも考え、別居を急ぎましょう。

離婚を切り出すのは、身の安全を確保してからです。相手との交渉は弁護士に依頼したり、調停で話し合うなど、直接会わなくてすむ方法をとりましょう。

写真や診断書など、具体的な証拠を集める

別居前には、ＤＶ被害の証拠をできる限り集めておきましょう。ケガをした場合は必ず医療機関を受診し、医師には配偶者からの暴力であることを明確に伝えて診断書を書いてもらいます。また、ケガの写真やＤＶで壊されたものなどの写真も残しておきましょう。

相手の暴言メールや会話の録音、

✎DV等支援措置の申出書…市区町村によってはウェブサイトからダウンロードできる。

日常的なメモや日記も証拠となります。その際、「ひどいことを言われ続けた」といった抽象的な内容ではなく、「買い物をお願いしたら3時間もどなり続けた」「うたた寝をしたらくり返し蹴られた」「外ではとても穏やかなのに、家で子どもが泣いていると〝泣かせるな〟とどなり続ける」など、具体的なエピソードを記録してください。

なお、スマートフォン内の情報は相手に探られる危険があるため、相手に知られていないUSBメモリーやCD-Rなどに保存したり、信頼できる友人に転送して履歴とデータは消去しましょう。

夫婦には上下関係はなく、対等なのが基本です。これに反し、**不法行為を行っていることを立証するには、詳細な証拠が必ず必要になります。**

裁判例

殴る蹴るの暴行をくり返す夫への離婚請求

恋愛結婚で一緒になった2人。結婚直後、夫は病気で働けなくなり、妻は飲食店で働きはじめました。夜の仕事に加え、一見派手な妻は誤解されやすく、夫は疑い深い性格。言い争いが絶えず、やがて暴力が日常化されました。

妻が家を出るたび、夫が無理やり連れ戻すことをくり返し、妻は暴行、傷害、脅迫行為をもとに裁判を起こしました。夫は「妻が不貞をしていたのでやむを得なかった。愛情があってのことだ」と主張しますが、裁判所は妻の主張を認め離婚請求を許可しました。

（最高裁判所・昭和33年2月25日）

夫がどんな主張をしようとも、
暴行、傷害、脅迫は
不法行為で
重大な離婚原因になります。

別居しても危険なら保護命令を申し立てる

DVの恐怖から抜け出して別居したあとは、安心して暮らせるように、保護命令を活用します。

保護命令は、被害者本人が裁判所に申し立てます。配偶者や事実婚の相手からDVを受けていた証拠と、支援センターや警察署への事前相談が必要です。また、生活をともにしていた証明書類も準備します。

保護命令には、被害者本人への**6か月間の接近や接触、つきまといを禁止する「接近禁止命令」、2か月間同居する家から出ていくことを命じ、かつ家の周辺をうろつくことを禁止する「退去命令」、連絡を禁じる「電話等禁止命令」ができます。**同時に、子どもや親族への接近禁止命令の手続きも行うとよいでしょう（➡P92）。

保護命令申立ての流れ

DV加害者が被害者に近づかないよう、裁判所が命令するもので、
守らなければ懲役または罰金を科せられます。

相談も証拠になる

警察・支援センターなどに相談・DVの証拠を集める

↓

申立ては被害者本人が行う。15歳以上の子どもや親族への接近禁止命令には、同意書などが必要。

地方裁判所に保護命令を申し立てる

必要なもの

- □ 配偶者暴力等に関する保護命令申立書
- □ 当事者間の関係を証明する資料（双方の戸籍謄本や住民票など）
- □ DV被害の証拠（ケガの写真や診断書、陳述書など）
- □ 収入印紙（1000円分）
- □ 連絡用の郵便切手　など

↓

申立てから1週間程度あとに、相手方の意見を聞く。相手方の審尋の日に被害者の出席は不要。

審尋（面接）

↓

以下の5つのうち、必要なものを選ぶ。ただし、電話等の禁止、子ども・親族への接近禁止は、接近禁止命令がある場合に限られる。緊急度が高ければ、相手方の審尋を待たずに発令されることもある。

保護命令の発令

接近禁止命令	DV 被害者身辺へのつきまとい、住居や勤め先周辺でのうろつきを、6か月間禁止する。
退去命令	DV 被害者と相手方が同居している場合、相手方の目を気にすることなく引越しができる準備期間として、家から退去し、家の付近へのうろつきを2か月間禁止する。
電話等禁止命令	相手方からの面会要求、深夜の電話やFAX、メールなど迷惑行為にあたる連絡を6か月間禁止する。
子どもへの接近禁止命令	相手方が子どもを連れ去るなど、子どもを利用して会わざるを得ない状態を防ぐ目的。DV 被害者と同居する未成年の子どもへのつきまとい、住居や学校など周辺のうろつきを6か月間禁止する。
親族への接近禁止命令	相手方が実家に押しかけて暴れるなど、親族を利用して会わざるを得ない状態を防ぐ目的。DV 被害者の親族身辺へのつきまとい、住居や勤務先など周辺のうろつきを6か月間禁止する。

✎ **保護命令申立て**…自分の住所地や居住地、相手の住所地を管轄する地方裁判所に申し立てる。申立書は地方裁判所窓口にある。

Column

DV加害者・被害者の特徴

DV加害者は、外では「いい人」に思われがち。また、被害者は相手から受ける理不尽な暴力に、「自分が悪い」と思う傾向があります。

加害者には加害意識がなく、被害者が罪悪感を抱く

DVでは、本人たちが「これは異常な状態である」と意識していないことがあります。特にDV加害者は、「愛しているから」あるいは「おまえのせい」という理屈で加害意識をもたないことが多くみられます。

一方でDV被害者は、少し違和感があったとしても、くり返し行われる行為に感覚がマヒしてしまいがちです。やがて、「これがふつう」あるいは「自分が悪いからだ」といった誤った罪悪感をもつことがあるのです。

蓄積期、爆発期、安定期をくり返し、悪化していく

DVには一定のサイクルがあり、ストレスをため込む蓄積期、何かのきっかけで怒りの衝動が起きる爆発期、暴力をふるった相手に対して優しくしたり謝罪したりするなどの安定期（ハネムーン期）の3つをくり返しながら、次第にエスカレートしていきます。

被害者自身が相手のDV行為をなくしたり、やめさせることはできません。自分がDV被害にあっていると認識した時点で、一刻も早く抜け出すことを考えてください。

DV加害者の特徴

- □ 相手を支配しようとする
- □ DVを愛情表現だと思っている
- □ 束縛が強い
- □ 外面がいい
- □ 他人の目を気にする

DV被害者の特徴

- □「自分のせいだ」という罪悪感を抱きやすい
- □ 相手の期待に応じなければいけないと思っている
- □「自分はダメだ」という無力感がある
- □ 経済的な力がなく、周囲に頼れる人がいない

熟年離婚

年金分割だけで生活するのは難しい

熟年夫婦の離婚は、老後のお金や病気の心配、孤独に耐えられるかなど、すべてを見据えたうえで結論を出す必要があります。

CASE 8

子どもの独立まで耐えてきた！ 夫の定年を機に離婚したい

定年

若いころ、何度も浮気で泣かされましたが、子どもが大きくなるまでは、と耐えてきました。子どもも独立、夫も定年を迎えるので、離婚して自分の人生を取り戻したいです。

長年連れ添った夫婦が離婚する原因は？

子どもの成人や独立を機に、「これまでの自分の人生を取り戻したい」と離婚を考える熟年層が増えています。

離婚の背景には、「子どものためを考えて我慢していたが、浮気や浪費など、もう耐えられない」というケースが多いようです。そのほか、「定年後に何もしない夫と2人だけで一日中過ごすのは耐えられない」と妻側が切り出す場合がある一方、「口うるさい妻とずっと一緒にいるのはうんざりする」などと、夫側が申し立てる場合もあります。長期間に生じた生活や価値観のズレを元に戻すことは難しいのでしょう。

熟年離婚のメリットには、**結婚生活解消によるストレスからの解放があげられます。**配偶者や相手の親族を気にせずにすむなど、行動は自由になります。一方、**デメリットとしては1人になることで増す孤独感があげられます。**子どもが独立し、仕事も一段落していれば、よけいにつらいかもしれません。

1人の老後生活を真剣に考えてみよう

60歳を過ぎてからの熟年離婚で

熟年離婚を決める前に考えること

熟年離婚特有のポイントをしっかり考え、具体的なイメージをもっておきましょう。

住まいはどうする?

高齢者の1人暮らしは保証人が必要など、民間住宅への入居が制限されるケースもある。持ち家を譲り受けるのがいちばんだが、実家や公営住宅も視野に入れる。

家事はできる?

外食は、自炊に比べてお金がかかるうえ、健康面でも心配。洗濯や掃除を人に頼むのも経済的負担は大きい。配偶者まかせで家事をしたことのない人は特に気をつける。

病気になったときは?

いずれ病気になるかもしれず、介護で誰かの手を借りることになる可能性もある。そのときに誰を頼るのか、考えておく必要がある。

孤独感に耐えられる?

高齢化社会のなか、老後の暮らしを1人で続けることができるか。地域社会や友人とのつながりを大切に、自分の居場所をつくっておくとよい。

生活費はどうする?

衣食住に加え、娯楽費も含めて年金でまかなうことができるか。財産分与などが期待できるか。十分な資産がなければ、生活費をどのように捻出するか考える。

は、**そのほかの年代とは別に考えなくてはならないことがあります。**

高齢での就職は若いころよりも難しくなります。年金や貯金だけで生活できるのか。また、家事全般にわたる生活力があるかどうかの検討も必要です。住居をどうするか、親の介護や自らの病気についても、よく考えておきましょう。

それでも離婚を決意したなら、まずは相手と離婚条件について話し合いましょう。協議で決まったことは、必ず「強制執行認諾文言付公正証書(⬇P38)」に残しておきます。

トラブルになりやすいのは、定年退職後にもらうであろう退職金を含め、長い婚姻期間で築いた財産の分与です。協議離婚であっても、あらかじめ弁護士に相談しておいたほうがよいでしょう。協議で双方が合意できなければ、調停の申立てを行います。

離婚後の生活は成り立つ？

離婚後の生活をシミュレーションし、現在の生活と比べて考えてみましょう。

60歳以上の1人住まい（無職）の家計

●支出（月平均）　約13万9000円

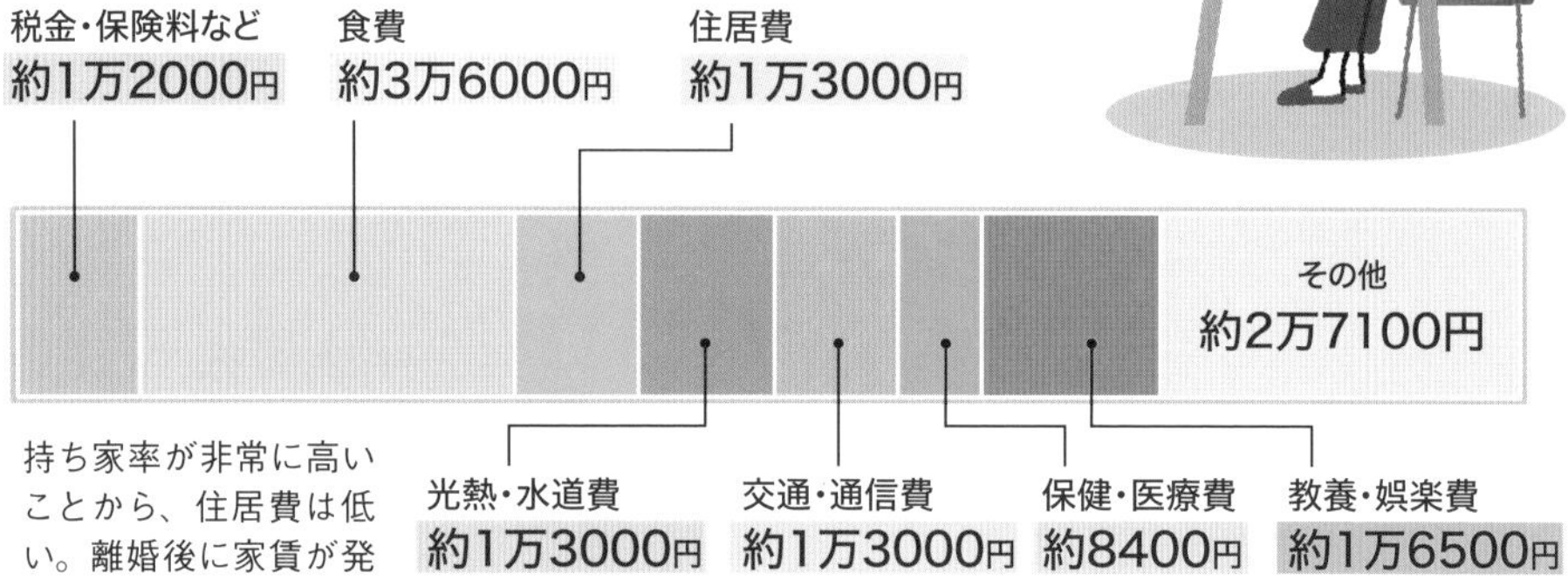

税金・保険料など
約1万2000円
食費
約3万6000円
住居費
約1万3000円
その他
約2万7100円
光熱・水道費
約1万3000円
交通・通信費
約1万3000円
保健・医療費
約8400円
教養・娯楽費
約1万6500円

持ち家率が非常に高いことから、住居費は低い。離婚後に家賃が発生するかどうかがポイントになる。

（家計調査年報［家計収支編］2019年より作成）

離婚後に見込める収入は？

自分の年金

誕生日ごとに郵送される「ねんきん定期便」などで、自身が将来受け取る年金額の目安が確認できる。基礎年金番号がわかれば、年金事務所へ直接問い合わせるか、「ねんきんネット」での確認が可能。

年金分割

配偶者が「第2号被保険者」であった場合、婚姻期間中の厚生年金を分割できる可能性がある。請求期限は、離婚の翌日から2年以内。事実婚の場合も同様。夫が自営業者の場合は厚生年金への加入はないため、年金分割もない。➡P134

財産分与

婚姻期間中に形成された共有財産は、2分の1ずつに分割清算される。相続などによって個人が受け継いだ財産と、ローンなどの負債は除く。ローン完済済みの住宅や車、貯金、受け取る予定の退職金も対象。➡P122

慰謝料

婚姻期間中に受けた苦痛に対する対価で高くても500万円以下がほとんど。不倫や暴力行為などで、相手が否定している場合には、不法行為の証拠が必要。証拠を準備できない場合は難しい。➡P116

自分の年金と年金分割を確認しておく

年齢とともに、働いて収入を得ることは難しくなるため、老後の生活の基盤は年金になります。**将来の自分自身の基礎年金と、離婚後の年金分割によって得られる金額の合計を確認しておきましょう。**通常、国民年金のみの平均支給月額は、約5万5000円といわれています（保険料を満額支払っている場合は、6万5000円程度）。

年金分割が請求できるのは、配偶者がサラリーマンや公務員などの「第2号被保険者」で、自身が扶養家族であったり、配偶者よりも収入が低いことなどが条件です。**詳しい年金分割の情報については、「年金分割のための情報提供請求書」を年金事務所に提出することで確認できます。**

財産分与は自宅を譲り受けることを目標に

今暮らしている住居がローンを完済した持ち家であれば、**財産分与として自宅を譲り受けることを目標にしましょう。**家賃による支出があるのとないのでは生活に大きな違いがあります。家を譲り受けるにあたっては、必ず名義変更を行います（➡P208）。ただし、家や土地が相続したり贈与されたものであれば、財産分与の対象外です。また、財産分与の割合は「2分の1の原則」から、ほかの財産は諦めなければならないことも考えられます。

支給前の退職金がある場合も、財産分与の対象になります。預貯金から相当額を分与するか、退職金の支給後に改めて支払いを受けるか、公正証書にして残しておきましょう。

裁判例

夫の浮気や暴力に約50年耐え続けてきた

妻は夫の度重なる不貞行為と暴力に脅かされながら2人の娘を育て、家業を手伝い、財産の形成に努めてきました。娘のためにと我慢を続けていましたが、娘たちの独立後、離婚調停を申し立てます。

夫は不貞行為や暴力は二度としないと約束、いったんは収まりますが、再度くり返されました。6年後、夫がストーブで妻を殴打するなどしたため、妻は再び離婚を決意して別居を決行。離婚裁判を申し立てました。夫は事実を認めず、慰謝料の支払いも拒みましたが、裁判所は慰謝料1000万円と不動産の明け渡しを命じます。結婚後50年が過ぎていました。

（岡山地方裁判所倉敷支部・平成15年2月18日）

夫の責任の大きさと反省なき態度から、相応の財産分与に加えて慰謝料も認められました。

✎公正証書…不払いがあった場合にすぐに対処できるよう「強制執行認諾文言付」にする（➡P38）

国際離婚

どこの国の法律に従うかで大きく変わる

国際離婚には、特有の難しさがあります。どこの国の法律にもとづくか、どう交渉すればよいのかなど、早めに専門の弁護士へ相談しましょう。

CASE 9

子どもの育て方をめぐって対立！帰国して離婚したい

留学中に出会った彼の熱烈なアプローチを受けて国際結婚へ。子どもが生まれてからは育児方針をめぐって義母との折り合いも悪くなり、子どもを連れて帰国。離婚を考えています。

日本に住んでいれば日本の法律が適用される

国際離婚では、どの国の法律に従うかをまず確認します。日本では、「双方の本国法がともに日本法であるときは日本法」**「双方の常居所地（長く暮らす場所）が日本の場合は日本法」「双方の常居所地が違うときは、双方に関係の深い国の法律」「日本国籍をもつ人が日本国内を常居所地にしていれば日本法」**と決められています。また、双方の住所が異なる際、相手の住所が日本国内にあれば日本に「国際裁判管轄」が認められ、日本での裁判が可能です。

専門家に相談し調停離婚を検討する

離婚制度や離婚の考え方は国ごとに異なります。まずは**国際離婚を専門にしている弁護士に相談しましょう。**場合によっては「慰謝料の概念がない」「一定の別居期間が必要」など、思いがけない決まりがあるケースもあります。また、協議離婚では離婚が認められず、国内で離婚届が受理されたにもかかわらず離婚が成立していない、裁判が必要という場合もあります。

日本に住んでいるなら、調停で話し合いを進め、離婚成立後にその結

国際裁判管轄…手続きが提起された国の裁判所がその手続きを取り扱うことができること。

国際離婚の主なケース

暮らしている場所によって、離婚の際に適用される法律が決まります。
早めに専門の弁護士に相談することがすすめられます。

常居所地（長く暮らす場所）	離婚の手順
夫婦ともに日本 	**日本の法律が適用** **日本の法律に従って離婚手続きしたあと配偶者の本国で離婚手続き** 配偶者と離婚協議を行い、親権、財産分与や養育費などに合意できれば市区町村役場で離婚届を提出。合意しなければ調停、裁判へ。離婚成立後、相手国の在日大使館でも離婚届の提出などの手続きを行う。
日本人配偶者のみ日本 	**日本の法律が適用** **日本の法律に従って離婚手続きできるが、離婚裁判はさまざま** 相手が同意すれば日本の法律に従って協議離婚が可能。離婚裁判は、相手の居住地が原則だが、国際裁判管轄が認められ、日本で裁判ができることもある。
外国人配偶者の本国 	**相手国の法律が適用** **相手国の法律に従って離婚手続きしたあと、日本大使館で離婚手続き** 相手の国で結婚生活を送っていた場合、相手国の法律が適用される。国により制度が異なるうえ、裁判でなければ認められないケースもある。離婚成立後は、相手国にある日本大使館などで離婚手続きを行う。
夫婦双方の本国以外 	**第三国の法律が適用** **常居所地の法律に従って離婚手続き** 相手国でも日本でもない第三国で結婚生活を送っていた場合、その居住地の法に従って離婚手続きを行う。離婚成立後は、それぞれの本国で離婚手続きを行う。

果が配偶者本国で承認されるように在日大使館などで手続きを行うのがよいでしょう。

相手が慰謝料や養育費を払うのなら、一括で払ってもらうようにするのがベストです。離婚後、相手と住む国が異なれば、支払い延滞後の請求は難しくなります。二度と会えないこともあり得るためです。支払い方法や期限はしっかり取り決めておきましょう。

相手と同じ姓にしていた人は、国際離婚が成立したら、3か月以内に旧姓に戻す手続きをします（⬇P62）。

子どもの国籍と親権は関係ない

父または母が出生のときに日本国民である子どもは、日本国籍を取得します。ただし、父系優先血統主義のインドネシアやネパールでは、父親の国籍が子どもの国籍になります。アメリカやブラジルなど、生まれた国が子どもの国籍になる国もあります。この結果、子どもが二重国籍になっているケースがあります。

離婚後の子どもの親権がどちらになるかは、どこの国の法律を適用するかを定めた「準拠法」に従って決定されます。

日本人親の戸籍に入ったからといって、そのまま親権者になれるとは限りません。また、アメリカやフランスなど、多くの国では離婚後も共同親権です（⬇P143）。親権争いに発展しやすいので注意が必要です。

こんなときは?

外国人配偶者が離婚後も日本に住みたい

日本人の配偶者となり、婚姻期間中、日本国内に住んでいた外国人は、配偶者ビザ（結婚ビザ）によって就労活動の制限がなく、範囲が拡大するなどのメリットがあります。しかし、離婚後に日本に残りたい場合、配偶者ビザ以外の在留資格が必要です。

永住権

10年以上住んでいて、そのうち5年以上は就労資格か居住資格で在留しており、資産や技術があるなど一定条件を満たせば申請できる。ビザの更新手続きが不要になり、外国籍も維持できる。

就業ビザ

日本での継続した就労や長期滞在を目的にする場合に取得できる。芸術、宗教、報道など各分野ごとに、滞在期間が最長５年まで設けられ、更新もできる。

定住者ビザ

定住者としての資格。日本人の実子を育てていて親権をもっている、日本での結婚生活が長いなど、特別な事情が必要。

子どもの国外への連れ去りは誘拐になる

２０１４年、**国際的な子どもの連れ去りを防止するハーグ条約が日本にも適用されました。**現在101か国の締結国では、パートナーの同意なく子どもを国外に連れ帰ると、子どもの返還を求められることがあります。これは、「元々住んでいた国で育つことが幸せ」「親子の面会の機会を確保する」という考え方にもとづいています。

ハーグ条約締結前から、離婚後に相手の同意なく他国から子どもを日本に連れ帰ることは国際的に問題となっていました。**場合によっては誘拐として罪になることもあります。**

逆に、国外へ子どもを連れ去られた際には、**裁判所を通じた子どもの返還命令が可能です。**国境を越えた親子面会を申請することもできます。

子どもの連れ去りを防ぐハーグ条約

原則として、まずは子どもがもとの居住国へ返還されるよう締結国が連携します。

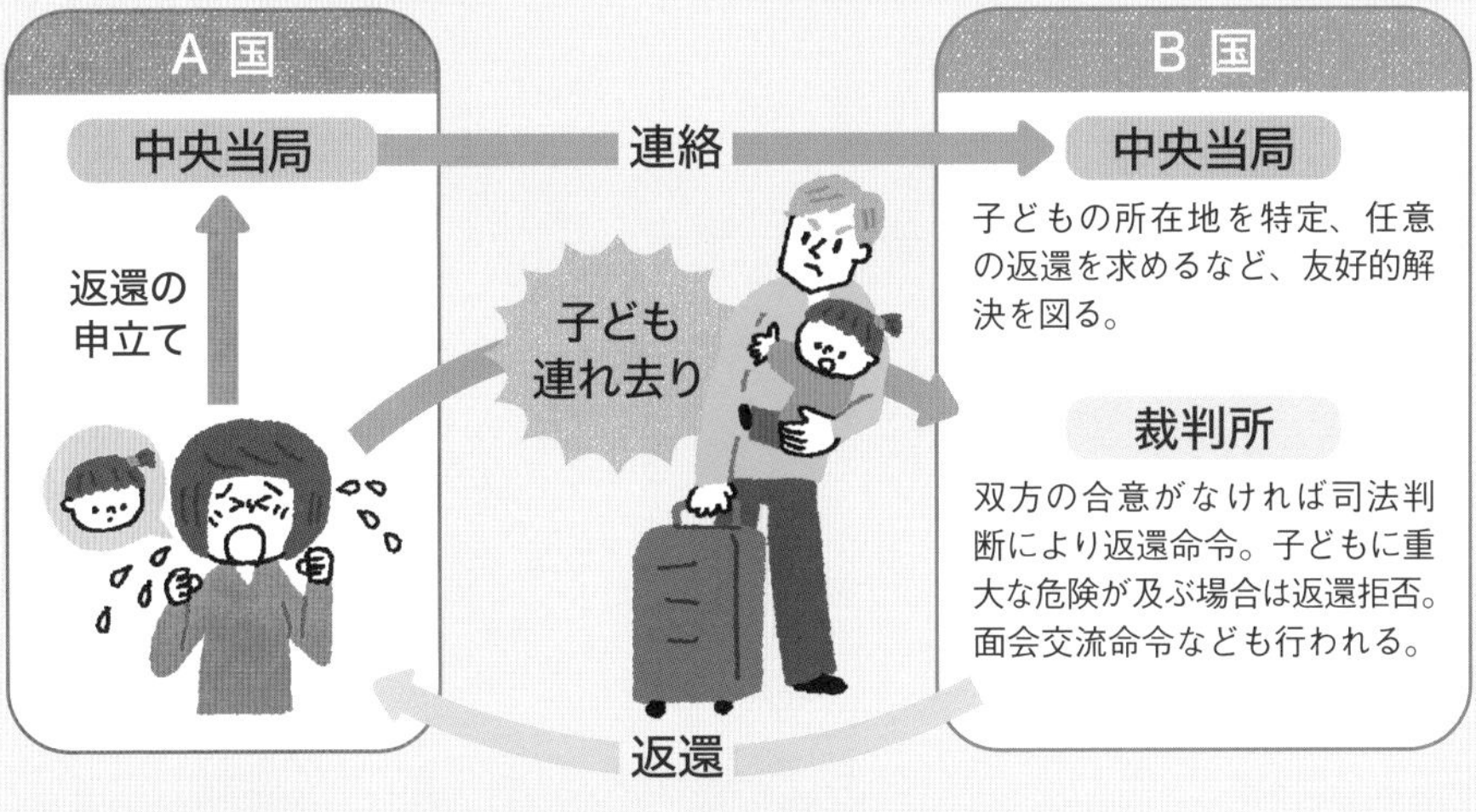
A 国
中央当局
連絡
B 国
中央当局
返還の
申立て
子ども
連れ去り
子どもの所在地を特定、任意の返還を求めるなど、友好的解決を図る。
裁判所
双方の合意がなければ司法判断により返還命令。子どもに重大な危険が及ぶ場合は返還拒否。面会交流命令なども行われる。
返還

常居所地	返還援助申請	面会交流援助申請
日本に所在する子に関する申請	148件	118件
外国に所在する子に関する申請	119件	34件
合 計	267件	152件

233件は援助決定

131件は援助決定

［ ハーグ条約の申請状況 ］

日本から外国へ子どもの返還が求められた事案は約90件で、その約７割が友好的な解決に至っている。一方、外国から日本への返還事案について、結論に至ったのは約70件。

（2020年10月1日　外務省領事局ハーグ条約室）

事実婚の解消

財産分与や、慰謝料の請求ができる

2人が協力してともに築き上げたものは、事実婚の関係であっても、法律によって守られています。得るべき権利を主張しましょう。

CASE 10

事実婚10年目でまさかの解消。慰謝料は請求できる？

法律に縛られたくないという理由で籍を入れず、事実婚を選択して10年目。相手に突然、「好きな人ができたから事実婚を解消したい」と言われました。慰謝料は請求できるのでしょうか。

婚姻関係に近い「法的保護」が与えられている

事実婚（内縁関係）は、婚姻届を出していないため、相手とは戸籍と姓が異なります。しかし、お互いが協力し合って夫婦として暮らしているのなら、**婚姻関係と同様の貞操義務や扶助義務があり、法的保護が与えられています**（➡P48）。同棲のような一時的な共同生活とは違うのです。

どちらかの不貞行為などによって事実婚を解消するときには、慰謝料の請求ができます。事実婚期間の財産分与も、2分の1ずつ認められます。事実婚期間中に国民年金の第3号被保険者となっているなら、その期間に限り、年金分割も可能です。認められていないのは、税法上の「配偶者控除」と「相続権」です。

子どもがいる場合には認知の問題があります。通常、事実婚夫婦間の子どもは非嫡出子として母親の戸籍に入り、親権は母親がもちます。父親が認知していれば、法的に親子関係が認められて扶養の義務が生じますが、認知していなければ養育費の支払い義務は生じません。さらに、将来の相続権にもかかわります。

子どもが認知されていないのなら、事実婚を解消する前に認知を促すか、「認知調停（➡P74）」を行うことが

事実婚の解消で話し合うべきこと

離婚届こそ出しませんが、話し合う内容は、
法的な手続きを経た「法律婚」の場合とほとんど同じです。

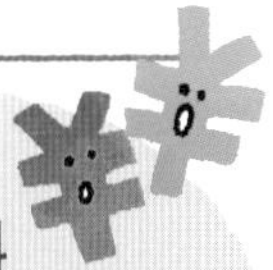

財産分与

事実婚でも2人で生活している間に築いた財産は2人のもの。法律婚同様、2分の1ずつに清算できる。相続で得た財産や贈与された財産が対象にならない点も同じ（➡P122）。

年金分割

法律婚と同様に分割できるが、対象期間の考え方が異なる。事実婚では、第3号被保険者として相手の扶養に入っていた期間が対象（➡P134）。

慰謝料

不倫やDV（ドメスティック・バイオレンス）など、相手に不法行為があり、関係が破綻した責任があれば、法律婚と同様に請求できる。性格の不一致程度では慰謝料請求できないのも同じ（➡P116）。

養育費

子どもが父親に認知されていれば、法律婚と同様に請求できる。面会交流も同じ（➡P154・160）。認知されていなければ、養育費の請求はできない。

子どもの戸籍と姓

事実婚では子どもは母親の戸籍に入り、母親の姓を名乗る。子どもを父親の戸籍に入れるには子の氏の変更申立てを行い、入籍届を出す。子どもが15歳を過ぎれば自分で申立て可能（➡P212）。

親権

事実婚では子どもは母親の戸籍に入り、父親が認知しても親権者は母親単独のまま。事実婚解消後、父親を親権者にするには、親権者変更の調停を申し立てる。戸籍の異動は別に行う。

できます。

話がまとまらなければ調停を申し立てる

事実婚の解消は、協議離婚と同様、まずは話し合いによる解決を目指します。離婚届の提出などの法的手続きはないものの、**財産分与など金銭的なやりとりが生じる場合は、必ず公正証書を作成します**（⬇P180）。

協議によって双方が合意できなければ、**「内縁関係調整調停」を申し立て、事実婚解消の際の財産問題や養育費などについて話し合います。**申立ての手続きは、相手方の住所地の家庭裁判所で行います。調停で年金の分割割合についても話し合うなら、「年金分割のための情報通知書」も用意しましょう。

年金分割の手続きは、事実婚解消後2年以内に年金事務所で行ってください（⬇P136）。

重婚的内縁関係とは？

同居して一緒に夫婦生活を送っているが、別に法律婚の配偶者がいる場合です。

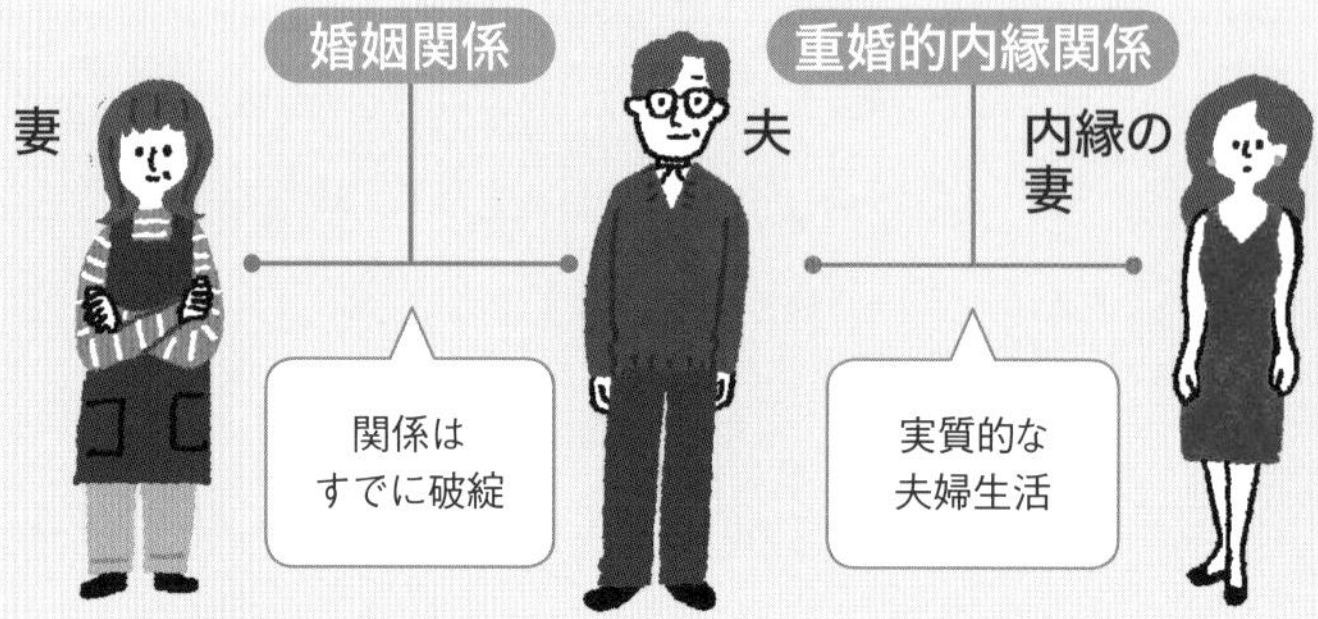
婚姻関係
重婚的内縁関係
妻
夫
内縁の妻
関係はすでに破綻
実質的な夫婦生活

重婚的内縁関係であっても、法律婚の妻とは夫婦の実態がなく、内縁の妻との生活のほうが長いのであれば、慰謝料の請求が可能。

片側が既婚者の場合はどうなる？

事実婚関係の相手に別居中の配偶者がいる場合、いわゆる愛人関係のことを、「重婚的内縁関係」と呼びます。そもそも日本では重婚は禁じられていることもあり、法律婚や事実婚と同じように、**法律的に保護されるのは難しいといえます。**

ただし、相手と配偶者の婚姻関係がすでに破綻していて修復の見込みがなく実態もない、または、内縁の妻との夫婦生活のほうが相当長期間にわたって安定しているといった場合は異なります。**どちらかが一方的に内縁状態を破棄するようなことがあれば、法的に保護される可能性もあります。**有効な法的手段について、弁護士に相談してみましょう。

こんなときは？

内縁の夫と死別したとき

事実婚では法定相続人にはなれず、財産の相続権はありません。住んでいる賃貸物件は、借家権によってそのまま住み続けられる可能性がありますが、遺産を取得するには生前の準備が必要です。

１つには「生前贈与」があります。贈与税はかかりますが、確実な方法です。生命保険金の受取人指定もできます。一般的なのは遺言書による遺贈です。相続権のある人物の遺留分を除けば、誰に何をどのくらい渡したいのかをあらかじめ指定できます。

相続人が誰もいなければ、「特別縁故者」として遺言書なしに財産の分与を受けられることがあります。特別縁故者とは、被相続人と生計を同じくしていた人や、療養看護に務めた人をいいます。

借家権…建物の賃借権のこと。家を借りて住む人を保護するためのもの。

第4章

お金の問題をもめずに賢く解決する

離婚後の生活を考えれば「多くほしい」「なるべく払いたくない」と思うのは当然のこと。
しかし、自分勝手なやり方はトラブルにつながります。
損することなく、もめずに賢く得る・守る方法があります。

お金の問題はもめる原因のトップ

離婚後の生活を考えれば、多くもらいたい・支払いたくないと思うのは当然のこと。まずは、お金の種類と性質を正しく理解しておきましょう。

離婚に伴うお金の問題は5つ

離婚に伴って考えるお金の問題には、**「婚姻費用」「慰謝料」「財産分与」「年金分割」「養育費」があります。**

婚姻費用は、婚姻中にかかる生活費として離婚成立まで、多くの場合収入が少ない側が多い側に請求できます。慰謝料は、離婚原因をつくった側に請求できる、損害賠償金です。

財産分与は、婚姻中に築いた共有の財産を分け合うもので、離婚原因と関係なく双方に得る権利があります。年金分割は、将来支給される厚生年金の一部を分割するものです。

養育費は未成熟の子どものために、別居する親に支払う義務があります。

正しい知識をもって離婚前に取り決めをする

離婚したい相手との対話は、それだけでも消耗します。お金は一切いらない、一刻も早く離婚してすっきりしたいという考え方もありますが、**離婚後の安定した生活のためにも、正当な権利は主張しましょう。**

一般的に、離婚届を提出したあとでお金について話し合うのは困難です。誰しも損はしたくない、あるいは、少しでも多くもらいたいと考えるもの。相手が財産を隠したり、交渉に応じないことも考えられます。

そのため、お金に関しては、**離婚届を提出する前に双方で話し合い、取り決めをして必ず文書に残すようにしてください。**

協議にあたっては、具体的な証拠集めや金額の根拠が必要です。また、慰謝料や財産分与、年金分割では、お金を請求できる期間が限られています。早めに、弁護士などに相談しましょう。協議が困難な場合は、家庭裁判所で調停を申し立てることができます。それが成立しなければ婚姻費用については審判に移ります。それ以外のお金については、離婚裁判で争うことになります。

お金を請求できる期間…慰謝料は離婚成立から３年、財産分与、年金分割は２年経過すると請求できなくなる。

離婚前に話し合うべきお金の問題

必要なお金を確実に手にするために、それぞれの性質を正しく理解しましょう。

婚姻費用

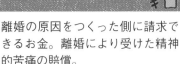

婚姻中は夫婦が生活費を分担する義務がある。同居、別居にかかわらず、収入や子どもの養育状況に応じて生活費を分担する。
金額は、双方の年収などから決まる「算定表」を参考にする。
➡ P112

慰謝料

離婚の原因をつくった側に請求できるお金。離婚により受けた精神的苦痛の賠償。

支払われる金額に決まりはないが、受けた精神的苦痛の程度や責任の大きさ、婚姻期間、相手の社会的地位や経済力によって判断される。

➡ P116

財産分与

婚姻中に築いた貯金、不動産、株などの共有財産は、2分の1の割合で清算する。熟年離婚では、退職金の分与を請求することもできる。

持ち家がある場合、売却後にローンが残る「マイナスの資産」は対象外と考える。

➡ P122

年金分割

婚姻中の厚生年金記録を分割する制度。夫の扶養に入っていた第３号被保険者、相手より収入の低い第２号被保険者が対象。年金事務所への申請だけで２分の１に分割される「３号分割」と、お互いの話し合いや調停で分割割合を決める「合意分割」がある。➡ P134

養育費

別居している親には子どもを扶養するための生活費、教育費、医療費などを支払う義務がある。基本的には、子どもが成熟するまでの間、分割して払い続ける。

金額は子どもの人数や年齢、親の年収などから決まる「算定表」を参考にする。➡ P154

5つのお金のうち、
自分が主張すべきものはどれか
考えてみましょう。
離婚届を提出する前に、
相手に伝え、交渉します。

離婚とお金

支払い方法の落とし穴に注意しよう

お金の種類によって、相手の支払い方法も違ってきます。分割払いや現物払いのときは、注意が必要です。

慰謝料は離婚成立時に「一括払い」がベスト

離婚に伴うお金の支払い方法には、**「一括払い」「分割払い」「月払い」「現物払い」の4つがあります。協議離婚の場合には、双方の合意のもとで選ぶことができます。**

金額や相手の事情にもよりますが、離婚後のトラブルを防ぐには、できるだけ現金一括払いがよいでしょう。慰謝料なら、協議離婚の場合は離婚届提出時、調停離婚の場合は調停成立時を受取日にします。分割払いにするなら、初回の金額を高く設定し、残りの支払いが短期間ですむように調整してください。

養育費は一括での支払いも可能ですが、月払いが一般的です。事前の協議で毎月の支払い日、金額、支払い方法、支払い期間をしっかりと決めておきます。

現物の財産分与では、税金がかかることもあります。また、不動産については、離婚時に必要書類をすべて受け取るようにし、早めに名義変更の手続きをすませましょう。

不払いに備えて公正証書にしておこう

口約束や離婚協議書には、法的な強制力がありません。そのため、約束したお金の不払いがあった場合には、自分で裁判所に調停や裁判を申し立てることになります（➡P222）。時間と費用がかかるうえ、精神的な負担にもなります。

こうした事態に備え、協議した内容は離婚届を出す前に、公証役場で「強制執行認諾文言付公正証書」に整えてもらいましょう（➡P38）。**この公正証書があると、不払いの際に給料の差押えなどによる強制執行が可能になります。**

調停離婚の「調停調書」や審判離婚の「審判書」、裁判離婚の際の「判決書」「認諾調書」「和解調書」でも、強制執行は可能です。

4つの支払い方法から選ぶ

離婚後のトラブルを防ぐには、
できるだけ現金一括での支払いがおすすめです。

一括払い

相手に金銭的な余裕があれば、特に慰謝料は現金一括払いが原則。正当な慰謝料や財産分与であれば税金もかからない。
受け取った金銭は高額になるが、その後の生活費の基本になるため、計画的な使い方を心がける。

分割払い

なるべく短期間で払い終えるように、初回の支払い金額を高めにし、分割回数をできるだけ少なく設定する。国際離婚の場合、支払いが滞ったとき、海外資産に対し強制執行を行うのは難しいため、分割払いは避けたい。

月払い

婚姻費用や子どもが成熟するまで支払う養育費は、通常は月払いになる。支払い方法や口座、金額、期間を明確に取り決めておき、不払いが起きたときにどうするかもあらかじめ想定しておく。強制執行認諾文言付公正証書の作成を。

現物払い

個人が所有する不動産や有価証券、車などが対象。売却時の評価額が不透明なこと、税金がかかること、名義変更の手間がかかることを理解しておく。離婚後、持ち家にそのまま住み続ける場合も不動産の現物払いとなる。

こんなときは？

裁判離婚での支払い方法は？

支払いについて、双方で自由に選択できるのは、協議離婚や調停離婚、和解離婚の場合に限られます。お金についての協議ができず、審判離婚や裁判離婚となった場合は、裁判所の判断で支払い金額や方法が決定します。

裁判離婚の際の判決書、あるいは審判離婚の審判書に従って支払いを行います。

裁判所の判断で、
双方の収入や言い分など
をもとに、相応の金額が
言い渡されます。

離婚とお金

価値が高い物は税金がかかることも

慰謝料や財産分与として現物を渡す場合、税金が発生することがあります。あとから慌てることのないようにしましょう。

金銭での支払いは原則、税金はかからない

慰謝料は、損害を補償するためのお金です。財産分与は、もともともっている財産の清算にあたります。いずれも個人の財産をもらったり相続しているわけではありません。そのため、これらが現金でやりとりされた場合は、支払う側にも受け取る側にも、原則、税金がかかることはありません。つまり、非課税です。

しかし、社会通念上あまりにも高額であったり、納税を逃れるための離婚と判断された場合は、贈与税の対象となります。

現物を渡す側にかかる「譲渡所得税」

一方、現物払いでは、支払う側に「譲渡所得税」がかかります。株式や古美術品などの資産、不動産などの譲渡があった場合、その名義人に課せられるのです。いずれも、主に購入したときより価値が上がっているものに対して適用されます。

不動産による譲渡所得税では、離婚後で「親族以外への譲渡」とみなされれば、３０００万円の特別控除が対象になります。また、10年を超えて居住している場合は、税率の軽減対象になることもあります。

慰謝料・財産分与と税金

支払い方法によって税金がかかるかどうかが違います。

		支払う側	受け取る側
金銭		非課税	原則、非課税
現物	株式など	譲渡所得税	非課税
	不動産	譲渡所得税	登録免許税 固定資産税（毎年） 不動産取得税 （慰謝料の場合）

現物を受け取る側に税金はかからない

行われた財産分与が、実質的に夫婦の共有財産の分割と認められるもので、かつ婚姻中の財産を清算する目的であれば、現物を受け取る側に、税金がかかることはありません。株式や古美術品、不動産であっても、非課税となります。

ただし、不動産を分与された場合は、取得後、法務局で名義変更の手続きが必要です。このとき、**「登録免許税」がかかります。金額は、財産分与では「固定資産評価額の1000分の20」と高額です。**あらかじめ準備しておく必要があります。

また、不動産を所有すると、**毎年「固定資産税」がかかります。**

こうした税金をどちらが負担するのかも、財産分与の内容と一緒に決めておきましょう。

譲渡所得税の節税対策

課税が避けられない不動産の譲渡には、節税対策が重要です。

渡す側はこれをしよう

3000万円の特別控除

夫婦や親子でない第三者に譲渡した場合、不動産価額の3000万円分に対応する税金が控除される。確定申告の手続きが必要。

条件

- □ 売手と買手が、親子や夫婦など特別な関係でない
- □ 自分が住んでいる家を売る、または、家とともにその敷地や借地権を売る
- □ 売った年、その前年や前々年に、この特別控除やその他のマイホームにかかわる特例を受けていない　など

軽減税率の適用

10年を超えて住んでいる持ち家を譲ると、譲渡した人は一部所得税・住民税が軽減される。

条件

- □ 売った年の1月1日においてその家や敷地の所有期間が10年を超えている
- □ 親子や夫婦など特別の関係がある人に対して売ったものでない
- □ 日本国内にある自分が住んでいる家を売るか、家とともにその敷地を売る
- □ 売った年の前年及び前々年にこの特例を受けていない　など

どちらも離婚後の譲渡であればOKです。
2つの対策を同時に使うこともできます。
弁護士のほか、税理士にも相談しましょう。

婚姻費用

別居中の生活費を2人で分担する

結婚生活において必要な生活費は、2人で分担するのが原則です。収入が少ない場合には、相手にしっかりと請求しましょう。

多くは、収入の多い側が少ない側の生活費を負担する

婚姻中の夫婦は、結婚生活を続けるために必要な費用を分担します。**この費用を「婚姻費用」といいます。婚姻関係にある限り、婚姻費用の分担は夫婦の扶助（ふじょ）義務です。**したがって、離婚を前提とした別居中であっても、どちらかが専業主婦（夫）やパートタイマーのために収入が少なければ、多くの場合、収入の多いほうに婚姻費用を請求することができます。同居していて生活費を渡してくれないような場合も、請求することができます。

生活の実費をすべてもらえるわけではない

婚姻費用に含まれる内容には、下記のものがあげられます。

婚姻費用は実費で請求するものではなく、**双方の合意か家庭裁判所の審判で月々の金額を決定します。**家庭裁判所では、夫婦の収入や養育する子どもの人数など、実情に応じた**「婚姻費用の算定表」**を作成しています。自動計算できるウェブサイトも活用してください（➡P250）。

相手が無収入だったり、双方の収入の差が大きいほど、婚姻費用の金額は高くなります。

婚姻費用に含まれるもの

結婚生活を続けるうえで必要な費用が対象です。

- 交際費
- 娯楽費
- 子どもの養育費
- 衣食住にかかる費用
- 医療費

など

婚姻費用の目安

夫婦の収入や家族構成によって異なります。P250で紹介する「婚姻費用の算定表」で自分の場合はどうか確認してみましょう。

こちらもチェック

後悔しない！
離婚の準備と手続き
婚姻費用計算ツール

CASE 1

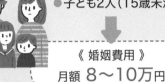

- 夫 会社員 年収450万円
- 妻 パート 年収120万円
- 子ども2人（15歳未満）

《 婚姻費用 》
月額 **8〜10万円**

CASE 2

- 夫 会社員 年収400万円
- 妻 会社員 年収300万円
- 子ども1人（15歳未満）

《 婚姻費用 》
月額 **4〜6万円**

別居を考えているなら、請求準備を始めよう

婚姻費用は、**請求した時点からしかもらうことはできません。**収入が相手よりも少なかったりゼロに近いなどで、婚姻費用の必要性が高い場合は、相手に請求しましょう。

一方、双方の収入にあまり差がないなど、わずかな婚姻費用しか発生しない場合には、婚姻費用でもめるよりも、離婚協議や調停を進めるほうが早く離婚が成立するかもしれません。

婚姻費用の支払い請求はよほどの事情がない限り拒否は認められず、離婚成立時まで支払います。また、一度合意した費用の減額は、病気などで就労が困難になった場合を除き、難しいと考えてください。

裁判例

婚姻費用の減額請求は認められにくい？

歯科医であった夫は病院を退職し、大学の研究生として勤務することに。給料の減少を理由に婚姻費用の減額を請求しました。

家庭裁判所は月額６万円から１万円に減額する審判をくだしましたが、高等裁判所は「転職のやむを得ない事情を明らかにする証拠がなく、年齢や資格、経験等からみて、夫には同程度の収入を得る稼働能力があると認められる」として、減額の審判を取り消しました。

（大阪高等裁判所・平成22年3月3日）

支払う側は少しでも減額したいでしょうが、**夫婦である以上、扶助義務を守る必要があります。簡単には認められないと**覚えておきましょう。

婚姻費用

支払いがなければ裁判所に申し立てる

再三に渡る支払い請求に対しても応じてもらえない場合、裁判所に申し立てることで、給与の差し押さえなど「強制執行」が可能になります。

請求内容は「内容証明郵便」を使う

婚姻費用の請求にあたっては、可能であれば別居前に、婚姻費用の必要性を話し合っておきます。

直接の会話が難しければ、メールや郵便などの文書で通知し、日時、金額、理由を記します。**このとき、「内容証明郵便」を使うと、相手に送った文書を証拠として残すことになり、のちのトラブル防止になります。**

協議で決められる場合には、月々の金額や支払い方法に決まりはなく、双方が合意した月から支払いが発生します。

合意しなければ、「婚姻費用分担請求」の調停を

協議で合意に至らなかったり、話し合い自体が難しい場合は、相手の住所地の家庭裁判所に婚姻費用の分担請求調停を申し立てる方法があります。**調停委員という第三者を介して協議し、合意をとりつけるのです。**

調停によって双方が合意できれば、取り決めた日から支払いを受けることができます。

生活に困窮しているなら強制執行もできる

婚姻費用の分担請求調停に相手が応じなかった場合は、家庭裁判所の審判によって金額と支払い方法が決定されます。

調停の申立てから審判までは、数か月かかることがあります。**この間に生活が困窮しないよう、調停の申立てと併せて「調停前の処分」または「審判前の保全処分」を申し立てることができます。**申立てにより婚姻費用の必要性が認められれば、相手に仮払いを命じることができます。

審判前の保全処分には、調停前の処分とは異なり、強制力があります。相手が家庭裁判所の命令に応じなければ、給与などを差し押さえる強制執行を申し立てることができます。

婚姻費用分担請求の流れ

婚姻費用の請求ができるのは離婚成立時まで。
協議が難しいと感じるなら、早めに調停を申し立てましょう。

保全処分の申立ても
早めに検討しましょう。

家庭裁判所に婚姻費用の分担請求調停を申し立てる

必要なもの

- □申立書（原本と自分用、相手用の３通）
- □夫婦の戸籍謄本（3か月以内に発行されたもの）
- □収入印紙（1200円）
- □連絡用の郵便切手
- □申立人の収入がわかる資料　など

書類をそろえ、支払う側の住所地を管轄する家庭裁判所に申立てを行う。

審判前の保全処分

審判確定を待つ間の生活の困窮を防ぐためには、審判前に保全処分の申立てを行う。審判を申し立てる必要はなく、調停を起こしていれば申し立てられる。認められれば、相手の給料の差し押さえなどが可能になる。

↓ 申立てから1〜2か月後

調 停

生活の困窮が予測される場合、「調停前の処分の申立て」を行うこともできる。必要と判断されれば、相手に支払いが命じられるが強制力はない。

↓ 双方が合意 → **調停成立**
●合意した金額を支払う

↓ 合意できず → **調停不成立**

↓

審 判
●裁判所が金額を決定し、支払いを命じる

↓ 2週間以内に不服の申立てなし → **審判確定**

↓ 不服の申立てあり → **高等裁判所で審理**

慰謝料

不法行為で受けた精神的苦痛へのお金

離婚の原因となる、精神的苦痛に対しては、慰謝料を請求することができます。慰謝料請求の条件を知っておきましょう。

請求できるのは「不法行為」があったとき

慰謝料とは相手の不法行為によって受けた精神的苦痛に対する損害賠償です。**苦痛の度合いを、金銭に換算して請求します。**

不法行為の具体例としては、不倫などの不貞行為、DV（ドメスティック・バイオレンス）などの暴力、生活費を渡さないような悪意の遺棄（いき）、セックスレスなどがあげられます。

ただし、相手から精神的苦痛を受けたといっても、必ず慰謝料を請求できるわけではありません。どちらにも責任がある場合や、そもそも相手に責任がない場合は、請求することはできません。この具体例としてあげられるのは、性格の不一致や信仰の違い、相手が強度の精神病を患っている場合です。

離婚原因に対する慰謝料請求は、**離婚成立後3年以内に行う必要があります。ただし、生命・身体に対する不法行為に対しては、2020年4月1日より、離婚成立後5年まで**慰謝料請求が可能となっています。

不法行為を証明できる証拠をそろえておく

慰謝料請求の前提として、相手に不法行為を認めさせなければなりません。いつから、どのくらいの頻度で行われたのか。不倫であれば誰とどんな行為を行ったのかを、客観的に示すものが必要です。これらは慰謝料の金額にも影響します。

相手が不法行為を認めて慰謝料の金額に応じるなど、双方の話し合いで解決できればよいのですが、慰謝料はもとより、不法行為すら認めない場合は、調停や裁判を起こすことになります。裁判となれば、証拠の提出が必要になるため、**相手が隠す前に、日記やメール、SNSなどの内容を記録し、音声は録音しておきます。被害を受けた際にかかった医師の診断書も有効です。**

離婚後に相手の不貞行為を知った場合…その事実を知ってから３年以内なら、慰謝料を請求できる。

慰謝料が認められるのはどんなとき？

「相手に責任がある」と認められることが重要で、
不法行為の内容・頻度・期間などによって請求金額が決まってきます。

不倫

金額の目安

どれも

50万〜300万円

性交の拒否・強要

身体的・精神的暴力

悪意の遺棄

- 家に帰ってこない
- 生活費を渡さない

など

相手の不法行為を立証する必要があります。

別居や離婚を宣言する前にできる限り多くの情報を集め、証拠を押さえておきましょう。

認められないケースもあります

- 双方に離婚の責任がある
- 性格の不一致
- 相手に強度の精神病がある
- すでに損害が補てんされている
- 婚姻関係がすでに破綻していた

慰謝料

金額は納得できて支払える額を

なるべく多くもらいたいと考えがちですが、折り合いがつかないと裁判へ進むことになります。冷静に、「相手が支払える金額」を提示しましょう。

慰謝料の金額は当事者同士で決める

慰謝料の金額は、まずは当事者同士の話し合いで決めます。話し合いもなく、苦痛を受けた側が一方的な金額を請求しても、そのまま支払われるわけではありません。

東京都家庭裁判所の統計では、慰謝料の約95%が500万円以下です。**1000万円以上の高額な慰謝料はごくまれで、さらに実際は50万~300万円とかなりの幅があります。**精神的苦痛の重さ、程度、結婚生活の実情、不法行為の種類や頻度によって総合的に判断し、金額を算定します。

多くもらいたいからといって、相手の経済能力に合わない金額を請求しても、納得して支払ってもらうことは難しいでしょう。**現実的な金額で折り合いをつけることも大切です。**また、相手の不法行為を立証できないケースや、お互いに責任があるケースでは、慰謝料が請求できない可能性もあります。

話し合いで慰謝料の金額が決まったら、そのほかの離婚条件と併せて強制力のある公正証書に整えておきます（➡P180）。支払い方法は現金一括がベストです。まずは慰謝料が請求できるか、相場はどのくらいか、一度、弁護士に相談してみましょう。

話し合いがまとまらなければ調停を申し立てる

慰謝料の金額にお互い納得ができないときや、相手が話し合いに応じる様子がなければ、裁判所に調停を申し立てます。

「慰謝料請求調停」を申し立てることもできますが、離婚調停を申し立て、**そのなかで慰謝料についても話し合うのが一般的です。**折り合いのつかない慰謝料分を、財産分与に含めるなどでバランスをとることも可能になります。

離婚成立後であれば、慰謝料請求調停だけを申し立てます。

慰謝料の算定にかかわる要素

裁判では、以下の要素のほか、同様の事例を参考にしながら総合的に判断されます。

金額UP！

- 支払う側の責任が大きい
- 支払う側の地位や経済力が高い
- 未成熟の子どもがいる
- 婚姻期間が長い
- 精神的苦痛が大きい

金額DOWN!

- 請求する側にも責任がある
- 支払う側に経済力がない
- 婚姻期間が短い

¥

こんなときは？

昔の浮気の慰謝料を請求したい

離婚時の慰謝料は、離婚原因となる不法行為の結果、離婚に至ったことに対して請求するものです。離婚成立から３年で時効となり、それ以降は請求できなくなります。

20年以上前の浮気に対しては、その事実を知ったあと悶々とした日々を過ごし、最終的に離婚に至ったのであれば、離婚成立から３年は離婚に伴う慰謝料を請求できます。

一方、離婚する気はないものの昔の浮気に対して慰謝料を請求したいのであれば、浮気を知ったときから３年以内に請求する必要があります。浮気を知らないまま20年経過していた場合には、消滅時効となりますが、夫婦間の権利の時効完成は婚姻の解消から６か月は猶予されるため、離婚後６か月までは請求可能です。

離婚の意思があるか、その浮気が離婚原因になっているかどうかで時効期間が異なります。一度弁護士に相談してみましょう。

慰謝料

不倫相手に請求できることもある

既婚者と知りながら関係をもっていたとなれば、不貞行為に対する慰謝料を、不倫相手に請求することもできます。

離婚原因をつくった第三者にも請求できる

不倫が原因で離婚に至る場合、相手が既婚者であると知っていたならば、**連帯責任として配偶者と不倫相手の両者に慰謝料を請求することができます。**そのためには、「性的関係がある」「相手が既婚者だと知っていた」という2つの証拠が必要です。ただし、**慰謝料の金額が2倍になるわけでないので注意しましょう。**

このほか、配偶者の親族に対して慰謝料を求めることもできますが、暴力や暴言の記録など、よほど有利になる証拠が必要です。

請求方法は3パターンある

どの方法を選んでも、受け取れる金額は同じです。

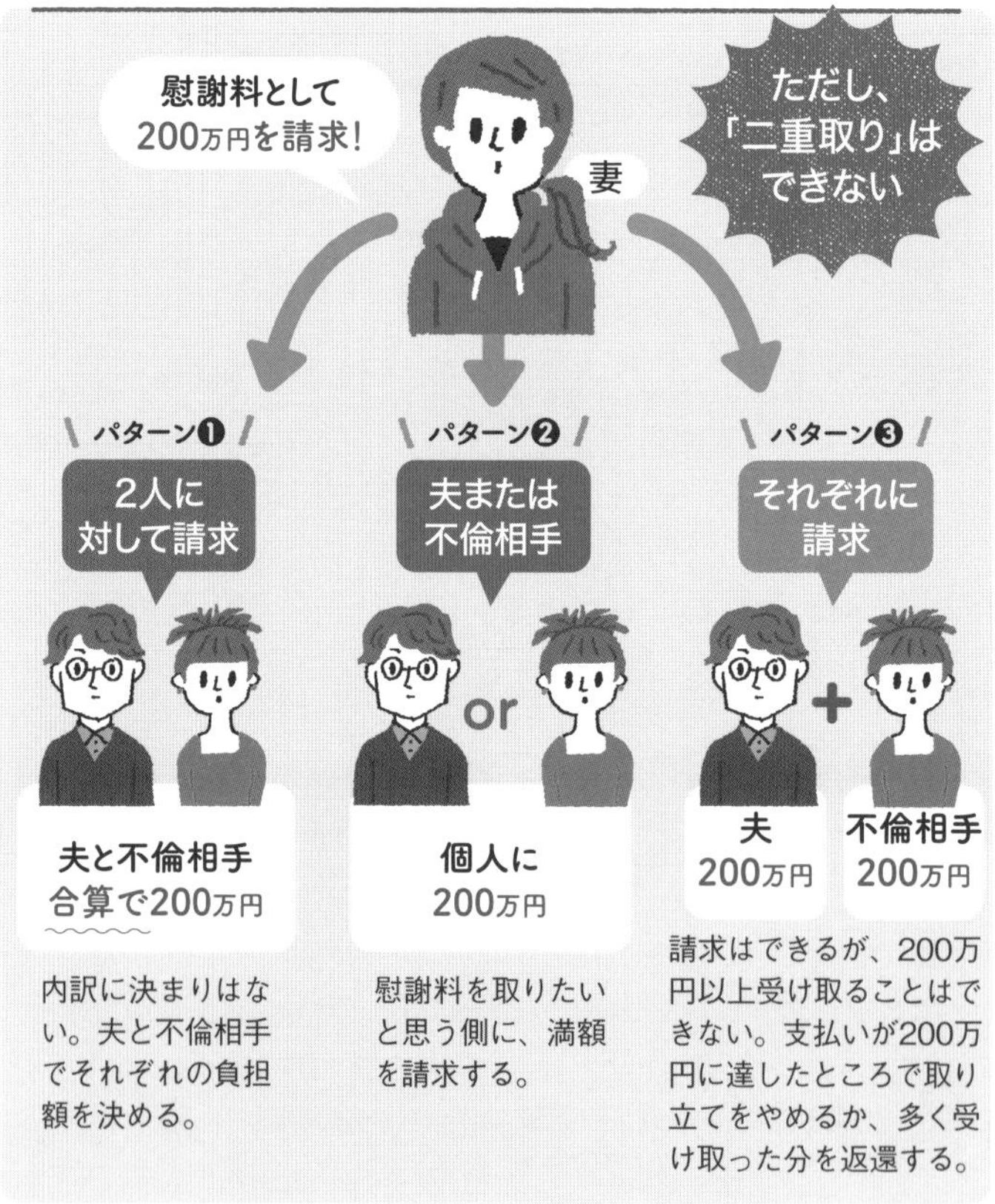
慰謝料として200万円を請求！
妻
ただし、「二重取り」はできない
パターン❶
2人に対して請求
夫と不倫相手
合算で200万円
内訳に決まりはない。夫と不倫相手でそれぞれの負担額を決める。
パターン❷
夫または不倫相手
or
個人に200万円
慰謝料を取りたいと思う側に、満額を請求する。
パターン❸
それぞれに請求
＋
夫
200万円
不倫相手
200万円
請求はできるが、200万円以上受け取ることはできない。支払いが200万円に達したところで取り立てをやめるか、多く受け取った分を返還する。

相手と交渉するか調停・裁判を起こす

離婚はせずに、不倫相手に慰謝料だけを請求するという方法もあります。その場合、まずは不倫相手と話し合いをするか、「内容証明郵便」で通告します。弁護士を代理人に立てて、交渉することもできます。

相手が承諾すれば、慰謝料の支払い方法や金額について示談書や公正証書を作成します。

相手が認めなければ、簡易裁判所で調停を行う、または簡易裁判所か地方裁判所で民事裁判の手続きをとります。**慰謝料請求の期限は、不貞行為と相手のことを知ってから3年以内です。**

不倫を離婚原因として離婚裁判を起こす場合は、申立ての内容に配偶者と不倫相手双方への慰謝料請求を盛り込むことができます。

不倫相手への慰謝料請求

慰謝料請求は代理人を立てるか、内容証明郵便で通告を行うのが一般的です。

内容証明郵便などで通告する
当事者同士または、代理人を通じて話し合う
双方が合意
示談成立
●示談書などを作成
合意できず
簡易裁判所に調停を申し立てる
家庭裁判所に離婚調停・離婚裁判とともに申し立てる
双方が合意
調停成立
合意できず
不倫相手への請求は民事事件。調停を経る必要はない。
不倫が離婚原因であれば、離婚調停と慰謝料請求調停を併せて行ったり、離婚裁判で一緒に扱うことができる。
民事裁判を起こす
●請求額140万円以下
⇒簡易裁判所
●請求額140万円を超える
⇒地方裁判所

財産分与

婚姻中に築いた財産を2人で分ける

2人で築いた財産は、お金に限らず、すべてを清算します。離婚の責任の有無や、収入の多い少ないとは無関係です。

夫婦が所有する共有財産を清算する

離婚における財産分与は、**夫婦の共有財産の完全な清算です。**

法律的には、扶養的、慰謝料的な意味合いをもたせる財産分与もありますが、**実際には慰謝料、養育費とは別に考えます。**

分け方は2人の話し合いや調停で合意できればよいのですが、難しい場合には、裁判所が事情を考慮して決めることができます。その場合、不動産や家具などは、裁判の口頭弁論や審理が終結したときの評価額に応じた金額から計算されます。

独身時代の貯金や相続した財産は対象外

財産には**個人の所有と認められる「特有財産」という考え方があり、**相続によって得た財産や、結婚以前の財産、また別居後の財産は、いずれも**財産分与の対象にはなりません。**洋服やバッグなど、個人がふだん使っているもの、プレゼントされたものも特有財産です。ただし、高額な宝石や時計は共有財産とみなされることがあります。

夫婦が共同で貯めた教育資金など、子ども名義の貯金は、財産分与の対象となる可能性があります。

有責配偶者でも専業主婦でも請求できる

損害賠償請求にあたる慰謝料とは異なり、財産分与の請求は離婚原因に対する責任の有無とは関係ありません。また、収入の有無や金額にも関係がないため、専業主婦（夫）やパートタイマーでも請求できます。**基本的には、夫婦双方に平等の権利があるのです。**

財産分与の請求は、離婚を決意したときから考え始めることが大切です。**すでに離婚が成立している場合には、2年以内に請求する必要があります。**

財産分与の対象となるものは？

2人で築いた財産は離婚原因や収入、名義に関係なく、2人で分ける必要があります。

財産分与の対象

共有財産

婚姻中に貯めたり、購入した財産のうち、共有名義のものや名義がないもの。

- 自宅にある現金
- 共有名義の不動産
- 結婚後に購入した家財道具
- 美術品・骨とう品

など

実質的共有財産

婚姻中に築いた財産のうち、一方の名義や子ども名義になっているもの。年金や退職金は婚姻期間中のものが対象。

- 婚姻期間中の預貯金
- 自家用車
- 有価証券
- 生命保険・個人年金・退職金
- 子どもの学資保険

など

財産分与の対象外

特有財産

結婚前あるいは別居後に得た財産や、ふだん使っているものは対象にならない。お互いが相手の財産と合意しているものも含まれる。

- 結婚前の預貯金
- 結婚前からの所有物
- 相続や贈与で得た財産
- 日常的に個人で使っているもの
- 別居後に取得したもの
- 個人的な借金

など

不動産の財産分与を
考えている人は、
相手の親族からの
相続や贈与で
ないことを確認します。

財産分与

2人で半分ずつ分けるのが基本ルール

財産分与は2分の1ずつが基本です。夫婦は平等であり、収入が少なかったとしても、財産形成への貢献が認められるためです。

財産形成への貢献度で分与割合は2分の1

財産分与の方法や具体的な分割割合は、双方が合意すればその内容で決まります。結婚歴の浅い夫婦であれば、分割する財産はそれほど多くないかもしれませんが、何十年と連れ添った夫婦の場合には、**共有財産のリストアップが重要です。**家具などは欲しいものの優先順位を決めて交渉し、合意できるようにしましょう。合意後は「強制執行認諾（にんだく）文言付公正証書」を作成し、文書で証拠を残します（➡P180）。

話し合いで合意できなければ、離婚調停のなかで財産分与についても話し合います。基本的には、**婚姻中の財産をすべて合算し、2分の1に分割します。**

築いた財産に対する貢献度で分割割合が変わることもありますが、まれなケースです。通常は、一方が専業主婦（夫）であっても共働きであっても、2分の1ずつになります。

ただし、双方が合意すれば、個人名義の財産はそれぞれの特有財産とすることができます。

住宅ローンなどの「借金」はどう考える？

財産分与では婚姻中に築いた財産

こんなときは？

相手が財産を教えてくれない！

インターネットバンキングの発達で、相手に預金口座を隠しているケースがあります。こうした場合、銀行名と支店がわかるメールや郵便物などの手がかりがあれば、**裁判所の「調査嘱託（しょくたく）制度」を活用して証券会社や金融機関への問い合わせが可能です。**調査嘱託を申し立てるためには、メールなど確実な証拠を見つけておくことが大切です。

財産分与の手順

忘れていたり、隠されている財産がないか、まずはリストづくりから始めましょう。

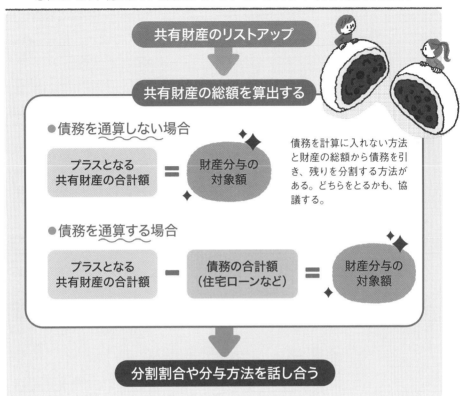

共有財産のリストアップ

↓

共有財産の総額を算出する

●債務を通算しない場合

プラスとなる共有財産の合計額 ＝ 財産分与の対象額

債務を計算に入れない方法と財産の総額から債務を引き、残りを分割する方法がある。どちらをとるかも、協議する。

●債務を通算する場合

プラスとなる共有財産の合計額 － 債務の合計額（住宅ローンなど） ＝ 財産分与の対象額

↓

分割割合や分与方法を話し合う

を分けますが、**分けることができるのはプラスの資産だけです。**

住宅購入の際の住宅ローンなどは債務（借金）ですが、家を売却しても利益が出ない「オーバーローン」ではマイナスの資産となるため、自宅を財産分与の対象にすることはできません（⬇P130参照）。

また、趣味やギャンブルなどのために個人がつくった借金も、婚姻中の財産（日常家事債務）とはみなされず、借りた本人に返済の義務があります。

ただし、自分が連帯保証人の契約を交わしている場合は、返済義務が生じてしまいます。離婚したとしても、返済義務は消滅しないと考えられています。

借金がある場合は、自分が背負い込まない方法や減額・免除が可能かどうかなどを、弁護士や司法書士に相談してください（⬇P85参照）。

財産分与

金銭以外の財産は売却か現物を分ける

財産にはさまざまなものがあります。引き取るかどうかにあたっては、そのものの価値を見極めることが大切です。

現物を引き取るなら、相手に相当額を払う

財産がある夫婦ほど財産分与でもめる可能性が高くなります。**トラブルが起こりにくく、最も簡単に分けるには、すべてを現金化して清算することです。**現金の受け渡しなら原則非課税となるため、双方にメリットがあります。

愛着があって現金化したくないものや、現金化しにくいものはそれぞれを時価評価したうえで、分与相当額を相手に支払います。現物の譲渡には譲渡所得税などがかかる場合があるので、その支払いも考慮して決めましょう（⬇P110）。

自動車や不動産などの財産価値は、通常離婚時の査定金額で計算されます。店舗によって評価額が異なってくるため、相手まかせにせず必ず確認します。美術品など高価なものは専門の鑑定士に依頼し、市場価格から正しく評価してもらいましょう。

長年使っている家具や家電製品など、価値がほとんどないものは、お互いが合意のうえで現物で分け合います。

有価証券はその性質をきちんと把握する

株や投資信託などの有価証券は、

こんなときは?

夫の会社の株を財産分与したい

どちらかが会社経営者の場合、相手がもつ財産の名義を確認しましょう。通常、会社名義の財産は財産分与の対象外で、対象になるのは相手がもっている株だけです。しかし、**家族経営や個人経営に近い企業では、会社の財産も対象となるケースがあります。**夫が多額の出資をした家族経営の会社に対し、妻の財産分与を認めた裁判もあります。

金銭以外の財産分与のしかた

金銭に変える場合は、高価格になるよう査定のタイミングを考えましょう。
離婚成立時の評価が原則ですが、実際には離婚に近い時点の評価になります。

財産	評価方法	ポイント
●住宅などの不動産	時価 不動産会社、不動産鑑定士に査定を依頼する。インターネットでも可能。	評価額からローンを差し引いて考える。名義変更の手続き、譲渡にかかる税金なども検討する。
●車 	時価 中古車販売店に査定を依頼。インターネットでも可能。	ローンがあれば評価額から差し引く。名義変更の手続きのほか、税金、保険料、駐車場の確保についても考える。
●有価証券 ●会員権　など	時価 取引証券会社などに査定を依頼する。インターネットでも可能。	譲渡する場合には、名義変更の手続きが必要。
●生命保険 ●個人年金 ●学資保険　など	解約返戻金 契約保険会社で、返戻金の試算書を作成してもらう。	掛け捨て保険は対象外。継続する場合は、名義や受取人の変更など、必要な手続きを確認する。
●美術品 ●骨とう品 ●貴金属　など	時価 古物商や美術鑑定士に査定を依頼する。	相続したものは対象外。高価値の美術品・骨とう品以外はリサイクルショップで買取査定に出してもよい。
●家具 ●家電 など 	時価 リサイクルショップで査定を依頼する。	値段のつかないことも。購入額や優先度をもとに現物を分けるとよい。

現物を分与する方法と、売却して現金を分与する方法があります。さらに、売却せずに片方が所有し、もう一方に、評価相当額を金銭や別の財産で代償する方法もあります。

評価額の算定時期は、離婚成立時が基本です。ただ、譲渡制限株式の場合は評価が難しくなります。また、譲渡制限株式は、会社において承認手続きが必要です。いずれも、公認会計士や税理士などの専門家に相談してください。

支給前の退職金も生命保険も対象になる

何十年と連れ添った、およそ50代以降の夫婦であれば、近い将来もらえるであろう退職金も財産分与の対象です。

国内では、8割程度の会社に退職金の制度があります。会社勤めの家庭では退職金の有無や内容について、相手に確認しておきましょう。会社の事情によっては支払いがなくなったり、減ることもあります。財産分与の対象となる退職金は、勤続年数のうち、婚姻期間分のみです。

生命保険は、婚姻中に契約したものが対象になります。ただし、掛け捨てタイプのものは除きます。

現金化して分ける場合、解約返戻金を生命保険会社に問い合わせ、試算してもらいましょう。解約したくない保険であれば、契約者、被保険者、受取人を変更する手続きが可能かどうかを確認し、相手と協議します。

学資保険を継続するなら契約者の変更を

子どもの将来を考えて積み立てている学資保険も共有財産の1つです。離婚後は、親権者に渡されるのが一般的です。中途解約し、解約返戻金を清算することも可能ですが、解約と継続のメリットデメリット（左図参照）をよく考えてから決断するようにしましょう。

解約しないなら、契約者名義と受取人名義を確認し、必要に応じて変更手続きを行います。受取人名義が相手のままだと「満期金を勝手に引き出された」「途中で解約された」といったトラブルの可能性があります。また、受取人を子どもにすると、贈与税がかかる場合があるので気をつけてください。

今後の保険料を誰が支払っていくのかも、考えておきます。

共有財産の勝手な処分を防ぐには

相手に離婚の意思を告げたあとや別居後に心配なのは、家財道具や共有財産を勝手に処分されることです。これを事前に防ぐためには、3つの方法があります。

これから離婚調停や裁判を行う場合、相手に離婚原因があり、申立ての理由が明確であれば、「民事保全」がおすすめです。調停や裁判に先立って申し立てることができます。現在裁判中の場合も可能です。

2つめは、「調停前の処分」です。離婚調停を申し立てていれば求めることができます。調停委員会が必要と認めると、職権により勝手な財産処分の禁止を命じます。ただし、従わなくても、10万円以下の過料が課せられるだけで、強制的に実行させる「執行力」はありません。

もう1つの方法は、財産分与の「審判前の保全処分」です。申立ての必要性を裁判所が認めれば、預貯金などの仮差し押さえや、不動産の売却処分の禁止などを命じます。これには執行力があります。

財産分与の対象となる退職金は？

婚姻年数にあたる退職金が、財産分与の対象になります。

例 退職金2000万円、勤続年数40年、婚姻年数30年の場合

この1500万円を
2人で分ける
ことになります。

退職金 2000万円 ÷ 勤続年数 40年 × 婚姻年数 30年 ＝ 1500万円

学資保険の財産分与方法は2つ

子どもの将来を考えて、最善の方法を選びましょう。

1 解約して解約返戻金を分割する

メリット

- 現金できっちり分けられる

デメリット

- 払い込んだ保険料より、解約返戻金が少なくなる可能性が高い
- 子どもの年齢によっては新しい学資保険に加入できない

2 親権者が契約を継続し、相手に解約返戻金相当を支払う

メリット

- 払い込んだ保険料以上の満期金を受け取れる

デメリット

- 受取人や契約者の変更が必要
- 相手への支払い分を用意する必要がある

勝手な財産分与を防ぐ方法

以下の方法によって財産の処分を防ぐことができます。

	民事保全	調停前の処分	審判前の保全処分
申立て先	家庭裁判所	家庭裁判所	家庭裁判所
執行力	あり	なし	あり
担保金	必要	不要	必要
ポイント	財産を保全するため、財産の仮差し押さえ・処分を禁止する。執行力があり、密行性もある。	調停内容にかかわる財産の処分禁止を命じるもの。	財産を保全するため、財産の仮差し押さえや処分を禁止する。執行力がある。

✎密行性…相手に知られずに手続きを進めること。民事保全は調停や審判が前提にないため内々に進められる。

財産分与

いちばん難しいのは不動産の分け方

愛着のある自宅の財産分与は悩ましいものです。売却するか住み続けるか、ローンはどうするのかなど、考えることはたくさんあります。

まずはローン残高と評価額を調べる

不動産を財産分与するときは、**どちらかが贈与や相続で得たものではないこと、婚姻中の購入であることが大前提です。**

不動産購入の際、多くの人はローンを組みます。ローンのある住宅を財産分与する場合、**購入時の金額、頭金などの購入資金を誰がいくら払ったか、連帯保証人の有無などもあらかじめ確認しておきましょう。**

そのうえで、返済予定表をもとにローン残高を計算します。ローンが複数に分かれていることもあるため、金融機関に問い合わせるなどしてすべて調べてください。

一方で、**現段階の自宅の評価額を調査しましょう。**評価額は、離婚成立時点を基準にします。大まかな金額なら、不動産会社のウェブサイトなどで調べられます。このほか、公示地価、路線価、固定資産税評価額を基準に割り出す方法、不動産業者の訪問による査定、不動産鑑定士に依頼する方法もあります。

不動産鑑定士への依頼には費用がかかりますが、より詳細な査定となるため、相手の調査した評価額との差があったときなどには説得材料になります。

オーバーローンなら財産分与の対象外

不動産の評価額とローンの残りがわかれば、**「不動産を売却した場合に、利益が出るかローンが残るか」が計算できます。**ローンが残れば、不動産はマイナスの資産となります。この状態を**「オーバーローン」**といいます。

オーバーローンの不動産は財産分与の対象外となるため、ほかの財産とは分けてどうするかを考えます。

利益が出れば**「アンダーローン」**として、利益分をほかの財産とまとめたうえで分けるのが一般的です。

不動産鑑定士…国土交通省管轄の国家試験によって取得できる国家資格で、不動産の経済的価値を正しく見極める。

住宅不動産を分与するとき

自宅に住むか手放すかを考えるにあたり、まずは家の価値を調べてみましょう。

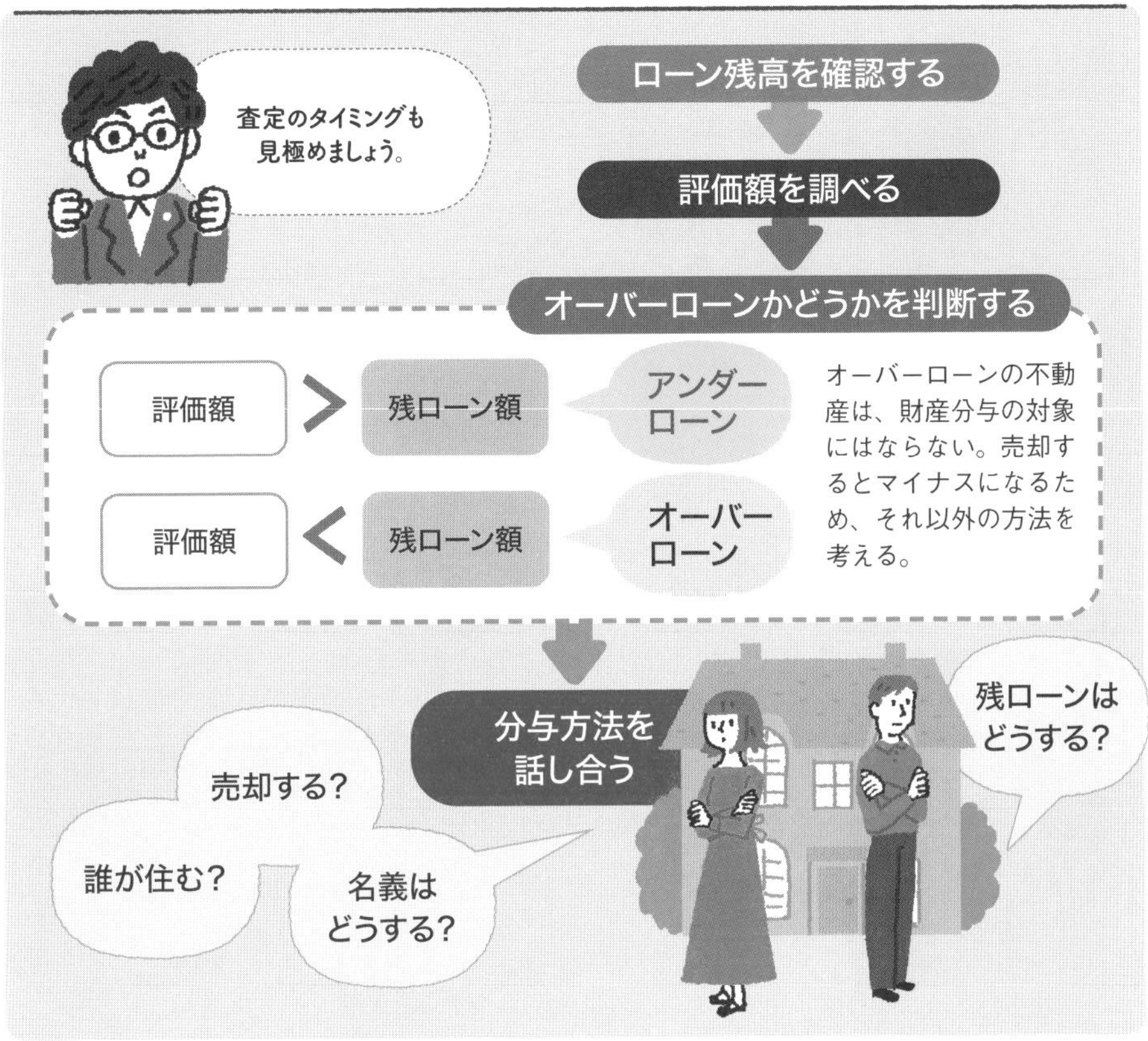
査定のタイミングも
見極めましょう。
ローン残高を確認する
評価額を調べる
オーバーローンかどうかを判断する
評価額
残ローン額
アンダーローン
評価額
残ローン額
オーバーローン
オーバーローンの不動産は、財産分与の対象にはならない。売却するとマイナスになるため、それ以外の方法を考える。
分与方法を話し合う
売却する？
誰が住む？
名義はどうする？
残ローンはどうする？

簡単でトラブルが少ないのは売却金を分ける方法

不動産の分与においてトラブルが少ないのは、**売却して手元に残った現金を分ける方法です。**

ローンを完済していれば、評価額が財産分与の対象額です。ローンが残っている場合、アンダーローンであれば、不動産を売却した利益から手数料や経費を差し引いた残りの金額を分割します。

オーバーローンの不動産を売却する場合、**ローンの名義人が借入先の金融機関の承諾を得ることで「任意売却」の手続きが可能です。**任意売却では、売却金額の決定や売買の手続きを金融機関が行います。売却後もローン返済は必要ですが、生活状況によって支払える範囲で月々の返済ができる、退去費用が受け取れる、退去時期を相談できる、必要な税金の一部が控除されるなどのメリットがあります。

妻が住み続けるなら3つの方法がある

現在のローン付住宅に住み続けるには、3つの方法があります。「❶所有者名義人と債務者は夫のままで妻が住む」「❷所有者名義人を妻にし、債務者は夫のままで妻が住む」「❸所有者名義も債務者名義も妻に変更したうえで妻が住む」です。

トラブルが少ないのは、実際に住む人と所有者・債務者の名義を同じにする❸です。離婚後、自分が住んでいない住宅のローンを支払い続けるのはなかなか難しいもの。公正証書があったとしても、支払いの延滞が続く可能性があります。延滞が続けば、抵当権のもと、住宅が競売にかけられてしまうかもしれません。

所有者と居住者が異なると、将来、売却や引越しをする際、元配偶者や連帯保証人との交渉が必要になります。所有者には、固定資産税も発生するため、滞納されるリスクがあります。

住宅を含む財産分与は複雑で考える要素が多くなります。左記の情報をそろえて、一度、弁護士に相談するのがよいでしょう。

ローン付住宅の財産分与について相談するときは、以下の情報が必要です。

- 購入価格
- 現在の評価額
- ローン残高
- 連帯保証人の有無
- 共同名義人の有無（登記・ローン）
- 頭金の有無、誰がいくら支払ったか　など

こんなときは?

夫と妻の共有名義で購入

登記上の持分が5:5であろうと、8：2であろうと、売却利益が出れば2分の1ずつに分けるのが基本です。オーバーローンの場合は任意売却などを行い、残ローンの負担方法を２人で協議します。

問題になるのは、共同名義のローンがあり、どちらかが住み続ける場合です。アンダーローンなら、住み続ける側が他方に清算金と残ローン分を支払い、不動産登記の名義を変更します。オーバーローンでは、退去する側のローンを住み続ける側の名義に変更できるかどうか、金融機関へ交渉します。難しければ、ローン名義は相手のまま、残ローン分を支払っていくことになります。

抵当権…住宅ローンが払えなくなった場合に備え、金融機関がその土地と建物を担保にすること。

ローン付住宅の対処法

所有者、債務者、居住者が誰かによって気をつけるポイントが異なります。

所有者	債務者	居住者	ポイント
夫 	夫 	なし（売却）	アンダーローンであれば、最も清算しやすくトラブルが少ない方法。売却利益が多く出るように信頼できる不動産会社を見つけることが大切。オーバーローンの場合は任意売却を利用する。
夫 	夫 	夫 	アンダーローンなら家の評価額からローン残高を差し引いた金額のうち、原則半分を妻に渡して清算する。オーバーローンなら清算の必要はなく、これまで同様に夫がローンの支払いを続ける。
夫 	夫 	妻 	所有者やローンの名義人と居住者が異なる場合、ローンの延滞が起こる可能性がある。最悪の場合、妻は住まいを失ってしまう。妻がローン負担分を家賃がわりに払う方法をとり、「賃貸借契約」を結んでおくとよい。
所有者の変更 夫  妻	夫 	妻 	所有者の名義を妻にすることで不動産を売却されるトラブルは防げるが、ローン延滞の可能性はゼロではない。ローンそのものは夫が払うものの、妻がローン相当額を夫に支払い、実質的にローンを負担するとよい。
所有者の変更 夫  妻	債務者の変更 夫  妻	妻 	妻がローンの審査に通ることが前提。妻は確実に家に住み続けられ、夫はローン返済の心配がなくなる。所有者を変更することで税金がかかる場合があるが、10年以上住んでいるなどの場合、控除の対象になる（➡ P110）。

年金分割

夫の厚生年金の一部を分割できる

夫がサラリーマンや公務員、教員であれば、婚姻中に支払われていた厚生年金保険料に対応する年金の半分を、将来受け取れる可能性があります。

まずは年金制度を正しく理解する

年金制度の基礎にあるのは、「国民年金（基礎年金）」です。**10年以上納付していれば、65歳以降、生涯にわたり基礎年金を受け取ることができます。**

サラリーマンや公務員などは「厚生年金」にも加入しており、基礎年金に上乗せして厚生年金も受け取れます。配偶者が厚生年金加入者で、自身が扶養（ふよう）配偶者（事実婚含む）の場合は、国民年金の「第3号被保険者」となります。保険料は配偶者が加入する厚生年金などで負担するた

年金分割の対象

対象となるのは、厚生年金のみです。夫の職種から判断できます。

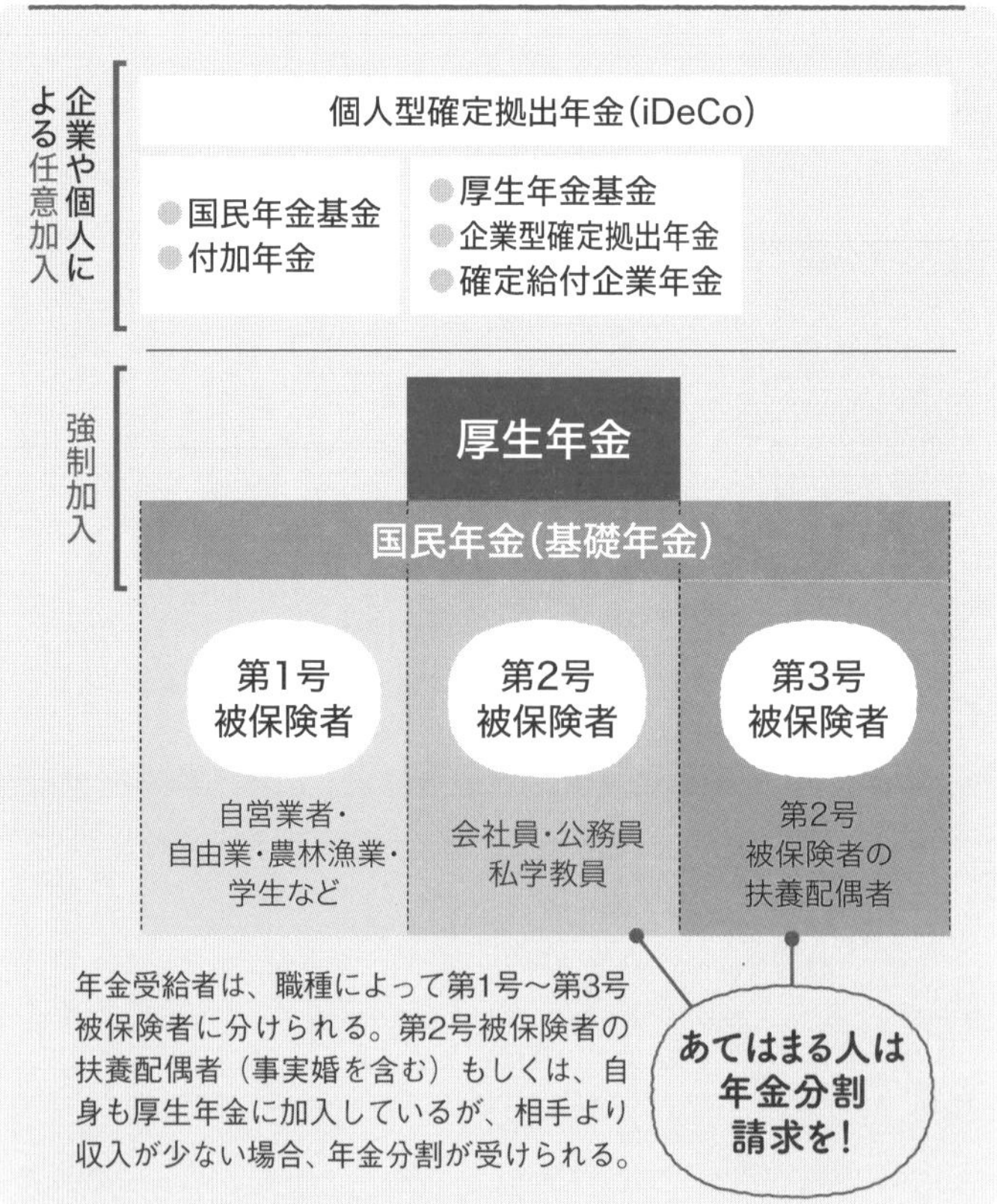

企業や個人による任意加入
個人型確定拠出年金（iDeCo）
国民年金基金
付加年金
厚生年金基金
企業型確定拠出年金
確定給付企業年金
強制加入
厚生年金
国民年金（基礎年金）
第1号 被保険者
自営業者・自由業・農林漁業・学生など
第2号 被保険者
会社員・公務員 私学教員
第3号 被保険者
第2号 被保険者の 扶養配偶者
年金受給者は、職種によって第1号～第3号被保険者に分けられる。第2号被保険者の扶養配偶者（事実婚を含む）もしくは、自身も厚生年金に加入しているが、相手より収入が少ない場合、年金分割が受けられる。
あてはまる人は 年金分割 請求を！

共済年金…2015年10月以降、厚生年金に一元化されている。

め、自分で保険料を支払わなくても、将来、基礎年金が受け取れます。

合意分割と3号分割がある

２００８年４月に年金分割制度が施行され、第３号被保険者は、離婚後、２００８年４月以降の婚姻期間中に納付された厚生年金記録の半分の分割を受けられるようになりました（3号分割）。その結果、分割された厚生年金が上乗せされます。

共働きで自身も厚生年金に加入していても、相手より収入が少ない場合は、婚姻期間中の配偶者の厚生年金記録を合意のうえ、分割することができます（合意分割）。割合は最大２分の１で、２００８年４月より前の婚姻期間分についても可能です。

なお、国民年金の保険料のみを納めている自営業者、学生、非正規雇用者の配偶者は対象外となります。

年金分割の例

3号分割、合意分割の例を見てみましょう。

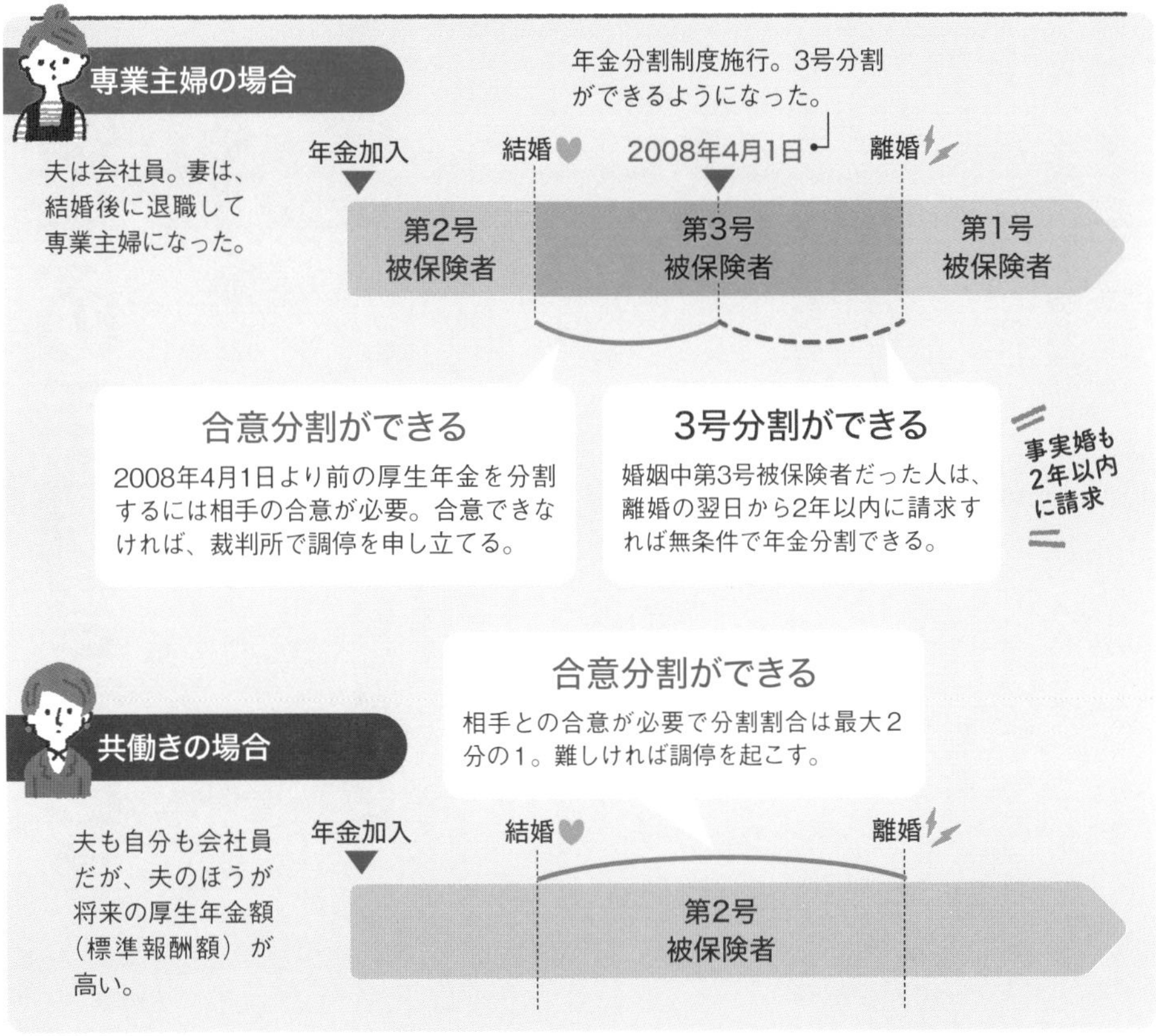
専業主婦の場合
夫は会社員。妻は、結婚後に退職して専業主婦になった。
年金分割制度施行。3号分割ができるようになった。
年金加入
結婚
2008年4月1日
離婚
第2号被保険者
第3号被保険者
第1号被保険者
合意分割ができる
2008年4月1日より前の厚生年金を分割するには相手の合意が必要。合意できなければ、裁判所で調停を申し立てる。
3号分割ができる
婚姻中第3号被保険者だった人は、離婚の翌日から2年以内に請求すれば無条件で年金分割できる。
事実婚も2年以内に請求
共働きの場合
合意分割ができる
相手との合意が必要で分割割合は最大2分の1。難しければ調停を起こす。
夫も自分も会社員だが、夫のほうが将来の厚生年金額（標準報酬額）が高い。
年金加入
結婚
離婚
第2号被保険者

年金分割

専業主婦でも離婚後の手続きが必要

年金分割は、自動的に行われるものではありません。3号分割でも合意分割でも、離婚後2年以内に申請手続きが必要です。

話し合いをする前に「情報通知書」を入手する

合意分割の場合は、年金分割の協議に先立ち、まずは、年金事務所や共済組合で「年金分割のための情報通知書」を入手します。

情報通知書の請求は、請求者の基礎年金番号、戸籍謄本などの婚姻期間がわかるものか、事実婚関係の時期を証明する資料を添えて申請します。**申請が離婚前であれば、相手に知られることなく請求者だけが情報通知書を受け取れます。**離婚成立後の申請では、情報通知書が双方に届けられます。

情報通知書によって、具体的な年金分割の対象期間や、標準報酬額、50歳以上であれば年金の見込み額がわかります。これをもとに分割割合に関して協議を行い、合意すれば文書に残しておきます。合意できない場合は、離婚調停を申し立て、そのなかで話し合いを進めます。

協議や調停で分割割合が決まったら、**離婚後に請求手続きを行わなければなりません。**年金事務所に分割を請求する「標準報酬改定請求書」を提出します（⬇P206）。3号分割の場合は、この請求手続きだけですみます。**どちらの場合も、離婚後2年以内に手続きを行ってください。**

公正証書があれば1人で手続きできる

離婚後の請求手続きは、3号分割の場合、元配偶者と行く必要はなく、**合意や連絡も不要です。**年金事務所に標準報酬改定請求書や基礎年金番号、婚姻期間を明らかにする書類などを提出すれば完了です。

合意分割の場合は、**元配偶者と2人で年金事務所を訪れて手続きをするのが原則です。**ただし、公正証書や調停調書などがあれば、どちらか一方だけで手続きができます。双方が代理人を立てることもできますが、「委任状」が必要です。

年金分割の手続き

合意分割の手続きは以下の流れで進めます。3号分割は離婚後の手続きのみで完了です。

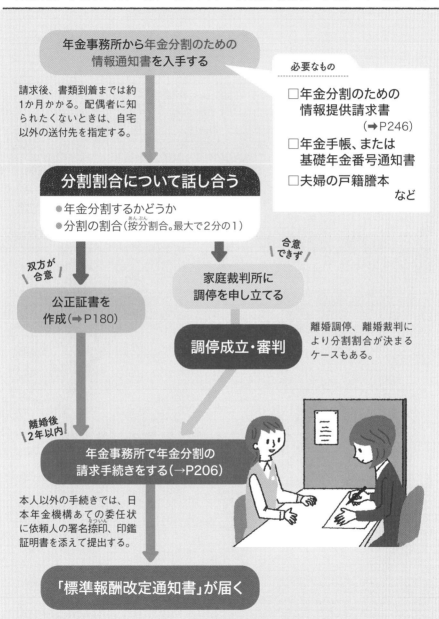

年金事務所から年金分割のための情報通知書を入手する

請求後、書類到着までは約1か月かかる。配偶者に知られたくないときは、自宅以外の送付先を指定する。

必要なもの

- □年金分割のための情報提供請求書（➡P246）
- □年金手帳、または基礎年金番号通知書
- □夫婦の戸籍謄本

など

分割割合について話し合う

- 年金分割するかどうか
- 分割の割合（按分（あんぶん）割合。最大で2分の1）

双方が合意 → **公正証書を作成（➡P180）**

合意できず → **家庭裁判所に調停を申し立てる** → **調停成立・審判**

離婚調停、離婚裁判により分割割合が決まるケースもある。

離婚後2年以内 → **年金事務所で年金分割の請求手続きをする（→P206）**

本人以外の手続きでは、日本年金機構あての委任状に依頼人の署名捺印（なついん）、印鑑証明書を添えて提出する。

「標準報酬改定通知書」が届く

Column

生活保護制度

働いて収入を得るのが難しいなど経済的に苦しいときは、一時的にでも「生活保護制度」の利用を考えてみましょう。

最低限度の生活を保障し自立を促す国の制度

熟年離婚で年金分割を受けても財産がない場合、あるいは若年離婚で財産がなく、乳幼児を抱えているような場合、また、自身や子どもが難病や障害を抱えていたり、仕事が見つからない状態では、離婚後の生活に対し不安がつのります。

生活保護制度は、各世帯が健康で文化的な最低限度の生活を送ることを保障し、自立を促す制度です。元配偶者から養育費が支払われていても、受給要件を満たせば生活保護を受けることができます。

まずは地域の福祉事務所に相談する

生活保護の相談や申請は、市区町村の福祉事務所、役場の福祉担当課などで行います。

生活保護の対象になると、世帯人数や年齢に応じた最低生活費から、その世帯の収入を差し引いた金額が生活保護費として支給されます。暮らしていくうえで必要な費用は種類別に支給されます。たとえば、食費などの「生活扶助」、家賃などの「住宅扶助」、義務教育に必要な「教育扶助」などです。

なお、最低生活費は自治体や世帯によって異なります。

生活保護の審査には詳細な調査が行われます。持ち家や車などの財産の有無、借金の有無、生活を助けてくれる親族の有無などを調査し、およそ2週間後に審査結果が出ます。

申請方法や手続きに関して、弁護士会や法テラスでは、各地で無料相談会を行っており、申請手続きの代理も受け付けています。

生活保護の受給要件

こんなときは市区町村役場に相談を。

- 収入が最低生活費を下回っている
- 預貯金などの資産がない
- 親族などから援助を受けられない
- 病気やケガなどで働けない
- ほかの支援制度を利用しても、生活が困窮している

第5章

将来を見据えた最善策を子どもに残す

離婚によって子どもの生活環境は大きく変わります。
今後の生活、必要なお金、離れた親との面会交流などは、
子ども自身と向き合って最もよい方法を選びましょう。

子どものこと

離婚前に決めておく問題が4つある

両親の離婚は、子どもにとってとてもショックな出来事です。離婚に伴う子どもの問題は、子どもの気持ちを第一に考えた選択を心がけましょう。

未成年の子どもがいれば親権などの取り決めが必要

未成年の子どもがいる場合、離婚前に決めておかなければならないことが4つあります。「親権者」「養育費」「面会交流」「子どもの戸籍と姓」についてです。

親権者が両親のどちらかに決まらなければ、離婚届は提出できません。養育費は、親権とは関係なく親である以上、支払い義務のあるものです。

面会交流は離れた親子が会う権利で、特別な事情がない限りは妨げられないものです。子どもの戸籍と姓は、両親が離婚しても基本的にその

話し合うべき子どもの問題

両親が互いに、子どものことを第一に考えて話し合いましょう。

親権

子どもが幼なければ、特別な事情がない限り母親が親権者となる。15歳以上であれば、子ども自身の意思も尊重される。

（➡ P142）

養育費

離れて暮らす親には、子どもの成育に必要な費用を払う義務がある。金額や振込口座、渡すタイミングなどを決める必要がある。

（➡ P154）

面会交流

離れて暮らす親子双方の権利として、面会のタイミングや方法などを決める。暴力などの特別な事情がない限り、子どもを育てる親は拒否できない。

（➡ P160）

戸籍と姓

離婚しても子どもの戸籍と姓は変わらない。変更したい場合は、親権者が手続きを行う。15歳以上の子どもは、本人が申請できる。

（➡ P166）


未成年…2022年3月末日までは20歳未満。4月1日以降は18歳未満。

ままなので、必要に応じた手続きを行います。

第一に考えるべきなのは「子どもの福祉」

離婚は夫婦関係の解消にすぎず、親子の関係は生涯続くものです。しかし、離婚によって親子関係は物理的にも精神的にも引き離されてしまいます。未成年の子どもにとって、こうした突然の変化による影響は、大きな問題といえます。

離婚の原因はさまざまありますが、子どもがいちばんの被害者であることは間違いないでしょう。両親は、子どもが心身ともに健やかに成長するために必要な「経済・心・暮らしの安定」を保つために、必要なことを考えなければなりません。

双方が感情的になることなく、「子どものためになる」取り決めをしましょう。

子どもの健全な成長に必要なもの

離婚後も、愛情に満ちた安定した暮らしのなかで育ててあげたい。

両親からの愛情

一緒に暮らす親はもちろん、離れている親からも「愛されている」「信頼されている」といった思いを感じられることが大事。

良質な養育

一緒に暮らす親は、子どもの成長に必要な、栄養バランスのとれた食事、清潔な衣類、安眠できる環境を整えるようにする。

住環境や経済状況の安定

子どもが安心して家で過ごし、家庭の経済状況に心をいためなくてもすむよう、離れて暮らす親は養育費などをきちんと支払い続けていく。

両親の争いや暴力からの保護

両親の争う姿を子どもに見せていないか。また、DV（ドメスティック・バイオレンス）や育児放棄（ネグレクト）などから子どもを守ることができていることも大切。

親権

両親のどちらがもつかを決める

単にどちらが引き取るかという問題ではありません。親権の意味を理解し、その責任を担う覚悟をもちます。

親権者を決めないと離婚はできない

未成年の子どもがいる家庭では、離婚の前提として、どちらかが子どもの親権をもちます。

婚姻中の親権は、子どもの世話や教育、財産の管理は2人で行っていくものと考えるため、両親の「共同親権」です。離婚後は現在の民法の定めによって、**どちらか一方の「単独親権」となります。**

親権者の決定には、離婚原因は無関係です。また、兄弟姉妹がいる場合には、子ども一人一人の親権者を決める必要があります。

子どもを健全に育てる義務と責任

親権とは、**子どもを健全に育てるために親が果たすべき義務と責任です。子どもを守るための権利でもあります。**親権をもった親は、子どもが成人するまで、それらを全うする必要があるのです。

主な役割は、子どもの生活とお金を守ることです。子どもの世話や教育などの生活を守る権利・義務は「身上監護権」といいます。子どもの財産を守り、法律的な対処を担う権利・義務は「財産管理権」といいます。

親権には、これら2つが含まれます。

親権の容易な分割は避けるべき

親権の内容である身上監護権と財産管理権は、通常は分けて考えるべきではありません。

親権が争われた際、法的には、**身上監護を行う「監護権」と財産管理を行う「親権」に分けることもできますが、最も避けるべきと考えられています。**監護者と親権者が対立すると、子どもによい影響を与えないためです。

たとえば、子どもに相当な財産があり、親の適性があまりにもないような特殊な場合に限られています。

親権はどういうもの？

世話や教育をする権利と、財産を守る権利の2つに分けられます。

2つ合わせて親権

子どもの世話や教育をする 身上監護権

- 子どもの住む場所を決める（居住指定権）
- 必要な範囲において子どもを叱ったりしつけを行う（懲戒（ちょうかい）権）
- 子どもが職業につくとき許可を与える　（職業許可権）
- 身分上の行為の代理・同意を行う（身分上の行為の代理権）

子どもと同居し、身のまわりの世話、教育を行う。子どもが職業につくことを許可したり、氏の変更など法律上の行為も代理で行う。

子どもの財産を管理する 財産管理権

- 子どもの財産を管理する
- 財産に関する法律行為を「法定代理人」として行う

子どもの財産を管理したり、相続など法律上の行為を代理で行う。

親
権

知っておきたい！

共同親権ってどんなもの？

離婚後の単独親権の考え方は、明治時代中期に制定された民法に残る「家制度の名残」といわれます。すでに海外の多くでは離婚後の共同親権が認められています。日本でも法務省が導入を検討中です。両親が子どものためを思い、離婚後も協力できるのであれば、近い将来親権争いがなくなり、子どもがどちらかの親と会えないということもなくなるでしょう。

今はまだ認められていませんので、単独親権で考えましょう。

親権

話し合いで決まらないときは調停へ

近年は、親権についてもめることが多くなっています。どうしても合意できなければ、調停の申立てを行います。

離婚調停で親権を含めた問題解決を目指す

どちらの親が親権をもつかは、話し合いで合意できればいちばんです。しかし近年は、双方が親権を求めるケースが増えており、協議で決めることは難しくなっています。

離婚には合意し、親権だけが決まらない場合は、「親権者指定調停」を行うことができます。とはいえ、一般的には、親権を含めた離婚そのもので合意できないことが多く、離婚調停（➡P43）を申し立て、そのなかで、親権者や養育費なども、まとめて解決します。

親権者が決まるまで

親権者指定調停は、以下のように進みます。

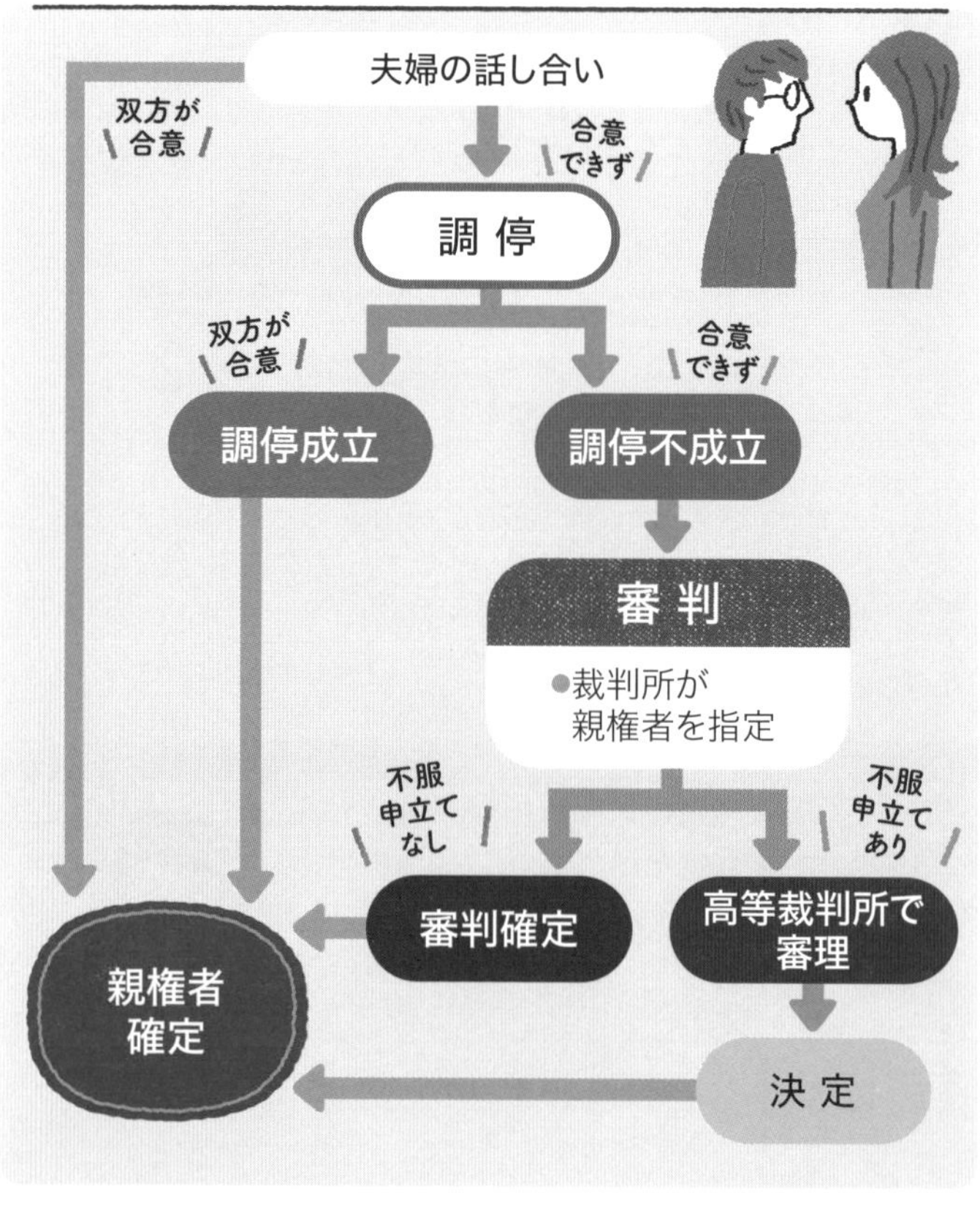

夫婦の話し合い
双方が合意
合意できず
調停
双方が合意
合意できず
調停成立
調停不成立
審判
●裁判所が親権者を指定
不服申立てなし
不服申立てあり
審判確定
高等裁判所で審理
親権者確定
決定

親権者の適性について調査が行われることも

協議ではなかなか決まらず、調停、審判、裁判と親権争いが続く場合もあります。最終的には子どものことをいちばんに考えた裁判所の決定によって、どちらか一方に決められます。この過程において**「調査官調査」が行われることがあります。**

家庭裁判所の調査官が、父母への面接、子どもが通う保育園や学校への聞きとり、子ども自身との面接などを行って裁判所へ報告するもので、**裁判所の判断材料になります。**

親権への意欲や人柄、経済力、心身の健康状態はもちろん、離婚後の面会交流に対する寛容さも確認されます。面会交流を拒むような姿勢はマイナスとなるので改めましょう。子どもとの写真や動画を提出すると見てもらえます。

判断材料となる「調査官調査」

親権について、子どもに最善な方法を探るために行います。

家庭裁判所調査官

心理学、社会学、教育学の知識や技法をもつ専門家。調停や審判、裁判を進めるために必要な情報を集め、裁判官に報告する。

保育園・学校訪問

子どもの通う保育所、幼稚園、学校へ訪問し、出席状況、ふだんの様子などの聞きとりを行う。

子どもとの面接

10歳くらいから行われる。兄弟姉妹がいても、原則1人ずつ行う。発達や心の状態に配慮し、心理テストを用いることもある。

父母との面接

弁護士の立会いも可能。それぞれから子どものことや生活について確認する。

裁判官に調査報告書を提出

報告書をもとに、どちらが親権をもつか調停で話し合うか、裁判官が決める。申請に許可が出れば、報告書の閲覧・コピーは可能。

家庭訪問

幼い子どもへの面接は養育環境の調査も兼ねて家庭訪問で行う。

試行的面会交流

別居中の親と子どもの面会を試験的に裁判所で行い、調査官が立ち会う（➡P165）。

親権

裁判所が重視するポイントを知ろう

裁判所が親権者を決めるときには、重視するポイントがあります。それを知ることで、とるべき対策がわかってきます。

不倫しても経済力がなくても親権者になれる

裁判所では、子どもの利益や福祉の観点から親権が判断されます。

子どもにとって何が最善なのかが問われるものであり、離婚そのものの責任がどちらにあるかは関係ありません。不倫をした親でも、子どもにとってよいと判断されれば親権者になり得ます。また、経済力に乏しくても、もう一方の親が養育費を支払う義務を負うため、親権をもてない理由にはならないのです。

実際には、母親が親権をもつケースがほとんどで、司法統計では9割を超えています（下記参照）。これには、裁判所が重視するポイントがかかわっています。**ポイントは、大きく父母の事情と子どもの事情に分けられます。**

父母の事情は、子どもを育てる意欲の強さと能力、生活環境、健康状態、時間的余裕、実家の援助の有無などです。

一方、子どもの事情は、年齢や性別、発育状況、兄弟姉妹の関係、環境の変化による影響、子どもの意思、情緒的な結びつきはどちらの親と強いか、などが検討されます。特に15歳以上の子どもの意思は原則として尊重されます。

［ 親権の割合 ］

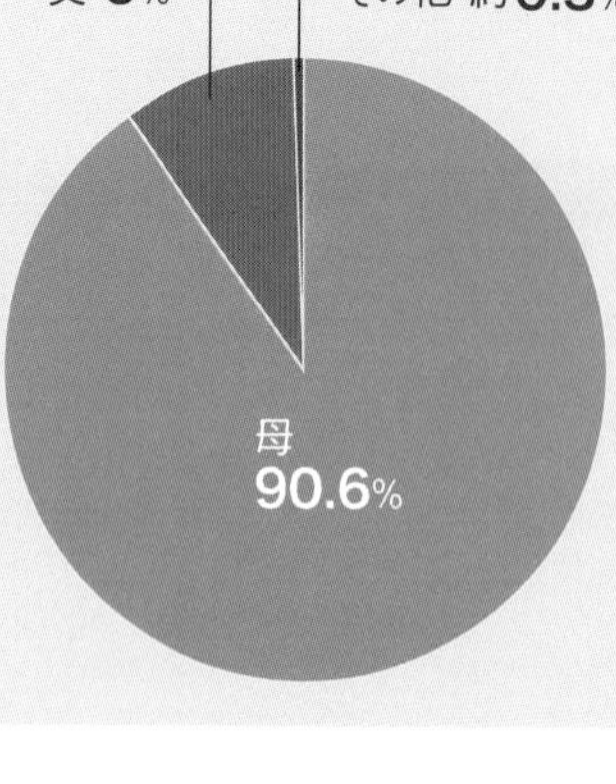
父 9%
その他 約0.3%
母
90.6%

父親が親権をもっている9％のなかでも、約5％が実際には母親と一緒に暮らしている。母親が親権をもつものの、父親と一緒に生活する例もわずかにある。

（司法統計 家事令和元年度 第23表より作成）

親権者の基準

裁判所は、父母と子どものさまざまな事情を考慮したうえで、
子どもにとって最善の親権者を選びます。

父母の事情

●**実家の援助**

子どもの世話や教育に積極的な援助が得られるかどうか。

●**心身の健康状態**

親権の放棄につながるような、依存症や重大な持病などがないか。

●**経済力**

養育費を受け取れるためそれほど重要ではないが、経済力がどの程度あるか確認される。

●**時間的余裕**

子どもと接する時間がどれだけあるか。残業のない部署への配置転換など、時間をとろうと努力する姿勢も大事。

●**生活環境**

子どもと暮らす住環境が整っているか。「現状維持の原則」があるため、別居している場合、子どもと同居する親が優先される。

●**子どもの世話に対する意欲**

夜の外出を減らす、休日を一緒に過ごすなど、これまでの生活以上に子どもの世話をする意欲があるかどうか。

●**年齢**

子どもを育てていける年齢かどうか。年の離れた夫婦で、特に母親側が若い場合には、母親側が優先されやすい。

●**面会交流への意欲**

親権者にならなかった親と子どもの面会交流に肯定的かどうか。

＋

子どもの事情

- ●年齢、性別
- ●意思
- ●心身の発育状況
- ●兄弟姉妹の関係
- ●父親・母親との情緒的な結びつき
- ●環境の変化による影響

「調査官調査（➡P145）」の結果または、「子どもの手続き代理人制度（➡P149）」による子ども自身の意思を判断材料とする。

家庭によって
事情は異なります。
子どもの幸せから
判断されます。

問題がなければ現状維持という考え方が強い

裁判所が特に重視するのは、「継続性の原則」「兄弟姉妹不分離の原則」「母性優先の原則」です。また、面会交流に対する意欲も評価されます。

将来、子どもと暮らし続けたいと思うのであれば、継続性の原則から、別居時に子どもを連れて出るようにします。別居した相手のもとで子どもの生活が成立し、経済的にも安定すると、相手側が有利になってしまいます。

また、兄弟姉妹の親権はなるべく一緒になるよう考慮されます。

母性優先とは、生活全般に世話が必要な幼い子どもほど、母親の役割が必要という考え方です。生まれて間もない子どもなら、原則母親が親権者になります。

親権をとるためにできることは？

少子化の影響や、男性の育児参加により、親権を争うケースが増えています。
できることはすべて行い、裁判官にアピールしましょう。

子どもとかかわる時間を増やす

起床から就寝まで、子どもの1日のスケジュールと世話の内容を記録しておき、写真や動画を調査官に渡す。メールや電話などのコミュニケーションツールで子どもとのかかわりを増やす方法もある。

養育環境を整える

規則正しい生活リズムを心がけ、清潔な衣服や部屋、栄養バランスの整った食事を用意する。自分自身の健康にも気をつけ、飲酒、夜の外出などを控える。場合によって実家からの援助も考える。

別居するときは、子どもと一緒に住む

裁判所は継続性の原則にもとづいて親権を決める。離婚前に別居する場合、子どもと一緒に住んでいるほうが有利。あとから子どもを迎えることは難しいため、最初から一緒に暮らすことを考える。

面会交流を積極的に認める

元配偶者も子どもにとっては親。親権者が会わせたくないと考えても、面会交流を妨げることは子どもの利益に反する行為。面会交流には積極的に協力する。

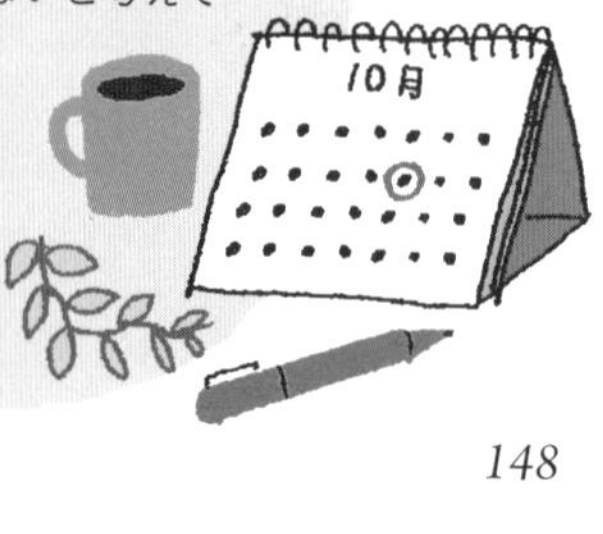
10月

親権者としての適性を具体的に伝える

配偶者と争うほど親権を望むのであれば、子どもの暮らしと幸せを守れるのは自分であることを、裁判所に認めてもらう必要があります。

これまでの子どもとの信頼関係を伝え、今後できることを示します。残業の少ない部署への異動願や、実家の協力を受けるなど、子どもを健全に育てるための努力と強い意思を見せましょう。調査官や調停委員との面接では、社会人としてのマナーを守り、**親権者にふさわしい態度で誠実に対応します。**相手の悪口を言うなどの行為は論外です。離婚後の相手と子どものかかわりを大事にする姿勢も重要です。結果に不服があるときは、すぐに申し立てます。

裁判例

年間100回もの面会交流を提案した父

互いに専門職だった夫婦は、数年にわたるすれ違いが続いていました。夫は生活を改めて家事や育児の分担を増やしたものの、妻は離婚を望み、子どもと実家に帰りました。以来5年以上の別居期間中、夫が子どもに会えたのは6回のみです。

裁判で夫は親権を求め、年間100日の面会交流を妻側に提案します。裁判所は「子どもが現在に比べて劣悪な環境になるわけではなく、年間100日の面会交流があれば妻の心配は不要」と、夫の親権を認める判決を出しました。

（千葉家庭裁判所松戸支部 平成28年3月29日）

相手と友好関係を保とうとする側を優先する「寛容の原則」が適用された有名な裁判です。しかし、控訴審でくつがえり、最終的には母親が親権者になりました。

子どもの意思はどこまで優先される？

親権者を決めるにあたり、子どもに「お父さんとお母さんのどっちが好き？」などと聞くのはいけません。子どもに大きな責任を負わせ、傷つける可能性があるからです。**子どもの意思を確認するときは、家庭裁判所の調査官など、第三者の専門的なサポートを依頼しましょう。**

子ども自身が当事者として自分の意思を示すこともできます。**10歳以上の子どもであれば、「子どもの手続き代理人制度」で弁護士を選任し、調停の場に参加することができます。**両親に対し、自身の養育について提案したり、解決方法を働きかけることも可能です。

まだ活用例は少ないものの、子どもの権利を守るための制度として、今後増えることが予想されます。

寛容の原則…アメリカ合衆国で用いられている考え方。「フレンドリーペアレントルール」とも呼ばれる。

親権

親権者の変更には裁判所の許可がいる

親権者の変更は、親の都合だけではできません。子どもの父か母、あるいは親族による家庭裁判所への申立てが必要です。

話し合いではなく、調停を申し立てる

一度決められた親権者は、親の都合や話し合いでは変更できません。もう一方の親、あるいは親族などが**家庭裁判所へ「親権者変更の調停」を申し立てる必要があります。親権者自身が「親権者辞任」や「変更の許可」を申し立てることもできます。**

親権者が子どもを世話できておらず、劣悪な養育環境だったり、子ども自身が親権者の変更を望んでいたりする場合など、変更することが子どもの利益になり必要と裁判所が判断すれば、変更が認められます。

親権者が死亡したときは審判の申立てを

親権者の死亡、あるいはどこへ行ったかわからず連絡もとれない状態になった場合にも、親権者を新たに定める必要があります。もう一方の親が親権者となることが多くなりますが、これも自動的にはなされず、家庭裁判所へ審判を申し立てます。

調停や審判によって変更が確定したら、10日以内に手続きを行います。調停調書あるいは審判書などをもって、市区町村役場で「親権者変更届」を提出します。さらに、子どもの戸籍を新たな親権者の戸籍に移す手続

親権者の変更が認められるのは？

養育環境や生活環境が十分に整わないような場合に認められます。

親権者が
- 長期入院した
- 海外勤務になった
- 養育を放棄している
- 子どもに労働を強制している
- 虐待をしている

子どもが
- 変更を望んでいる

など

きを行います（➡P212）。

親権の喪失・停止は子ども自身も申立てできる

親権者変更調停の申立ては、子どもの親族にしか認められていませんが、**第三者が親権を制限する制度もあります。**子どもが親権者から虐待を受けている場合などにおいて、親権を制限し、子どもを守ることを優先するものです。子どもの親族に加え、児童相談所所長、検察官、子ども自身が申し立てることができます。

1つは、無期限に親権を奪い、親子のつながりを断つ「親権喪失（そうしつ）」、もう1つは、裁判所が定める期間（最長2年）、一時的に親権を停止する「親権停止」です。親権を停止された親権者は、定められた期間内で生活を立て直すなどの努力が求められます。急を要する場合は、審判前の「仮処分」を申し立てます。

親権者変更の手続き

親権をもたない親のほか、子どもの親族が申し立てることができます。

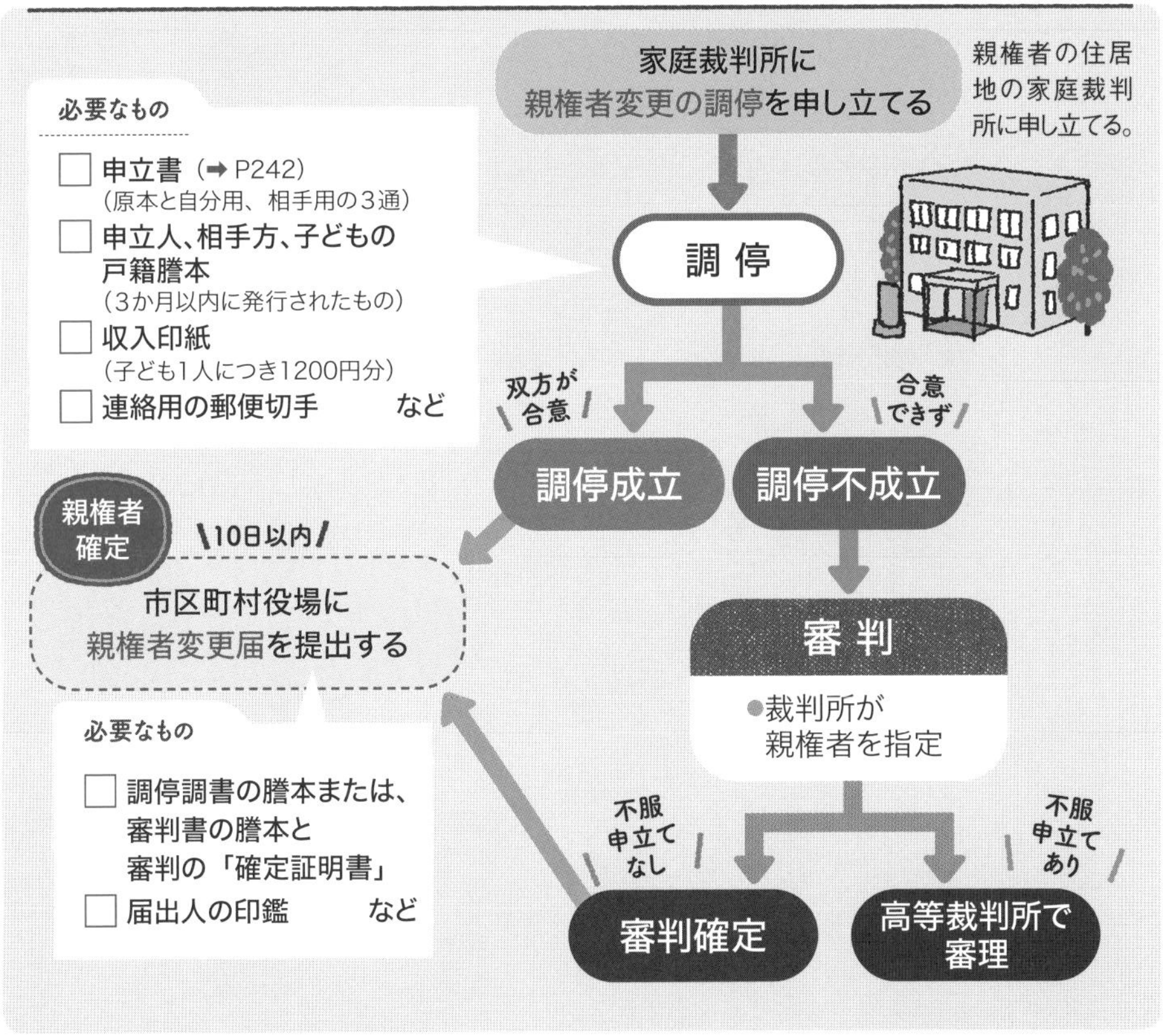
家庭裁判所に
親権者変更の調停を申し立てる
親権者の住居地の家庭裁判所に申し立てる。
必要なもの
申立書（➡ P242）
（原本と自分用、相手用の3通）
申立人、相手方、子どもの戸籍謄本
（3か月以内に発行されたもの）
収入印紙
（子ども1人につき1200円分）
連絡用の郵便切手　など
調 停
双方が合意
合意できず
調停成立
調停不成立
親権者確定
10日以内
市区町村役場に
親権者変更届を提出する
審 判
●裁判所が親権者を指定
必要なもの
調停調書の謄本または、審判書の謄本と審判の「確定証明書」
届出人の印鑑　など
不服申立てなし
不服申立てあり
審判確定
高等裁判所で審理

Column

子どもの連れ去り

子どもに負担がかかるだけでなく、親権争いが長引く原因にもなります。迅速な対応が必要です。

別居中や調停中の連れ去りが増えている

別居中や離婚協議、調停中、あるいは離婚後の面会交流で、子どもを連れ去るケースが増えています。

わが子と離れたくない、離婚に抵抗するためなど理由はさまざまですが、離婚に伴う子どもの連れ去りは、10年間で2.5倍と、増加傾向にあります。同時に、実質的に子どもと暮らす権利を得る「子の監護者の指定調停」の申立ても倍増しています。

子どもにとっては、自分を巡って両親が争うつらい出来事に映るはず。連れ去りトラブルを防ぐためには、別居前に親権についてよく話し合っておくことが大切です。

自分で取り戻そうとせず法的な手続きをとる

一緒に暮らす子どもを連れ去られたら、一刻も早く法的手続きをとりましょう。相手が子どもを育てているという「現在の環境」と「継続性の原則」が優先されてしまうと、法的に不利になってしまいます（➡P148）。

また、力ずくで引き取るような行為は法的に認められません。さまざまな手続きをスピーディーに行う必要があるため、早めに弁護士に相談してください。

「子の引渡し」と「保全処分」を同時に申し立てる

実際の手続きは、子どもの住所地を管轄する家庭裁判所で行います。

急ぐ場合はすぐに、「子の引き渡し審判」と審判前の「保全処分」を申し立てます。同時に、子の監護者の指定（審判）も申し立てます。これらが認められれば、確実に子どもを引き取って育てていくことができます。

相手が住所不明なら、過去の婚姻記録をもとに市区町村役場で「戸籍の附票（ふひょう）」を取り寄せて確認します。

また、相手が子どもに危害を与える可能性が高ければ、「人身保護請求」の手続きを行いましょう。

最終的にどちらが子どもを世話する監護権者としてふさわしいかは審判で決まります。

✎戸籍の附票…役場で戸籍と一緒に保管されている書類。戸籍ができてから現在までの住民登録している住所がわかる。

子どもが連れ去られたときの対処法

裁判所で早急に手続きを踏むことが大切です。

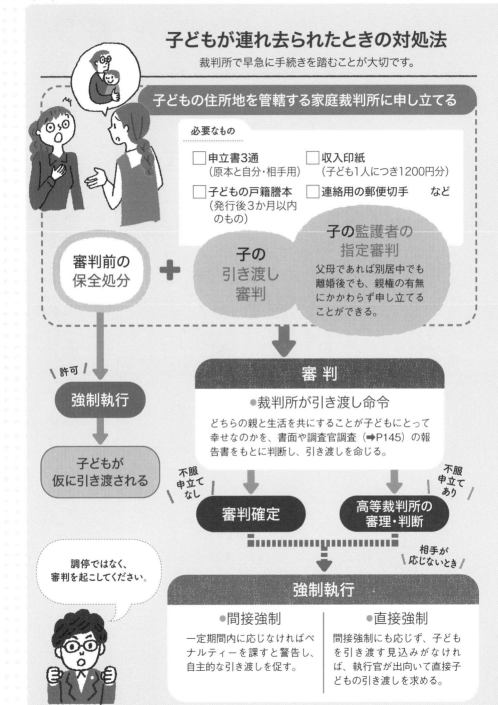

子どもの住所地を管轄する家庭裁判所に申し立てる

必要なもの

- □ 申立書3通（原本と自分・相手用）
- □ 収入印紙（子ども1人につき1200円分）
- □ 子どもの戸籍謄本（発行後3か月以内のもの）
- □ 連絡用の郵便切手　　など

審判前の保全処分 ＋ **子の引き渡し審判**

子の監護者の指定審判
父母であれば別居中でも離婚後でも、親権の有無にかかわらず申し立てることができる。

審判前の保全処分

＼許可／

強制執行

↓

子どもが仮に引き渡される

審判

●裁判所が引き渡し命令

どちらの親と生活を共にすることが子どもにとって幸せなのかを、書面や調査官調査（➡P145）の報告書をもとに判断し、引き渡しを命じる。

＼不服申立てなし／ → **審判確定**

＼不服申立てあり／ → **高等裁判所の審理・判断**

＼相手が応じないとき／

強制執行

●間接強制

一定期間内に応じなければペナルティーを課すと警告し、自主的な引き渡しを促す。

●直接強制

間接強制にも応じず、子どもを引き渡す見込みがなければ、執行官が出向いて直接子どもの引き渡しを求める。

調停ではなく、審判を起こしてください。

✎人身保護請求…不法に自由を奪われ拘束されている人の救済を求めるもの。迅速な対応がとられる。

養育費

離れて暮らす親にも支払う義務がある

離婚によって離れて暮らすことになっても、子どもが自立するまでは親には養育費を支払う義務があり、子どもには請求する権利があります。

未成熟の子どもの生活に必要な費用

養育費とは、子どもが健やかに成長するために欠かせない必要経費です。

子どもの世話をして育てるのは親権者でも、**そのために必要なお金は双方の親が負担します。これは子どもに対する扶養義務であり、愛情の証でもあります。**離婚後に親権者とならなかった親が、親権者となった親に支払っていくのが一般的です。

まだ離婚が成立しておらず、別居中の場合は、婚姻費用として配偶者に支払われる分に、養育費も含まれると考えられています。

離婚するにあたって、慰謝料や財産分与を放棄するのは双方の自由ですが、養育費はまったく別。親権者ではない親と、扶養すべき子どもとの問題と考えます。**たとえ親権者である親が養育費を放棄しても、子どもの請求権は失われません。未成熟の子どもが請求すれば、少なくともその時点から、支払いが認められます。**

また、離婚時に取り決めがなくても、必要とする子どもがいれば、離婚後いつでも請求できます。請求期限が定められた財産分与や慰謝料とは、性質が違うお金なのです。

養育費の受け取り状況

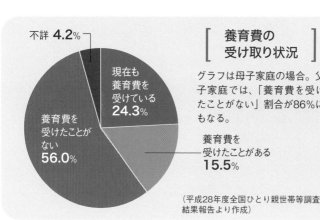

グラフは母子家庭の場合。父子家庭では、「養育費を受けたことがない」割合が86%にもなる。

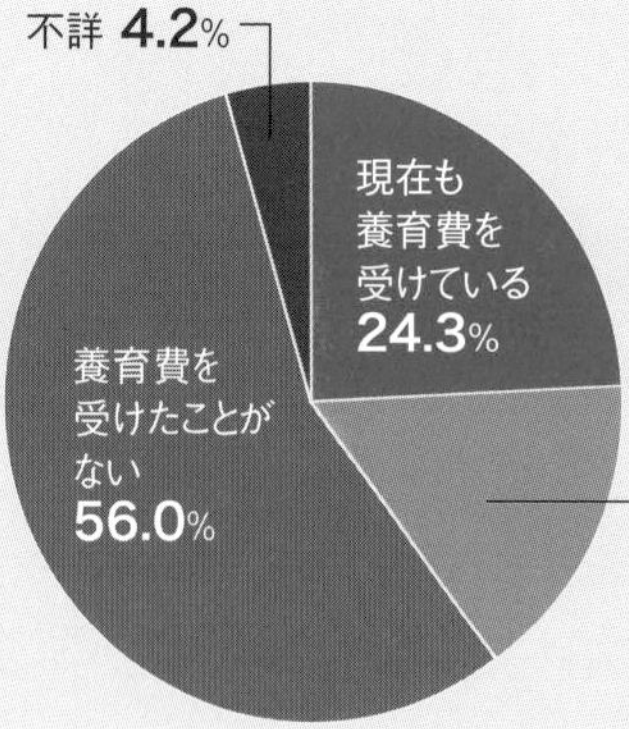

不詳 4.2%
現在も養育費を受けている 24.3%
養育費を受けたことがある 15.5%
養育費を受けたことがない 56.0%

(平成28年度全国ひとり親世帯等調査結果報告より作成)

養育費に含まれるもの

子どもの生活にかかるあらゆる費用が含まれますが、
実際の支払い金額は、収入などによって決まります。

こちらもチェック
後悔しない！離婚の準備と手続き
養育費計算ツール

養育費
未成熟の子どもが社会人として自立するまでに必要となるお金。
娯楽費
衣食住にかかわる費用
教育費
医療費
おこづかい
交通費
など
養育費は両親それぞれの収入や子どもの年齢によって決められます（➡P250）。

養育費の不払いを防ぐためには?

養育費の支払いは、長期間続きます。負担する側にとっては、仕事や生活環境の変化により、経済的に苦しくなる場合があるかもしれません。養育費の受給状況はとても悪く、養育費を受け取ったことがない人は56%、継続して受け取っている人は24%という統計結果があります。

養育費は子どものためのお金であると認識し、不払いを防ぐ工夫が必要です。離婚前の取り決めは必須で、強制執行が可能な「公正証書（⬇P38）」に内容を記し、不払い時に対処できるようにしておきましょう。

また、面会交流の機会をきちんと設けることも大切です。子どもの成長や変わらぬ信頼関係を実感することによって、不払いが起こりにくくなることが考えられます。

養育費

金額、支払い期間、支払い方法を決める

養育費の取り決めは、しっかりと慎重に行います。相手との関係を早く断ち切りたいからといって焦ってはいけません。

収入や財産などから話し合って決める

養育費をいくらにして、いつからどのようなタイミングと方法で支払いを始めるかは、離婚前に話し合います。

子どもが複数いれば、一人一人に対する金額を決めます。

金額の目安として、双方の年収と子どもの年齢をもとにした「算定表」が裁判所から公表されています（➡P250）。子どもの人数と年齢によって数パターンあり、親の年収から目安の金額が割り出せます。これをもとに協議を進めるとよいでしょう。

養育費は定期的に支払われるものですが、国際離婚の場合などでは、互いの合意のうえ一括支払いを選ぶのがおすすめです。一括なら、不払いの心配はなくなります。

取り決めた内容は**「強制執行認諾文言付公正証書」に残しておきます（➡P38）。**ふだんの生活とは別に、病気になった際や進学などでは、高額な費用が必要になります。将来のことも考え、公正証書には、**「都度協議する」という文言を入れておきましょう。**

協議で合意できなければ、家庭裁判所に養育費を求める調停を申し立てます。

状況に応じて養育費の増減が請求できる

算定表は、公立学校進学を想定してつくられているため、私立学校への進学や習いごとなどで別に教育費用がかかるような場合、**養育費の増額が請求できます。**

一方、養育費を支払う側が失業や病気などで経済状況が悪化したり、受け取る側の収入が大幅に増えた場合には、**減額請求が可能です。**

受け取る側が再婚し、再婚相手と子どもが養子縁組（➡P72）をした場合も、原則、減額の請求は認められます。

学校教育にかかる費用

子ども1人あたりの教育費、給食費、学校外活動費の総額を見てみましょう。

小学校（6年間）	中学校（3年間）	高等学校（3年間）	大学（4年間）
●公立 約193万円	●公立 約147万円	●公立 約137万円	●国公立 約537万円
●私立 約959万円	●私立 約422万円	●私立 約290万円	●私立文系 約703万円 ●私立理系 約863万円

私立学校の費用は近年増加傾向にある。私立高等学校は授業料実質無償化により、その負担が減っている。

（文部科学省「平成30年度子供の学習費調査」／日本政策金融公庫「養育費負担の実態調査結果（2020年10月）」）

養育費の請求手続き

養育費の支払い遅延があったり、増額または減額を望む場合、
当事者間での話し合いが難しければ、調停を起こすことができます。

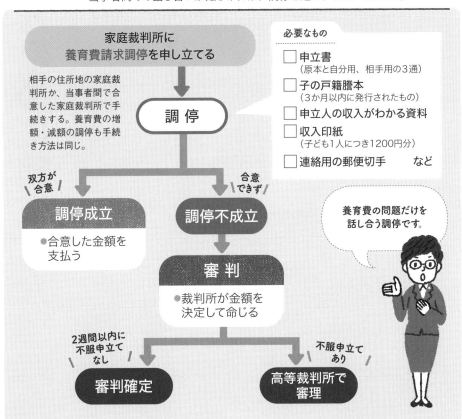

家庭裁判所に
養育費請求調停を申し立てる

相手の住所地の家庭裁判所か、当事者間で合意した家庭裁判所で手続きする。養育費の増額・減額の調停も手続き方法は同じ。

↓

調停

- 双方が合意 → **調停成立**
  - ●合意した金額を支払う
- 合意できず → **調停不成立**
  - ↓
  - **審判**
    - ●裁判所が金額を決定して命じる
    - 2週間以内に不服申立てなし → **審判確定**
    - 不服申立てあり → **高等裁判所で審理**

必要なもの

- □申立書
  （原本と自分用、相手用の3通）
- □子の戸籍謄本
  （3か月以内に発行されたもの）
- □申立人の収入がわかる資料
- □収入印紙
  （子ども1人につき1200円分）
- □連絡用の郵便切手　　など

養育費の問題だけを
話し合う調停です。

養育費

支払いの遅れは早めに請求する

養育費がなかなか支払われないことに悩む人は多くいますが、法的手続きによって強制的に支払わせることができます。

不払いの請求権には「消滅時効」がある

養育費の不払いを放置していると、請求する権利を使わなかったとして、請求できなくなる可能性があります。

養育費の取り決めがある場合、請求できる期間は権利が行使できることを知ったときから5年間（消滅時効5年）です。調停離婚や裁判離婚で、裁判所による公的な文書（調停調書や判決書など）がある場合は、過去の養育費については10年間請求が可能になります（消滅時効10年）。不払いがあったら、早めに請求しましょう。

相手が時効を「援用」すると請求できなくなる

支払い請求をしないまま5年あるいは10年が経ち、相手が「時効になっているので支払いません」と宣言することを時効の「援用」といいます。時効の援用により請求権はなくなります。たとえ公的な文書で取り決めをしていても、過去の不払い分の請求はできなくなります。

また、10年または20年間全く放置していると、取り決めた養育費の請求権自体が消滅したとされる可能性があります。この場合は、改めて協議または調停を行います。

養育費問題の相談先

しっかりと対応できるよう、できるだけ早く相談を。

養育費相談支援センター

養育費と面会交流について相談できる。

http://www.youikuhi-soudan.jp/

母子家庭等就業・自立支援センター

各地方自治体にある窓口。養育費についても、相談・支援を行っている。（➡P220・264）

法テラス

日本司法支援センターの通称。法的な視点からアドバイスや情報を受けることができる。（➡P262）

養育費の請求権と消滅時効

養育費を受け取る側には請求する権利、
払う側には時効を援用する権利があります。

毎月、5年間の養育費請求権が発生

2020年4月分の請求権 ▶▶▶▶ 2025年4月まで

2020年5月分の請求権 ▶▶▶▶ 2025年5月まで

2020年6月分の請求権 ▶▶▶▶ 2025年6月まで

2020年7月分の請求権 ▶▶▶▶ 2025年7月まで

請求権は毎月消滅する

たとえ約束したお金でも、支払われなかったときに請求しなければ権利は消滅してしまう。

時効完成の猶予・更新の方法

催告

養育費の請求意思があることを取り急ぎ相手に伝えるもの。内容証明郵便で双方に記録を残すとよい。

債務承認

経済的理由などから払えないが、支払う意思はあるという意思表明。債務承認すると、時効は更新される。

調停・裁判

離婚協議書があれば、支払い義務が認められる。強制執行はできないので調停または裁判の申立てを。

強制執行

判決書、審判書、調停調書、公正証書があれば、裁判所の強制執行で相手が勤める会社に直接取り立てが可能。

催告・調停の申立てで時効の完成を先送りできる

時効がせまっているのなら、相手に対して**「取り急ぎの請求の意思表示（催告）」を行うと、その時点から6か月間、時効の完成が猶予（先送り）されます。**催告は、電話やメールのほか、時効の成立前に相手に届くよう、「内容証明郵便（➡P174）」にします。**その後、調停を申し立て、相手が支払い義務を認める「債務承認」をすると、時効がリセット（更新）されます。**

強制執行認諾文書付公正証書があれば、相手の財産を差し押さえることもできます。ただし相手に財産や収入がなければできません。

不払いに悩むときは、早めに「養育費相談支援センター」や「母子家庭等就業・自立支援センター」「法テラス」に相談しましょう。

面会交流

健やかな成長のための子どもの権利

別れた相手に子どもを会わせたくない、という人は多くいます。しかし、子どもの健全な成長のためには必要な権利です。

別居後の親との交流は子どもの成長に不可欠

面会交流は、別居した親が子どもに会う権利であり、子どもにとっては離れて暮らす親と会う権利でもあります。

どちらかの親とある日突然会えなくなるというのは、子どもにとってはとても理不尽なことです。離婚による傷を癒すのは、そう簡単ではありません。しかし、子どもの不安を取り除き、双方の親から愛されていることを実感してもらう機会として、面会交流はとても大切です。

面会交流は、定期的に直接会って交流するのが基本ですが、電話やインターネットを通してのコミュニケーション、学校行事へ参加することなどでもよいでしょう。離婚前の別居期間中でも、離れて暮らす親と子が会えるように心がけることが大切です。

連れ去りや引き渡し拒否などのトラブルを避け、円滑な面会交流を実現するためには、双方の理解と協力が必要です。離れて暮らす親には、日ごろから子どものふだんの様子を伝えるのもよいでしょう。

面会時のルールについて、事前にしっかりと話し合い、子どもの気持ちをくみ取った形で実現してあげてください。

面会交流とは？

離れて暮らす親子が会う権利。その方法はいろいろあります。

実際に会う
テレビ電話を用いて交流する
学校行事に参加する
プレゼントを贈る
電話や手紙、メールで連絡をとる
宿泊する
など

面会交流を拒むことは原則、できない

離婚を考えるほどの関係だと、子どもを会わせたくない気持ちになるかもしれません。しかし、夫婦関係と親子関係はまったく別のものと考えるべきです。

子どもに対して、身体的・精神的な虐待を加える、連れ去ろうとする、非行の原因になっているなど、**子どもの利益と福祉に反することがない限り、面会交流を妨げることはできません。**

調停や審判で定められた面会交流を、「会わせたくない」といった一方的な理由で、または理由もなく相手が拒む場合は、「間接強制」の手続きを行いましょう。一方、子どもが会いたくないと言って拒むときは、その真意を見極めることが大切です（⬇P164）。

面会交流の制限・拒否ができるケース

子どもに対し、精神的・身体的な虐待などのおそれがあれば、
面会交流を拒否することができます。

子どもの利益と福祉に反するとき
アルコール依存症や精神疾患がある
子どもに暴力をふるう
子どもを連れ去ろうとする
一緒に暮らす親との約束を守らず、勝手に会おうとする
子どもを通じて金銭を要求する
子どもを不適切な場所に連れていく
子どもに相手の悪口を言ったり、同居をせまったりする
面会交流後に子どもが不安定になる
子どもの学力低下や非行の原因になっている
NO!

面会交流

面会の頻度や方法を具体的に決める

具体的な取り決めをしておくと、子どもの安心にもつながります。子どもの成長に合わせ、よりよい方法を考えていきましょう。

具体的に決めておくと親も子も安心

面会交流は民法により、**「離婚協議の1つとしてお互いに話し合いで決めること」「合意が難しければ、最終的には家庭裁判所が決めること」**と定められています。

具体的な面会頻度や方法、場所などの取り決めを文書化することで、離婚によって子どもが二度と親に会えなくなるという心配はなくなるでしょう。また、親同士が互いにルールを守ることによって、子どもに余計な心配や不安を与えたり、負担をかけることが少なくなります。

ただし、子どもの成長に伴ってルールの見直しは必要です。年齢による生活リズムの変化や、習い事、部活動といった子ども自身のスケジュールに柔軟に対応し、**親ではなく、子どもの都合を優先します。**

また、親の再婚によるルールの見直しにも注意が必要です。再婚相手へ配慮し、それまで行っていた面会交流をやめると、子どもにとっては「親を二度失う」ことになりかねません。慎重に対応しましょう。

面会日当日はいつも通りに送り出す

子どもと暮らしている親は、ふだんから相手の悪口を子どもに言わないように心がけ、面会日当日はいつも通り、気持ちよく見送ります。帰ってきたときにも、笑顔で迎えるようにしましょう。

同居する親族がいる場合、親族も子どもの前で相手の悪口を言わないようにします。面会交流に対して子どもがうしろめたさを感じないよう、**相手との時間を尊重する態度が大切です。**

子どもと離れて暮らす親は、面会交流の日時や場所など、**事前の取り決めを守り、子どもの信頼を失わないようにします。**子どもの成長を阻害しかねない高価なプレゼントは控

面会交流について決めておくこと

禁止事項も含めて、なるべく具体的に決めておくと、お互いに安心できます。

●頻度・時間

「毎月」または「年○回」などの頻度と、1回にかかる時間の目安を決める。

1月

●場所

希望する場所、または望ましくない場所があれば禁止事項とする。

●連絡方法

子どもと直接連絡をとるのか、親同士が行うのかを確認する。

●面会日

「毎月第1土曜日」など、具体的な日程が決められるとよい。「都合が悪いときは翌週にする」など代替案も決める。

●プレゼント

金額の上限を設ける、事前に相手に相談するなど。

●子どもの受け渡し

送迎方法やその分担、待ち合わせ場所を決める。

●学校行事・特別な日

部活動や習いごとの発表会、誕生日や長期休暇の過ごし方について。

●立ち会い

同居する親が立ち会うかどうか。祖父母に会うことを許可するかも決める。

●宿泊を伴う面会

相手の家や実家に泊まってよいか、旅行は許可するかなど。

えましょう。

また、相手に相談なく「一緒に暮らそう」などと子どもと約束することは絶対に避けるべきです。相手ばかりか、子どもとの信頼関係を損なう原因になります。

こんなときは?

子どもだけで会わせるのが心配

まだ幼い子どもの場合、子どもだけで会わせることは難しいですが、同居する親が同行できないこともあります。こうした親子の面会をサポートする「面会交流支援団体」が、各地で活動しています。面会日の調整や付き添いを第三者が行うなど、当事者間で面会ができるようになるまで、支援してくれます。

面会交流

面会交流に応じてもらえないときは？

話し合いでは合意できない。取り決めをしたのに、会わせてもらえない……。そんなときは、「面会交流調停」を申し立てます。

話し合いで決まらないときは「面会交流調停」を

面会交流、親権、養育費は密接に関係しているため、離婚調停でまとめて話し合うことができます。しかし、離婚調停が不成立になると、面会交流が先送りになってしまうという問題があります。

面会交流は離れて暮らす親の権利という考え方が一般的になるにつれ、**面会交流調停の申立てを独立して求めるケースが増加しています。**

面会交流調停の申立ては、相手の住所地を管轄する家庭裁判所で行います。

約束が守られないときも調停を申し立てる

調停や審判で決められた面会交流が守られないときも、面会交流調停を申し立てましょう。裁判所は、**審判書や判決通りに面会交流を行うよう、相手に「履行勧告」を行います。**

それでも相手が応じない場合、「強制執行」の手続きを行います。子どもの気持ちを考え、**ペナルティー金を課して自主的な行動を促すのです（間接強制）。**

ただし、面会交流の内容が具体的でない場合などでは、これらの手続きが認められないことがあります。

子どもが会いたがらないときはどうする？

子どもは両親の別れに傷つき、親の気持ちに敏感に反応しています。子どもが面会交流を拒否したときは、**その裏に隠れる気持ちをよく確認しましょう。**面会交流に対する態度に問題がなかったか、双方が子どもの立場になって冷静に話し合うことが大切です。

子どもの気持ちを考慮し、一時的に面会を中断する際は、相手にふだんの様子を知らせるなど、親子関係を断ち切らないよう配慮します。**長い目で見守っていきましょう。**

面会交流調停

面会交流の内容だけを話し合う調停です。離婚前の別居中でも、離婚後でも申し立てられます。

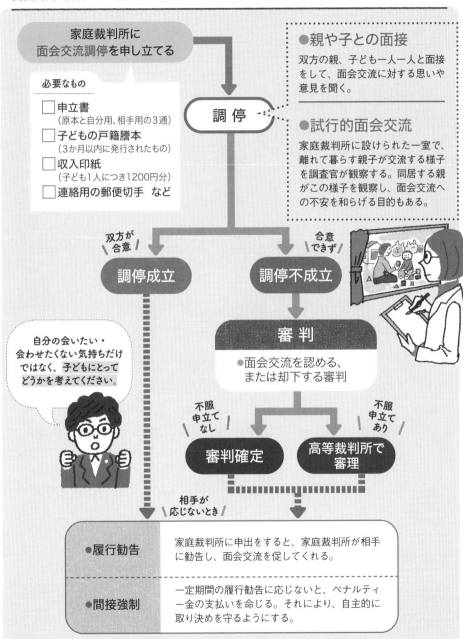

家庭裁判所に面会交流調停を申し立てる

必要なもの
- □ 申立書（原本と自分用、相手用の3通）
- □ 子どもの戸籍謄本（3か月以内に発行されたもの）
- □ 収入印紙（子ども1人につき1200円分）
- □ 連絡用の郵便切手　など

↓

調 停

●親や子との面接
双方の親、子ども一人一人と面接をして、面会交流に対する思いや意見を聞く。

●試行的面会交流
家庭裁判所に設けられた一室で、離れて暮らす親子が交流する様子を調査官が観察する。同居する親がこの様子を観察し、面会交流への不安を和らげる目的もある。

双方が合意 → **調停成立**

合意できず → **調停不成立**

↓

審 判
●面会交流を認める、または却下する審判

不服申立てなし → **審判確定**

不服申立てあり → **高等裁判所で審理**

自分の会いたい・会わせたくない気持ちだけではなく、子どもにとってどうかを考えてください。

相手が応じないとき ↓

●履行勧告	家庭裁判所に申出をすると、家庭裁判所が相手に勧告し、面会交流を促してくれる。
●間接強制	一定期間の履行勧告に応じないと、ペナルティー金の支払いを命じる。それにより、自主的に取り決めを守るようにする。

子どもの戸籍と姓

姓が違うと同じ戸籍に入れない

離婚が成立すると、多くの場合、母親が戸籍を出ることになります。しかし子どもは、親権や一緒に暮らすかどうかに関係なく、父親の戸籍に残っています。

離婚後も、子どもの戸籍と姓は変わらない

離婚して戸籍筆頭者でない親の籍が抜かれても、子どもの戸籍と姓はもとのままです。**籍を抜かれた母親が親権者の場合でも、自動的に母親側に移ることはありません。**

母親が旧姓に戻る場合には、一緒に暮らしていても子どもと姓が違ってしまいます。母親が婚姻時の姓を選択すれば見かけ上の違いはありませんが、戸籍は別々です。ふだんの生活はよいですが、戸籍謄本をとって親子関係を確認する際には不都合が出てきます。

母子で同じ戸籍にするなら姓をそろえる

こうした場合、子どもを母親と同じ戸籍にするには、**母親は離婚時に新たな戸籍をつくります。**そのうえで、子どもの姓を母親と同じにするため、家庭裁判所に「子の氏の変更許可申立書」を提出して許可を得て、母親が入籍手続きをします（➡P212）。

親の戸籍に戻った場合、子どもと同じ戸籍にすることはできません。

母親が再婚したときは、再び子どもの戸籍と姓を変更することになるかもしれません。よく考えて、慎重に判断しましょう（➡P72）。

子どもが15歳以上なら自分で選べる

15歳未満の子どもの戸籍と姓の変更は、親権者が手続きをします。**15歳以上では、子ども自身で手続き可能です。**母親が監護者で、親権者である父親が変更に同意しないような場合は、子どもが15歳になるまで待つというのも1つの方法です。

また、子どもが**20歳以上なら、戸籍上で父とも母とも別れ、自分が筆頭者として新たな戸籍をつくることができます。**日本国内であればどこでも、好きな場所を本籍地に指定し、役所へ届けるだけで完了です。

離婚後の子どもの戸籍と姓

子どもの戸籍と姓を変える場合と変えない場合の例を見てみましょう。

婚姻時の戸籍

筆頭者	：	夏目良介
妻	：	夏目美奈
子	：	夏目太一

離婚

子どもの戸籍と姓は変えない

離婚によって籍が抜かれるのは母親のみ。
子どもについて必要な手続きはない。

元のまま

父と子どもの戸籍

筆頭者	：	夏目良介
子	：	夏目太一

実家に戻る場合

母の両親の戸籍

筆頭者	：	佐藤一郎
妻	：	佐藤真理子
子	：	佐藤美奈

母親の戸籍は3パターンある

旧姓の場合

母の戸籍

筆頭者	：	佐藤美奈

婚姻姓の場合

母の戸籍

筆頭者	：	夏目美奈

子どもの戸籍を母と同じにする

母親は自分を筆頭者にした新しい戸籍をつくり、
子どもの姓を自分と同じに変えて入籍させる。

旧姓の場合

母と子どもの戸籍

筆頭者	：	佐藤美奈
子	：	佐藤太一

婚姻姓の場合

母と子どもの戸籍

筆頭者	：	夏目美奈
子	：	夏目太一

父の戸籍

筆頭者	：	夏目良介

父親は変更なし

自分のこと、子どものことを
考えて選びましょう。

戸籍が変わっても相続権は失われない

離婚で戸籍が別になっても親子の関係は変わりません。**実の親が亡くなった場合、財産を相続することができます。**長年疎遠であっても、亡くなった親に再婚後の子がいても、相続権は失われません。また、同じ戸籍の母親が再婚した場合、再婚相手と養子縁組すれば、再婚相手に連れ子がいても相続権が得られます。

ただし、**借金も相続の対象になるので注意してください。**相続が発生したのを知ってから3か月以内に「相続放棄」をしなければ、返済義務が生じてしまいます。子どもが未成年の場合は親権者が代理人になりますが、親権者と子どもの利益が相反するような場合、「特別代理人」が選任されます。早めに弁護士に相談し、きちんと対処しましょう。

別れた親からも養父からも相続できる

父親の戸籍から出た場合でも、子どもの相続権が失われることはありません。

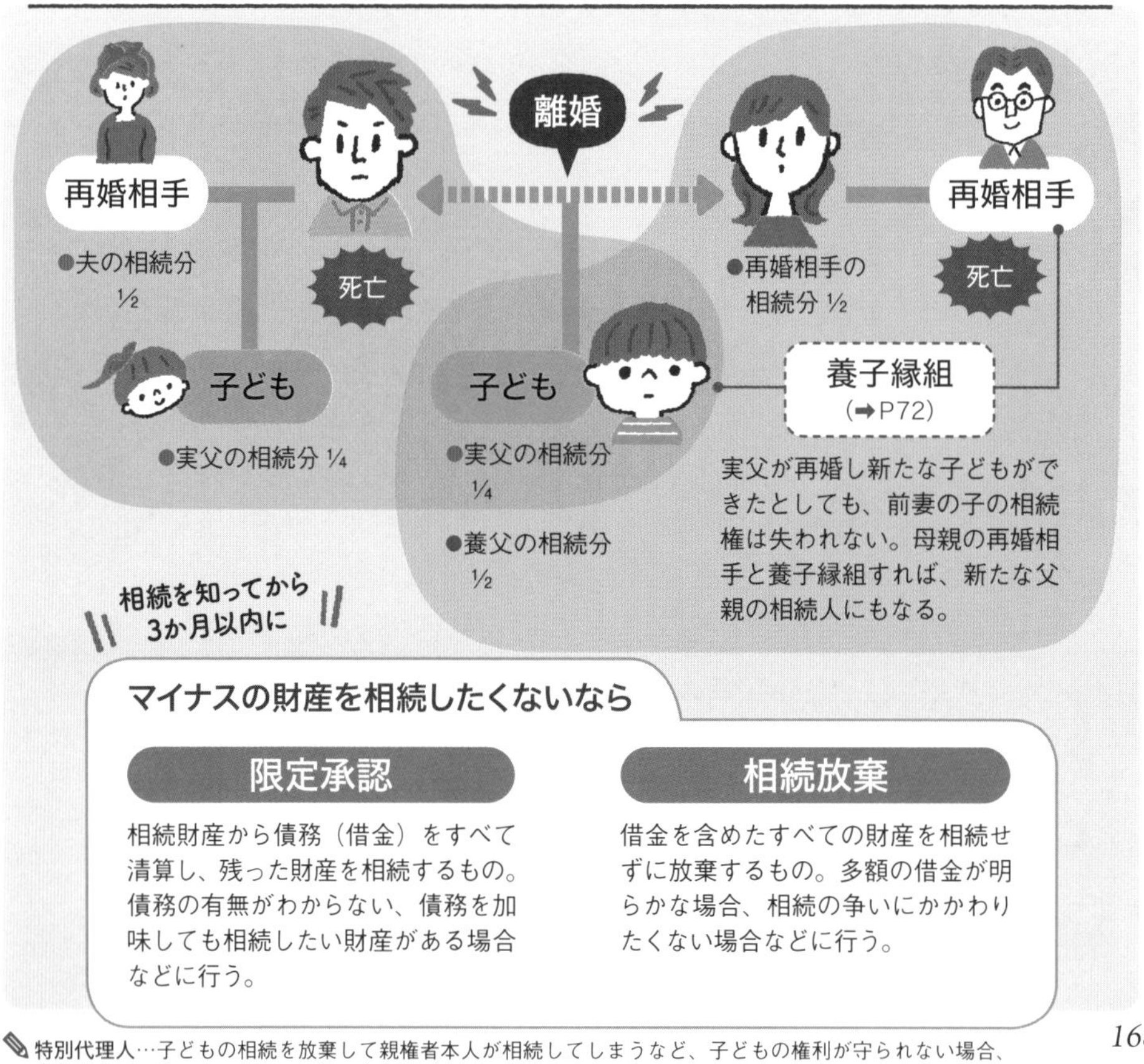
離婚
再婚相手
●夫の相続分 ½
死亡
子ども
●実父の相続分 ¼
再婚相手
死亡
●再婚相手の相続分 ½
子ども
●実父の相続分 ¼
●養父の相続分 ½
養子縁組
(➡P72)
実父が再婚し新たな子どもができたとしても、前妻の子の相続権は失われない。母親の再婚相手と養子縁組すれば、新たな父親の相続人にもなる。
相続を知ってから3か月以内に
マイナスの財産を相続したくないなら
限定承認
相続財産から債務（借金）をすべて清算し、残った財産を相続するもの。債務の有無がわからない、債務を加味しても相続したい財産がある場合などに行う。
相続放棄
借金を含めたすべての財産を相続せずに放棄するもの。多額の借金が明らかな場合、相続の争いにかかわりたくない場合などに行う。

特別代理人…子どもの相続を放棄して親権者本人が相続してしまうなど、子どもの権利が守られない場合、家庭裁判所に申し立てることで第三者が選ばれる。

第6章

冷静に1つずつ交渉・手続きを進めよう

離婚すると決めたら、相手に伝え、手続きを始めます。
協議のしかた、離婚協議書や離婚届の書き方、
調停・裁判の申立て方など、
離婚成立までに必要な交渉・手続きを
確認しましょう。

協議離婚

相手に離婚の意思を伝えよう

離婚の意思を伝えることは、離婚成立の第一歩です。
やみくもに感情のまま伝えることのないようにしましょう。

離婚を切り出す前の準備が何よりも大事

夫婦で「離婚すること」と「離婚の条件」について話し合い、合意できれば協議離婚が可能になります。協議を始めるには、離婚したいという意思を相手に伝えなくてはいけません。**離婚の話を切り出す前に、自分の考えをまとめておくとよいでしょう。**

離婚の原因については冷静に説明できるように整理し、配偶者の浮気や暴力などが原因なら、それらの証拠を集めておくことも必要です。財産分与のためには、共有財産をリス

相手に伝える前にまとめておくこと

離婚の意思を伝える前に、よく考え、まとめておきましょう。

戸籍と姓のこと

● 離婚後の姓はどうする？　□旧姓　□婚姻時の姓

子どものこと

● 親権はどちらがもつ？
□夫　□妻

● 戸籍と姓はどうする？
戸籍（　　　　　　）　姓（　　　　　　）

● 面会交流はどうする？
面会頻度や時間（　　）回／月
（　　）時間程度
泊まりや旅行　□可　□不可
学校行事の参加　□可　□不可
その他（　　　　　　）

トアップします。できれば一度は弁護士に相談し、見通しを立てておくことがすすめられます。

相手も自分も落ち着いて話せる時間をつくる

離婚の意思を伝えるときに大切なのは**冷静に伝えることです。**ケンカをして感情が高ぶっているようなときに言い出しても、相手は本気にしないかもしれませんし、内容のある話し合いもできません。

落ち着いて話せる場所と時間を確保し、離婚したいという意思をきちんと伝えます。愚痴や不満をぶつけるのではなく、**どのような原因で離婚を望んでいるのかを丁寧に伝えましょう。**口頭でうまく話せそうもない場合や、相手がとり合ってくれない場合には、文書で伝える方法もあります。重要な内容は、「内容証明郵便」にすると安心です（⬇P174）。

お金のこと

●慰謝料は？

□夫　□妻　□その他（　　　）

に（　　　　）円請求

支払い方法（　　　　）

支払い期間（　　　　）まで

●養育費は？

□夫が払う　□妻が払う

金額（　　　　）円／月

支払い方法（　　　　）

支払い期間　□大学卒業まで

□その他（　　　）まで

●財産はどう分ける？

預貯金　（　　　　）

生命保険（　　　　）

学資保険（　　　　）

有価証券（　　　　）

家具・家電（　　　　）

車　（　　　　）

退職金　（　　　　）

その他の財産（　　　　）

●年金はどう分ける？

□合意分割　□3号分割

●離婚までの婚姻費用は？

□夫が妻に（　　　）円／月払う

□妻が夫に（　　　）円／月払う

支払い方法（　　　　）

その他のこと

●離婚届の証人は誰にする？

（　　　　）

●子どもや実家には、どう伝える？

（　　　　）

●いつまでに離婚したい？

（　　　　）

住まいのこと

●今の住まいはどうする？

（　　　　）

●名義人は？

（　　　　）

●ローンの支払いは？

（　　　　）

協議離婚

離婚条件はもれなく細かく話し合う

離婚成立後に「ああすればよかった……」と後悔しないよう、小さなことも話し合ってきちんと決めておきましょう。

離婚条件に優先順位をつけておく

相手が離婚することに合意すれば、次は条件の話し合いになります。協議を始める前に、**何について話し合うのかをリストアップしておきましょう。**相手がある協議ですから、こちらの希望がすべて通るわけではありません。自分の要望には優先順位をつけておきます。**譲れないところと譲れるところを明確にしておくことで、交渉しやすくなります。**

協議はお金のことや子どものことが中心です。正しい知識をもって話し合いに臨み、主張できることはしっかりと主張しましょう。たとえば、離婚の原因をつくった「有責配偶者」は、慰謝料を要求することはできません。しかし、財産分与は要求できます。

すべてを決めるまで離婚を焦らない

話し合いがなかなか決着しないような場合、早く離婚したいからと、条件に納得できないまま合意してしまう人がいます。**しかし、離婚後の生活は、どのような条件で離婚するかに大きく左右されます。**離婚してから後悔しないためにも、冷静になって、粘り強く話し合いを続けていくことが大切です。

自分だけで交渉するのが難しい場合もあります。たとえば「モラルハラスメント」などがあり、話し合うのは精神的に負担が大きいような場合です。そうしたときには、**弁護士に代理を依頼することや、調停にもち込むことを考えましょう。**

話し合いにより合意することができたら、離婚届を出す前に、取り決めた内容を文書にしておきます。自分たちで作成できる「離婚協議書」にするか、法的効力をもつ「強制執行認諾文言付公正証書」にするかは、文書の効力の違いをよく理解したうえで選択してください（↓P38）。

協議を有利に進めるためのポイント

トラブルを避けつつ、できるだけよい条件を得ることを目指します。

point 1

話し合うことをリスト化する

離婚後に話し合うのは非常に困難。お金のこと、子どものこと、住まいのことなど、取り決めておかなければならないことをリストアップし、モレがないようにチェックしておく。

point 2

法的な知識や証拠をもとに論理的に話す

感情的になると内容のある協議ができなくなる。特に、財産分与、慰謝料、養育費などについては、法的な知識をきちんともち、論理的に話を進めることが大切。

point 3

相手の出方を予測し対策を練る

相手の性格などを考えて、どのような主張をしてくるか、予測しておく。シミュレーションしておけば、落ち着いて交渉することができる。

point 4

話し合いの内容は記録に残す

あとでトラブルになるのを防ぐため、話し合った内容はきちんとメモをとり、記録として残すようにする。「言った」「言わない」のトラブルを回避するには、録音が役立つ。

こんなときは?

勝手に離婚届を出されそうなとき

離婚条件の合意ができていないのに、相手が離婚届を出してしまうことがあります。離婚届には本人による署名捺印が必要ですが、偽造された離婚届であっても役所は確認できず、受理してしまいます。

こうした事態を防ぐため、離婚届の「不受理申出（➡P244）」を本籍地、または住所地の役場に提出しておく、という方法があります。これによって、相手が勝手に離婚届を出しても受理されずにすみます。

署名捺印…制度改革によって、離婚届への押印は不要になる可能性がある。

協議離婚

重要な内容は内容証明郵便に書く

離婚条件などの重要な内容や確実に相手に伝えたいことは、「内容証明郵便」を使って相手に送った証拠を残しましょう。

誰が誰にどんな内容を送ったかの証拠となる

内容証明郵便は、郵便局のサービスの1つです。相手に送った手紙の写しを、**郵便局が5年間保管し、「いつ、どのような内容のものを、誰から誰に送ったのか」を郵便局が証明します。**法的な拘束力はないものの、相手への心理的プレッシャーになります。離婚条件や不倫相手への慰謝料請求など、相手に確実に伝えたい内容がある場合のほか、口頭で伝えにくい場合、直接文書を手渡せない場合に有効です。文書の作成は行政書士や弁護士に依頼できます。

内容証明郵便の書き方

字数・行数に制限があります。気をつけて書きましょう。

作成例❶

申し入れ書

あなたと私の結婚生活においては、性格の不一致から絶え間なく軋轢が生じ、半年前から別居に至っております。

私としてはこれ以上、夫婦関係を維持するのは困難だと考えております。つきましては、協議離婚を申し入れますので、本通知受領後、7日以内にご連絡くださいますよう、お願い致します。なお、私自身は、協議が整わないときは、離婚調停を申し立てるつもりです。

令和○年○月○日
東京都○○区○○町○番地○号
夏目　美奈 (夏目)

東京都△△区△△町△番地△号
夏目　良介 殿

市販の内容証明用紙のほか、原稿用紙や便せんに書いたり、パソコンからの出力でもよい。

件名を含め、用紙1枚あたり以下の規定ルールで書く。
《縦書き》
●20字以内×26行以内
《横書き》
●20字以内×26行以内
●13字以内×40行以内
●26字以内×20行以内

末尾に日付、差出人の住所、氏名を記載し、押印する。受取人の住所氏名も記載するのが一般的。

同じ文書を3通作成して郵便局の窓口に提出する

内容証明郵便の手続きは、郵便局の窓口で行います。ただし、取り扱いがあるのは集配郵便局などに限られます。事前に問い合わせてから行きましょう。窓口には、以下のものを持参します。

- 相手に送る文書（内容文書）
- 内容文書の写し2通（コピー可）
- 封筒（住所氏名を記入）
- 印鑑（訂正印として念のため）
- 郵便料金（基本料金＋一般書留料金＋内容証明料金）

なお、郵便物を相手先に配達した事実を証明するには、別途「配達証明」が必要となります。

パソコンの利用に慣れているなら、24時間インターネットで受付可能な「電子内容証明サービス（e内容証明）」も便利です。

作成例❷

申し入れ書

私は貴殿と平成〇年〇月〇日に結婚し、私たちの間には、現在４歳になる子太一がおります。そして、平成〇年〇月ごろより、貴殿は部署異動で多忙になったとして、残業や休日出勤、出張と称し、帰宅時間が遅くなり、外泊が増えてきました。

私は幼い子を抱えながら、貴殿に協力しようと、私なりに家庭の維持に努めてまいりました。しかしながら、平成〇年ごろより、貴殿は同じ会社の〇〇と不倫関係に陥り、継続して不貞行為に及んでおりました。私は本件を知ってからというもの、絶えず苦しみと緊張に押しつぶされ、夜はよく眠れず、食事も喉を通らないという状態で、日々、体調不良に悩まされております。

〇年の間に築き上げてきた夫婦の信頼関係も崩壊してしまいました。太一も私の様子を察して、最近はすっかり笑顔を見せなくなってしまいました。太一の今後の成長に多大なる悪影響を及ぼすのではないかとの不安も抱いております。

そのため、やむを得ず、私は今般、貴殿と離婚する決意をするに至りました。

内容文書が２枚以上になる場合は、ホチキスでとじ、用紙のとじ目をまたぐ形で押印（契印（けいいん））する（➡P176）。

作成例❸

催告書

貴殿は私に対して、令和〇年〇日〇日、離婚慰謝料280万円を令和〇年〇月〇日までに支払う約束をしましたが、支払期日を過ぎた現在に至っても、支払いがなされておりません。つきましては、本通知受領後7日以内に上記慰謝料および、支払いに至るまでの年３％の割合による遅延利息をお支払いくださいますよう請求いたします。

もし、上記期間内にお支払いなき場合は訴訟その他の法的手段を取らざるを得なくなりますので、ご了承ください。

令和〇年〇月〇日
東京都〇〇区〇〇町〇番地〇号
佐藤　美奈　㊞（佐藤）

東京都△△区△△町△番地△号
夏目　良介 殿

催告書は、未払いの養育費などを相手に請求する文書。内容証明郵便で送付できる（➡P159）。

✎ 内容証明郵便（１枚）を出す場合の料金…定形郵便物料金84円＋一般書留料金435円＋内容証明加算料金440円＝959円となる（2020年11月現在）。e内容証明の場合は異なる。

協議離婚

離婚協議書をつくろう

2人で協議して決めた内容は、しっかりと文書化し、残しておきましょう。離婚後のトラブル防止に役立ちます。

同じものを2通作成し、それぞれが保管する

離婚の協議を重ねると、財産について、あるいは子どもについて、多くの取り決めがなされます。口約束だけでは、あとからトラブルになりかねません。親権、養育費、面会交流、財産分与、慰謝料などについて、**「いつ、誰が誰に、どのようにする」といった記録を文書にし、コピーして、署名捺印後にそれぞれが保管しておきましょう。**

こうした文書を「離婚協議書」あるいは、「離婚同意書」と呼びます(下図参照)。

離婚協議書のつくり方

できるだけ細かく、具体的に記しましょう。

用紙サイズや書式は自由

手書きやパソコンソフトを使用してもよく、サイズに決まりはない。役所などへの提出義務もない。

日付、住所、氏名は自筆し、押印する

証拠能力を高めるため、作成日時と双方の署名捺印(できれば実印)を。

離婚協議書
夏目良介
夏目美奈

2部つくり、双方が保管

まったく同じものを2部つくる。あとで見返すことができるよう、双方が保管。保管場所は忘れずに。

複数枚になるときは双方の契印を押す

複数枚にまたがる場合は文書をホチキスなどでとじ、とじ目には双方の印鑑で「契印」する。

取り決めた内容を具体的に明記する

離婚協議書として文書化しておきたい内容は、なるべく具体的に記します。たとえば財産分与では、誰が誰にいつ何を支払うかのほか、金額や振込口座名などを記します。養育費なら、子どもの名前や生年月日なども明記しましょう。内容について迷う場合は、弁護士や司法書士に相談してください。

離婚協議書は、作成日時と2人の**署名捺印があれば、法的に有効です。書かれた内容が実行されず裁判となった場合には、証拠となります。**ただし、裁判を起こさずに相手の資産を差し押さえる「強制執行」はできません。そのためには、同じ内容の文書を「**強制執行認諾（にんだく）文言付公正証書**」として作成する必要があります（➡P38・181）。

作成例❶

離婚協議書

夏目良介（夫・以下「甲」という）と美奈（妻・以下「乙」という）とは、本日令和〇年〇月〇日、甲乙間の離婚について以下の通り合意した。

第１条
甲と乙は、本日、協議離婚することに合意するとともに、双方が離婚届に署名捺印したことを確認する。

第２条
甲は、乙に対し、本日、前項の離婚届を交付し、乙は、当該離婚届を直ちに、〇〇市役所に提出する。

第３条
甲は、乙に対し解決金として金400万円の支払義務があることを認め、本日これを乙に交付し、乙はこれを受領した。

第４条
甲及び乙は、甲乙間に、本協議書に定めるほか、何らの債権債務がないことを相互に確認する。

令和〇年〇月〇日
甲）住所　東京都〇〇区〇〇町〇番地〇号
氏名　夏目良介　（夏目）

乙）住所　東京都〇〇区〇〇町〇番地〇号
氏名　夏目美奈　（夏目）

離婚同意書、合意書、協議離婚書など、タイトルに決まりはない。

慰謝料や財産分与をまとめて一括する場合は、「解決金」とすることもある。

ここで文書にしたこと以外は、互いに何も請求しない、という一文を入れておく。

自筆署名は、作成日時点での戸籍名とし、それぞれが記入後、押印する。

協議内容が
あまり多くないときは、
こんな書き方もあります。

作成例❷

離婚協議書

夏目良介（夫・以下「甲」という）と美奈（妻・以下「乙」という）とは、本日令和〇年〇月〇日、甲乙間の離婚について以下の通り合意した。

記

❶ 第１条
甲と乙は、協議離婚することに合意するとともに、双方が離婚届に署名捺印し、乙において直ちにその届出をする。

❷ 第２条
甲及び乙は、前条の離婚に際し、甲乙間の未成年の子夏目太一（平成〇年〇月〇日生まれ、以下丙という）の親権者を乙と定める。

第３条
甲は、前２条を内容とする離婚届が受理されることを条件として、

❸ １　乙に対し、本件離婚による財産分与として、下記不動産を譲渡し、離婚届が受理された日付の財産分与を原因とする所有権移転登記手続をする。ただし登記費用は乙の負担とする。
不動産の表示（省略）

❹ ２　乙に対し、本件離婚までの婚姻費用として、金240万円を令和〇年〇月〇日までに、乙名義の下記口座に振り込んで支払う。振込手数料は甲の負担とする。
〇〇銀行　〇〇支店　普通〇〇〇〇　乙

❺
３　乙に対し、丙の養育費として令和〇年〇月から丙が満20歳に達する日の属する月まで、毎月末日限り、金８万円を丙名義の下記口座に振り込んで支払う。振込手数料は甲の負担とする。
〇〇銀行　〇〇支店　普通〇〇〇〇　丙

４　当事者双方は丙の病気、進学などの特別な費用の負担については、別途協議することとする。また、前項の金額は双方の収入の変動、物価の変動、その他の事情の変更に応じて甲乙協議の上増減できるものとする。

❻ ５　甲は乙に対し本件離婚による慰謝料として、金280万円を離婚届受理後〇日以内に、乙名義の下記口座に振り込んで支払う。振込手数料は甲の負担とする。
〇〇銀行　〇〇支店　普通〇〇〇〇　乙

❶離婚の合意（➡P34）

合意とは、双方が了解しているということ。離婚届の提出前に離婚条件を協議し、離婚協議書を作成する。役場への離婚届の提出を誰がいつ行うかも、合意内容に含める。

❷親権者の指定（➡P142）

親権者が決まらないと離婚届は受理されない。一度決めた親権の変更には家庭裁判所の許可が必要。

❸財産分与（➡P122）

財産分与の対象は、結婚後に購入した不動産や車、預貯金など。婚姻期間中に築いた双方の共有財産は、名義に関係なく清算する。清算にあたって必要な諸費用の負担についても記載する。

❹婚姻費用（➡P112）

別居期間中に婚姻費用の支払いがなかった場合は、婚姻費用の清算についても協議し、取り決めを記載する。

❺養育費（➡P154）

離婚後に、子どもと離れて暮らす親が支払う。誰が、どのように、いつまで支払うのかなどを詳細に記載する。支払い開始時期は離婚成立後。特別な費用が必要になったときの一文も入れる。

❻慰謝料（➡P116）

離婚原因として相手の不貞行為や暴力行為などが認められる場合、被害を受けた側は慰謝料を請求できる。金額、支払い時期や方法を明記する。

細かく残したいときは、
このようにしましょう。

⑦ 6　甲と乙間の別紙記載の情報にかかる年金分割についての請求すべき按分割合を0.5と定める。

⑧ 第４条　乙は甲に対し、甲が月に１回程度、丙と面会することを認める。面会の日時、場所、方法は、丙の福祉に沿うよう互いに配慮し、当事者双方で事前に協議決定する。

⑨ 第５条　当事者双方は、以上をもって甲乙間の離婚に関する紛争をすべて解決したものとし本協議書に定める他には慰謝料・財産分与等名目の如何を問わず、一切の財産的請求をしない。

⑩ 第６条　甲と乙は、それぞれ住所、勤務先を変更した場合は、お互いすみやかに変更後の新住所新勤務先の名称、所在地及び電話番号を相手方に文書で通知するものとする。

⑪ 第７条　甲は、本証書にもとづく金銭債務を履行しないときは直ちに強制執行に服することを認諾する。

第８条　甲及び乙は、令和〇年〇月〇日までに本協議書を内容とする公正証書を作成することを合意し、相互に公正証書作成に協力する。公正証書作成にかかる費用は折半にて負担するものとする。

上記の通り合意したので、本書二通を作成し、甲乙各自署名捺印のうえ各自一通ずつ所有する。

令和〇年〇月〇日
甲）住所　東京都〇〇区〇〇町〇番地〇号
氏名　夏目良介　（夏目）

乙）住所　東京都〇〇区〇〇町〇番地〇号
氏名　夏目美奈　（夏目）

⑦年金分割（➡P134）

婚姻期間中に納めた厚生年金の「標準報酬額」を分割する制度で、分割割合（按分割合）を双方で決め、合意内容を記載する。年金の受給は65歳以上だが、64歳以下でも将来の年金を分割請求できる。

⑧面会交流（➡P160）

年齢や親の再婚など、状況が変化する可能性もあるため、日時など内容は決めすぎず、事前に協議する旨の一文を入れるとよい。細かく決めるときには、成長に応じて協議するという文言を入れる。

⑨清算条項

双方が合意して離婚協議書に書いたこと以外には、お互いに何も請求しない、という取り決めを「清算条項」と呼ぶ。この一文を入れることで、離婚後の金銭の請求などはできなくなる。余計な金銭トラブルを避けることができる。

⑩通知義務

住所、電話番号、勤務先などの変更について、お互いに通知する取り決め。直接の通知を避けたい場合はあらかじめ相談し、合意しておく。

⑪強制執行（➡P180）

「強制執行認諾」の文言を入れた公正証書にしたいのなら、この条項を入れて公証役場へ提出する。約束が守られないときには、強制執行ができる。

協議離婚

公正証書をつくろう

養育費や財産分与などの不払いが心配な場合、強制執行ができる「公正証書」を作成することで、厳しい措置が可能となります。

公証役場で公証人に作成してもらう

公証役場は、全国約300か所に設けられています。東京都に45か所、大阪府は11か所あります。公証役場では、**法律の専門家である公証人が、双方に中立・公正な立場で公正証書を作成します。**

これを、正式には「離婚給付等契約公正証書」と呼びます。**法的効力は強力で、記された内容をくつがえすことは通常困難です。**

公正証書は、原本とデジタル記録を公証役場が、正本は支払いを受ける側、謄本は支払う側が保管します。

公正証書の作成費用は、慰謝料・財産分与などの項目別に、公正証書で取り決めた金額によって異なってきます。

支払いが滞ったときに強制執行の申立てができる

公正証書の内容のうち、**特に金銭的な支払いに関して有効なのが「強制執行認諾」の項目です。**

支払いが滞った場合、地方裁判所に強制執行の申立てをすることで、相手の給与や個人名義の預貯金の差し押さえが可能になります。養育費なら、将来の分まで強制執行の申立てが可能です。

ただし、以下の場合は強制執行が困難となります。

- 相手に財産がない
- 住所などの連絡先が不明
- 自営業で差し押さえる給与がない

また、一度の給与で差し押さえられる金額は養育費なら「2分の1まで」など上限が決まっています。これは支払う側の利点となります。さらに、公正証書の記載内容以上の金銭要求は拒否することができます。

親権、面会交流など金銭以外の取り決めも記載でき、**将来の法的トラブルを予防する役割を担います。**時間と費用はかかりますが、積極的に利用することがすすめられます。

謄本…原本の写しのこと。ただし、正本のような原本と同じ効力はない。

公正証書のメリット

「強制執行認諾文言」を記載した公正証書には、次のようなメリットがあります。

メリット1　強制執行がスムーズにできる

最も大きなメリット。将来、養育費などの支払いが滞った際に、調停を申し立てることなく、裁判所に強制執行の申立てを行うことができる。

メリット2　裁判での証拠力が高い

公正証書は、法律の専門家である公証人が中立・公正に作成するもので、その効力は強力。内容は改ざんしたり、くつがえしたりできない。約束が守られなかった際は、裁判での証拠力が高い。

公正証書

メリット3　相手への心理的抑圧になる

夫婦双方が正本・謄本をもつほか、公証役場が原本を保管するため、記載事項に関する夫婦間のトラブルを防ぐことができる。公的機関に原本があることで、約束を守らねばならない、という心理的プレッシャーにもつながる。

メリット4　財産についての情報を得ることができる

相手が財産や給与を明らかにしない場合、公正証書があれば、裁判所へ「財産開示手続」「第三者からの情報取得手続」が申請できる。相手の勤務先や預貯金、不動産についての情報提供を受けることができる。

［公正証書の作成手数料］

目的の価格	手数料
100万円以下	5000円
100万円超～200万円以下	7000円
200万円超～500万円以下	1万1000円
500万円超～1000万円以下	1万7000円
1000万円超～3000万円以下	2万3000円
3000万円超～5000万円以下	2万9000円
5000万円超～1億円以下	4万3000円

目的の価格は、公正証書で取り決められた慰謝料、財産分与、養育費などの金額。別個に手数料として計算される。養育費は10年分のみで算出される。

日本公証人連合会（http://www.koshonin.gr.jp/）…全国公証役場一覧、作成手数料などが確認できる。

記載内容は依頼者がしっかり考える

公正証書の内容は、養育費、財産分与などについて「夫婦で合意した離婚協議書（➡P176）」を基本とするのが一般的です。

ただし、たとえ双方で合意していても「高金利の貸付」や「養育費の請求は今後一切認めない」など、その内容が公序良俗に反する場合は記載できません。

また、公正証書は作成終了後に記載もれや誤りを訂正することは非常に困難です。**離婚を急ぐからといって内容の確認を簡単にすませることなく、落ち着いて、隅々まで確認しましょう。**

弁護士や行政書士などの専門家に依頼し、公正証書に記載する内容の相談や確認のサポートを受けることもできます。

2人で公証役場に出向き、契約を交わす

公証役場には、**作成を依頼するときと公正証書の確認・交付されるときの2回、原則2人で出向く必要があります。**

作成依頼時には、離婚協議書などの合意内容をまとめたもの、実印、印鑑証明書、戸籍謄本、手数料が必要です。

公証役場によって異なりますが、作成期間は依頼から1週間〜1か月です。公正証書の確認・交付の際は双方で内容を確認し、署名捺印（なついん）します。公正証書が交付されたら、相手に謄本が届いていることを証明する「送達証明書」の申請手続きを行いましょう。将来、強制執行を申し立てる際に必要になります。

これらが手元にあれば、安心して離婚届を提出できます。

こんなときは？

公証役場にどうしても行けない

公証役場に本人が行けない場合、代理人が手続きできます。代理人は弁護士や行政書士、または信頼のおける個人などがなれますが、公証役場によって異なるため、事前に確認しておきましょう。代理人は、本人作成の委任状のほか、代理人の実印などを持参します。

なお、夫婦間で一方が他方の代理人になることや、双方の代理人を1名が兼ねることはできません。

代理人に委任する際は、公正証書の記載内容をより十分に確認する必要があります。

公正証書作成の流れ

作成には1週間〜1か月かかります。費用と併せて、流れも把握しておきましょう。

1 公正証書の内容を協議する

内容については金額や方法などを細かく決め、双方が合意する。離婚協議書をもとにするとスムーズ。

養育費　財産分与　慰謝料　親権者　面会交流　年金分割　など

2 資料を準備する

公正証書に記す内容について、確認書類や証明書が必要なこともある。準備には時間がかかることもあるため、事前に公証役場に問い合わせたり無料相談会に参加したりして、余裕をもって準備をする。

不動産の財産分与があるとき

- □ 登記事項証明書
- □ 固定資産評価証明書または、固定資産税納税通知書　など

年金分割をするとき

- □ 年金分割のための情報通知書
- □ 年金手帳　など

3 公証役場で公正証書の作成を依頼

公証役場は、平日の日中のみ受け付けている。依頼時はどちらか1人（または代理人）でよい場合もある。本人確認のための身分証明書と必要書類などを持参する。

必要なもの

- □ 実印　□ 身分証明書
- □ 合意内容のわかるもの
- □ 印鑑証明書（発効後３か月以内のもの）
- □ 戸籍謄本　など

4 公証人が公正証書を作成

作成中、確認事項などのやりとりは、ファックスやメール、あるいは電話で行われることが多い。公証役場や内容によって作成期間が変わる。

5 2人で公証役場に行き・確認

2人もしくは代理人が公証役場に出向き、内容を確認して署名捺印する。送達証明書の申請手続きも行い、手数料を支払って終了。正本は支払いを受ける側で保管、謄本（原本の写し）は支払う側が保管する。

正本
謄本

協議離婚

離婚届をつくり、出しに行こう

離婚協議書や公正証書が整ったら、いよいよ離婚届の提出です。書き方や提出のポイントを知っておきましょう。

離婚届の用紙は複数枚もらっておく

離婚届は公式な書類です。用紙は全国共通で、最寄りの市区町村役場で入手するか、各役場のホームページからダウンロードしたものをA3サイズに出力して使用します（⇩P186）。

離婚届の記入項目は多岐にわたります。子どもの親権者、離婚後の戸籍（実家の戸籍もしくは新たに自分が筆頭者となる）、双方の署名捺印（なついん）、成人の証人2名の署名捺印などが必要です。書き損じに備えて、複数枚の用紙を準備しておきましょう。

離婚届に記入するときのポイント

氏名・生年月日・住所など、ふだんから書き慣れている内容も、間違いなく、正しく書く必要があります。

氏名

本人と、その両親や子どもの氏名を記入する欄がある。戸籍に記載された通りに丁寧に書く。婚姻中の姓を記入し、印鑑はお互い別々のものを使用する。

生年月日

日付は和暦で記入することが多い。「S」「H」などと省略せず、「昭和」「平成」と記入する。日付を記入する場合も同じ。「R」ではなく、「令和」と記す。

住所・本籍地

住民票の住所を記入するのが基本。離婚届と同時に住民票を異動する場合は別途届出を出す。本籍地は婚姻時のものを記入。住所は、「○丁目○番地」も省略しないで書く。

証人

協議離婚の場合、20歳以上の証人が2名必要。証人の資格に規定はない。姓が同じ親、兄弟などに頼む場合は、離婚する本人とは違う印鑑を用いる。

離婚届を提出するときのポイント

協議離婚とそれ以外では、提出書類や方法が異なります。

	協議離婚	協議離婚以外
提出期間	いつでも可	離婚が確定してから10日以内
提出方法	2人でも、どちらか一方でも可。代理人や郵送でも提出できる	調停の申立人または、裁判を起こした側が提出するのが原則
提出場所	届出人の本籍地または、住所のある市区町村役場	
必要なもの	●印鑑 ●身分証明書 《本籍地以外に提出する場合》 ●2人の戸籍謄本	《調停、認諾（にんだく）、和解離婚の場合》 ●それぞれの調書の謄本（写し） 《審判・裁判離婚の場合》 ●審判書または判決書の謄本 ●確定証明書

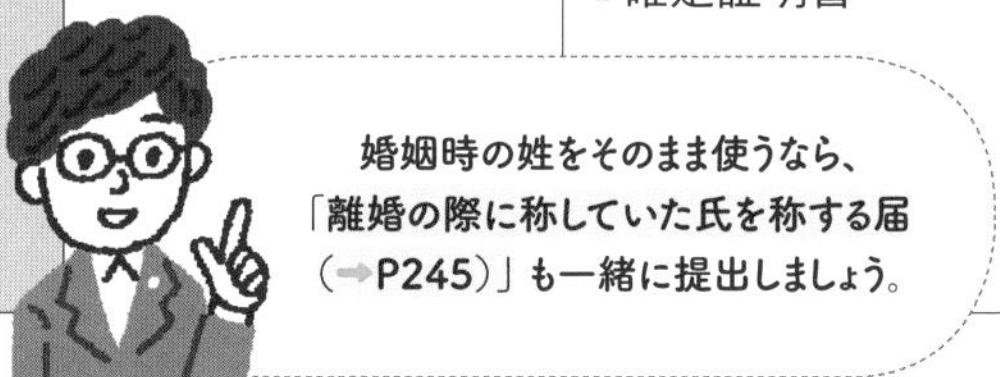
婚姻時の姓をそのまま使うなら、
「離婚の際に称していた氏を称する届
（➡P245）」も一緒に提出しましょう。

書き間違えても修正液などは使わない

離婚届は、消えないボールペンや万年筆などで記入します。また、住所氏名欄は省略せず、住民票の表記に従って正しく記入しましょう。

書き間違えたら、二重線を引いて訂正印を押します。訂正印も、朱肉を使ってはっきり記されるようにしましょう。提出後のミスは、たとえ遠方でも窓口に出向いて修正が必要です。最後に実際の離婚届提出日を記入します。

役場の開庁時間内に提出するのがベスト

離婚届の提出は離婚協議書や公正証書が整ったあとにします。

提出は24時間可能ですが、**開庁時間外は書類の審査や本人確認ができないため、開庁時間内の提出がベストです。**

提出先は、「届出人の本籍地」または「住民票の住所地」にある市区町村役場です。住民票の住所地と本籍地が異なる際は、2人の戸籍謄本を用意します。本籍地が遠方なら郵送も可能です。後日役所から、「届出受理通知」が届き、離婚成立となります（離婚成立日は受理された日）。

離婚届の「不受理申出（⬇P173）」をしている場合は、申出をした本人が離婚届を提出すれば受理されます。

確定証明書…審判の結果や裁判の判決が確定したことを証明する文書（➡P197）。

離婚届の書き方

協議離婚の場合は、20歳以上の成人2人の証人の署名捺印が必要。

記入の注意

鉛筆や消えやすいインキで書かないでください。
筆頭者の氏名欄には、戸籍のはじめに記載されている人の氏名を書いてください。
札幌市内の区役所に届け出る場合、届書は１通でけっこうです。（その他のところに届け出る場合は、直接、提出先にお確かめください。）
この届書を本籍地でない市区町村役場に提出するときは、戸籍謄本または戸籍全部事項証明書が必要です。
そのほかに必要なもの　調停離婚のとき→調停調書の謄本
審判離婚のとき→審判書の謄本と確定証明書
和解離婚のとき→和解調書の謄本
認諾離婚のとき→認諾調書の謄本
判決離婚のとき→判決書の謄本と確定証明書

証人（協議離婚のときだけ必要です）		
署名 押印	小池　正　㊞（小池）	田中　幸恵　㊞（田中）
生年月日	昭和○○年　○月　○日	昭和○○年　○月　○日
住所	千葉県市川市○○ ○丁目○　〒番　○号	東京都杉並区○○ ○丁目○　〒番　○号
本籍	千葉県市川市○○ ○丁目○　番地	東京都杉並区○○ ○丁目○　番地

□には、あてはまるものに☑のようにしるしをつけてください。

→ 今後も離婚の際に称していた氏を称する場合には、左の欄には何も記載しないでください（この場合にはこの離婚届と同時に別の届書を提出する必要があります。）。

→ 同居を始めたときの年月は、結婚式をあげた年月または同居を始めた年月のうち早いほうを書いてください。

届け出られた事項は、人口動態調査（統計法に基づく基幹統計調査、厚生労働省所管）にも用いられます。

未成年の子どもがいる場合は、面会交流や養育費の分担について取り決めをする。

父母が離婚するときは、面会交流や養育費の分担など子の監護に必要な事項についても父母の協議で定めることとされています。この場合には、子の利益を最も優先して考えなければならないこととされています。

・未成年の子がいる場合は、次の□のあてはまるものにしるしをつけてください。

☑面会交流について取決めをしている。
□まだ決めていない。

［面会交流：未成年の子と離れて暮らしている親が子と定期的、継続的に、会って話をしたり、一緒に遊んだり、電話や手紙などの方法で交流すること

・経済的に自立していない子（未成年の子に限られません）がいる場合は、次の□のあてはまるものにしるしをつけてください。

☑養育費の分担について取決めをしている。
□まだ決めていない。

［養育費：経済的に自立していない子（例えば、アルバイト等による収入があっても該当する場合があります）の衣食住に必要な経費、教育費、医療費など。

詳しくは、各市区町村の窓口において配布している「子どもの養育に関する合意書作成の手引きとQ＆A」をご覧ください。法務省ホームページ（http://www.moj.go.jp/MINJI/minji07_00194.html）にも掲載されています。

●署名は必ず本人が自署してください。
●印は各自別々の印を押してください。
●届出人の印を御持参ください。

日中連絡のとれるところ
電話（ 090 ）0000-0000
自宅 勤務先 呼出（　　方）

離婚によって、住所や世帯主が変わる方は、あらたに住所変更届、世帯主変更届の手続きが必要となりますので、ご注意ください。
なお、離婚届と同時にこれらの届を出すときは、住所、世帯主欄は、変更後の住所、世帯主を書いてください。
就業時間以外（土曜日、日曜日、祝日等）の住民異動届は受付できませんので後日届出願います。

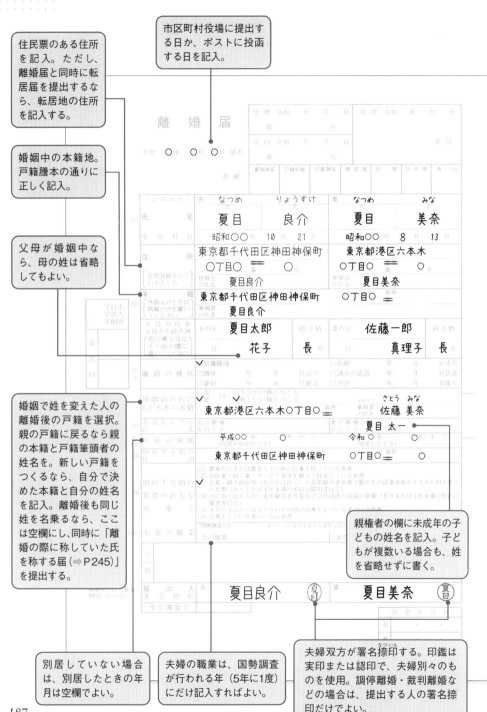

市区町村役場に提出する日か、ポストに投函する日を記入。

住民票のある住所を記入。ただし、離婚届と同時に転居届を提出するなら、転居地の住所を記入する。

婚姻中の本籍地。戸籍謄本の通りに正しく記入。

父母が婚姻中なら、母の姓は省略してもよい。

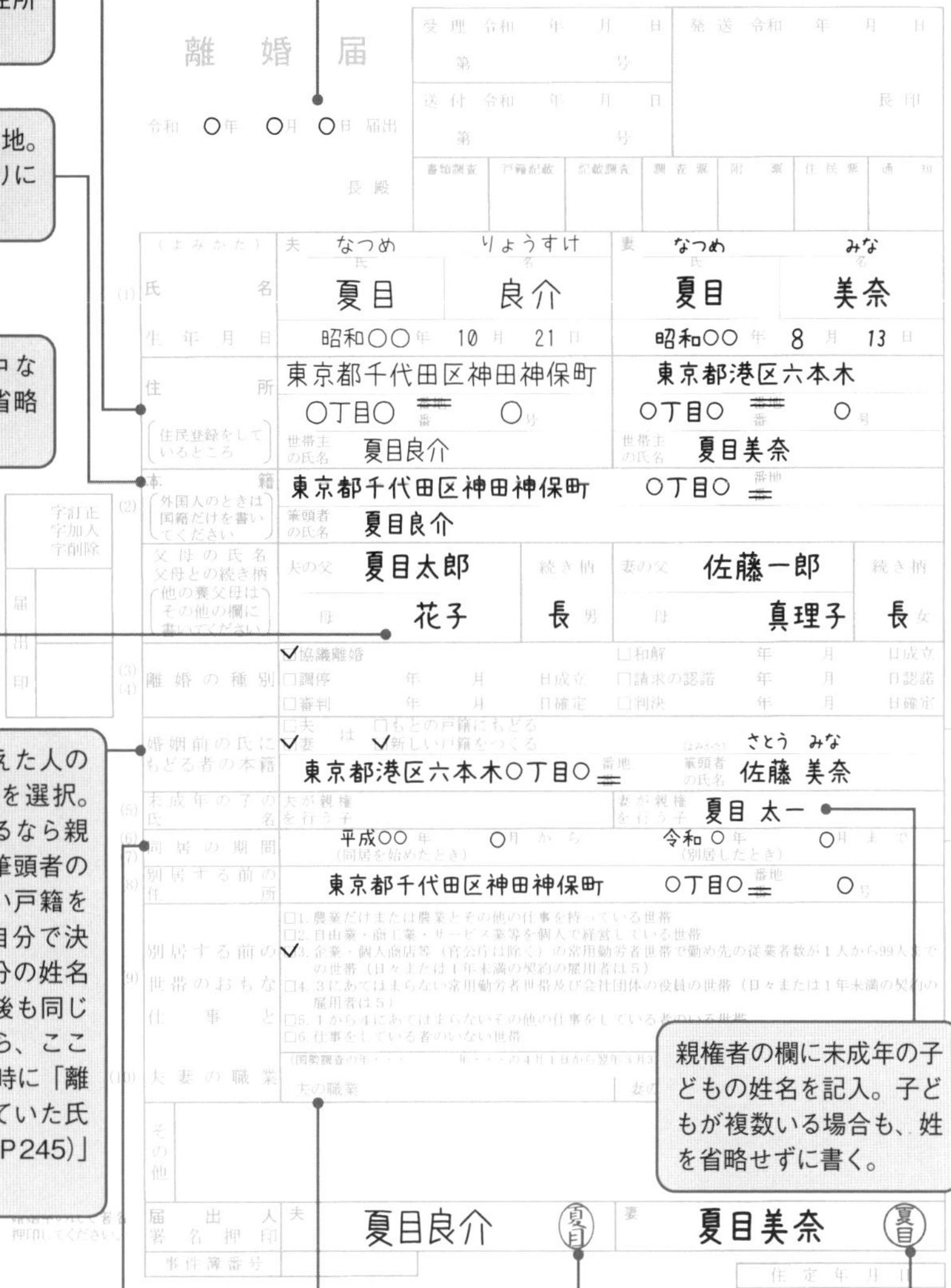

離婚届

令和 ○年 ○月 ○日 届出

長 殿

受理 令和 年 月 日 第 号 / 発送 令和 年 月 日 / 送付 令和 年 月 日 第 号 / 長印

書類調査 / 戸籍記載 / 記載調査 / 調査票 / 附票 / 住民票 / 通知

	夫	妻
(よみかた)	なつめ りょうすけ	なつめ みな
(1) 氏名	夏目 良介	夏目 美奈
生年月日	昭和○○年 10月 21日	昭和○○年 8月 13日
住所（住民登録をしているところ）	東京都千代田区神田神保町 ○丁目○番 ○号	東京都港区六本木 ○丁目○番 ○号
世帯主の氏名	夏目良介	夏目美奈
(2) 本籍（外国人のときは国籍だけを書いてください）	東京都千代田区神田神保町 ○丁目○番地	
筆頭者の氏名	夏目良介	
父母の氏名 父母との続き柄（他の養父母はその他の欄に書いてください）	夫の父 夏目太郎 母 花子 続き柄 長男	妻の父 佐藤一郎 母 真理子 続き柄 長女

字訂正 字加入 字削除 / 届出印

(3)(4) 離婚の種別：☑協議離婚 □調停 年 月 日成立 □審判 年 月 日確定 □和解 年 月 日成立 □請求の認諾 年 月 日認諾 □判決 年 月 日確定

婚姻前の氏にもどる者の本籍：□夫 ☑妻 は □もとの戸籍にもどる ☑新しい戸籍をつくる　東京都港区六本木○丁目○番地　(よみかた) さとう みな　筆頭者の氏名 佐藤 美奈

(5) 未成年の子の氏名：夫が親権を行う子 / 妻が親権を行う子 夏目 太一

(6) 同居の期間：平成○○年 ○月から（同居を始めたとき）　令和○年 ○月まで（別居したとき）

(7) 別居する前の住所：東京都千代田区神田神保町 ○丁目○番地 ○号

(8) 別居する前の世帯のおもな仕事と：
□1. 農業だけまたは農業とその他の仕事を持っている世帯
□2. 自由業・商工業・サービス業等を個人で経営している世帯
☑3. 企業・個人商店等（官公庁は除く）の常用勤労者世帯で勤め先の従業者数が1人から99人までの世帯（日々または1年未満の契約の雇用者は5）
□4. 3にあてはまらない常用勤労者世帯及び会社団体の役員の世帯（日々または1年未満の契約の雇用者は5）
□5. 1から4にあてはまらないその他の仕事をしている者のいる世帯
□6. 仕事をしている者のいない世帯

(10) 夫妻の職業：（国勢調査の年… 年…の4月1日から翌年3月31日までに届出をするときだけ書いてください）　夫の職業 / 妻の職業

その他

届出人署名押印：夫 夏目良介 (夏目)　妻 夏目美奈 (夏目)

事件簿番号

住定年月日 夫 / 妻

婚姻で姓を変えた人の離婚後の戸籍を選択。親の戸籍に戻るなら親の本籍と戸籍筆頭者の姓名を。新しい戸籍をつくるなら、自分で決めた本籍と自分の姓名を記入。離婚後も同じ姓を名乗るなら、ここは空欄にし、同時に「離婚の際に称していた氏を称する届（➡P245）」を提出する。

親権者の欄に未成年の子どもの姓名を記入。子どもが複数いる場合も、姓を省略せずに書く。

別居していない場合は、別居したときの年月は空欄でよい。

夫婦の職業は、国勢調査が行われる年（5年に1度）にだけ記入すればよい。

夫婦双方が署名捺印（なついん）する。印鑑は実印または認印で、夫婦別々のものを使用。調停離婚・裁判離婚などの場合は、提出する人の署名捺印だけでよい。

調停離婚

家庭裁判所に調停を申し立てよう

離婚調停を起こすには、家庭裁判所で申立ての手続きを行います。必要書類はたくさんあります。あらかじめしっかり準備しておきましょう。

「申立書」や「添付書類」を用意する

離婚協議で合意できなかった場合、離婚調停を起こして話し合いを進めます。調停を起こすためには、**「夫婦関係調整調停申立書」に必要書類を添えて、家庭裁判所に提出します。**

添付書類は、戸籍謄本と「年金分割のための情報通知書（➡P136）」です。年金分割をするのであれば、早めに手配しておきます。そのほか、離婚を希望する事情を記載する「事情説明書」「連絡先等の届出書」「進行に関する照会回答書」なども提出します。

離婚条件はギリギリに設定しない

離婚調停では、離婚するかどうかだけでなく、「付随申立て」として、未成年の子の親権者、面会交流の時期や方法、養育費の金額、財産分与、慰謝料の金額、年金分割の割合などの申立てもできます。

養育費や慰謝料を記入するときは、**希望額より高い金額に決まることはない、ということを頭に入れておきましょう。**したがって、これ以下では困るというギリギリの金額を書くべきではありません。

また、添付する事情説明書には、事実をありのままに書きます。「書いたこと」だけでなく、「書かなかったこと」も証拠として扱われるからです。調停で話をすればいいと考えて、**事実を書かずにいると、たいしたことではなかったと受け取られる可能性があります。**

事情説明書で伝えきれなかったことを、「陳述書」として提出することもできます。調停委員に問題点を的確に伝え、自分の人間性を理解してもらうことが期待できます。ただし、相手に見られるかもしれず、それで相手が感情を害し、調停がうまく進まなくなるケースもあります。裁判に進みそうな場合には、裁判の戦い

離婚調停の申立て手続き

離婚調停を起こすには、まず、家庭裁判所に申立書と添付書類などを提出します。

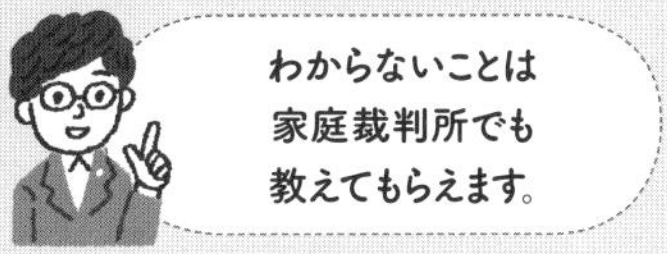
わからないことは
家庭裁判所でも
教えてもらえます。

1 申立書などを入手・記入する

必要なもの

（➡ P230 ～ 236）

- □ **申立書**（原本と自分用、相手用の3通）
- □ **夫婦の戸籍謄本**（発行後３か月以内のもの）
- □ **年金分割のための情報通知書**（発行後１年以内のもの）
- □ **事情説明書**
- □ **子についての事情説明書**（未成年の子どもがいる場合）
- □ **進行に関する照会回答書**
- □ **連絡先等の届出書**
- □ **非開示の希望に関する申出書**

状況に応じて必要なもの

- □ **収入に関する書類**（源泉徴収票・給与明細・確定申告書などのコピー）
- □ **財産に関する書類**（不動産登記事項証明書・固定資産評価証明書・預金通帳などのコピー）

書類は、家庭裁判所でもらうか、家庭裁判所のホームページからダウンロードすることができる。

2 管轄の家庭裁判所に提出する

必要なもの

- □ **提出書類**
- □ **連絡用の郵便切手**
- □ **収入印紙**（1200円）
- □ **印鑑**

切手額は裁判所によって異なるので確認を。申立てが受理されると受付カードがもらえる。問い合わせの際に必要なので大切に保管する。

方にもかかわってくるため、調停を起こす前に弁護士に相談しておくことをおすすめします。

相手に見られたくない、会いたくないときは

DVなどがあり、相手に住所や連絡先を見られたくない場合は、書類の一部を黒く塗りつぶします。**それができない書類は、「非開示の希望に関する申出書」を添えて提出します。**

進行に関する照会回答書では、「相手と顔を合わせなくてすむように、待合室の場所や、入廷・退廷時刻をずらすなどの配慮を希望します」などと記入します。それにより、調停中に顔を合わさずにすむように配慮してもらえます。

申立書は、相手の住所地の家庭裁判所に、郵送か直接持参して提出します。管轄の家庭裁判所は下記のウェブサイトで調べることができます。

✎ DV…「ドメスティック・バイオレンス」の略。
裁判所の管轄区域…https://www.courts.go.jp/saiban/tetuzuki/kankatu/index.html

調停離婚

呼出状が届いたら家庭裁判所へ

申立ての手続きが完了すると、双方に「呼出状」が届きます。指定された日時に裁判所へ向かい、調停が始まります。

調停期日までに話すことを決めておく

調停の申立てが受理されると、家庭裁判所から第1回の調停日の連絡があります。**調停には本人が出席する必要がある**ので、指定された日にどうしても行けない理由がある場合は、すぐに連絡して調停日の変更をお願いしましょう。

調停に向けての準備も進める必要があります。これまでの経緯を時系列にまとめ、証拠をそろえて財産などの情報も集めます。離婚の原因や条件について、自分の考えをまとめておくことも必要です。

調停日の流れ

落ち着いて臨めるよう、あらかじめ確認しておきましょう。

控室で待機

調停が始まるまで待つ。控え室にはほかの調停の当事者や弁護士などもいる。

→

30分ずつで交代

調停委員と話し合い

交互に呼ばれて調停委員と話し合いを行う。調停室に入るのは、調停当事者、調停委員、代理人（弁護士）だけ。

↓

結果や課題の確認・次の調停日の決定

調停はほぼ月1回のペースで行われる。

1回の調停には、合計2～3時間ほどかかります。迷うようなことがあったら事件番号と担当部を告げて、裁判所の職員に尋ねましょう。

✎ 相手と会いたくない…控室や調停室へ出入りする際に相手と会いたくないときは、「進行に関する照会回答書（➡P234）」にその旨を記入し提出すると配慮してもらえる。

時間やマナーを守る。派手な服装は避けて

調停当日は、**指定された時刻に遅れないように、時間に余裕をもって行動しましょう。**服装について特に決まりはありませんが、**裁判所という場所にふさわしい服装を選びます。**必要以上に飾り立てた服装、派手すぎるメイクやアクセサリーなどは、避けたほうが無難です。

家庭裁判所によってはベビーベッドなどが用意されていますが、子どもは預けるほうがよいでしょう。

調停に行くときのもちもの

家を出る前にすべてそろっているか、チェックしましょう。

- □ 裁判所からの呼出状
- □ 裁判所に提出した書類の控え
- □ 身分証明書（運転免許証など）
- □ 認印
- □ ノート・筆記用具・話すことのメモ　など

調停で話し合ったことは、メモすることができるので筆記用具は必要。自分が話すことや、財産リストなどをまとめておくとよい。

- □ 振込先の口座番号のメモ

財産分与や慰謝料などがある場合、振込先口座番号が必要。通帳を持参してもよい。

- □ 本・雑誌・飲み物　など

相手方が調停委員と話している間は待ち時間となる。長時間待つこともあるので時間をつぶせるものを用意しておくとよい。

譲れない条件はしっかりと主張する

調停では調停委員から話を聞かれます。話をするときには、**離婚の責任があるのはどちらなのか、請求するお金は財産分与なのか慰謝料なのか養育費なのか、といったことをよく理解して話すことが大切です。**

調停委員は調停を成立させるために、説得しやすいほうにプレッシャーをかける傾向があります。「あなたが譲らないとまとまらないから」などと促してくるかもしれません。納得できないまま流されて合意したとしても、調停が成立すると、あとから変えることはできません。**自分の正当な権利や譲れない条件を明確にしておき、それをしっかり主張することが大切です。**自分だけで対応するのが難しければ、弁護士を代理人に立てることもできます。

調停成立時の口頭確認はとても重要

調停では、法律用語など、日常生活では使わないような難しい言葉が出てくるかもしれません。わからないことや納得できないことはうやむやにせず、最後まで毅然とした態度で挑みましょう。

合意内容は わかるまで確認する

調停を重ねて合意することができると、それに沿って「調停調書」が作成されます。双方がそろった状態で合意内容の口頭確認が行われるので、細かな部分まできちんとチェックすることが大切です。

調停調書は裁判の判決書と同等の効力がありますが、調書に書かれていることがすべてで、書かれていないことに効力はありません。合意した内容が抜けていないかなどを確認し、書くべきことはすべて書いてもらうようにします。

調停成立後の手続き

話し合いがまとまったら、
調停調書が作成されます。その後離婚届を提出します。

調停内容の口頭確認
裁判官、調停委員、書記官、当事者双方が立ち会って内容を確認。

↓

調停調書の申請手続き
調停が成立したら調停調書を申請する。このほか、原本同様の「正本」、原本の写しである「謄本」、年金分割にかかわる部分のみ記載される「抄本」も申請しておく。

↓

調停調書の作成

↓

調停調書が双方に送達される

↓ 10日以内

離婚届の作成・提出
(➡P184)
原則、離婚調停の申立人が提出する。離婚で姓が変わる側が申立人でないときは、「相手方からの申し出により調停離婚する」と調書に記載してもらい、自分から提出する。

✎ 調停調書の正本・謄本・抄本…正本は強制執行の際、謄本は離婚届の提出時、抄本は年金分割の請求に必要。

わからない部分があれば、説明を求めましょう。たとえば支払いに関して「毎月末日限り」という言葉がよく使われますが、これは末日までに払うという意味で、末日に払わなければならないということではありません。**わからないままにしておくと、離婚後のトラブルにつながることがあります。**支払いに関して一括で払うものは、調停の場で支払うようにすると確実です。

離婚届は姓が変わった側が出せるようにしておく

調停の成立で離婚は成立しますが、離婚届を提出する必要があります。調停成立から10日以内に、原則として申立人が届け出ます。ただし、婚姻で姓が変わった側は、新しい戸籍をつくるか、元の戸籍に戻るかなど、選択すべきことがあるので、姓が変わる側から届出ができるようにしたいものです。そこで、申立人が姓が変わる側でない場合は、**「相手方からの申し出により調停離婚する」との文言を調書に入れてもらいます。**

調停調書が送られてきたら、確認後、離婚届を提出します。なお、年金分割については、離婚届の提出とは別に年金事務所での手続きが必要です（⬇P206）。

調停が不成立になったときは……

調停が不成立になった場合、**それでも離婚したいなら裁判を起こすしかありません。**裁判で勝てそうもなければ、様子を見ながら別居期間を稼ぎ、婚姻関係の破綻を原因として裁判を起こす選択肢もあります（⬇P64）。ただし、調停不成立からあまり長く経過していると、再び調停から始めたほうがよいと判断される場合もあります。

こんなときは?

当面の別居を提案された

調停を進めていくなかで当面の別居を提案されるのは、片方が離婚を、片方が復縁を求めていて、離婚原因が判然としないケースなどです。

離婚したい側にとっては、別居期間を稼ぐ機会となります。それ自体を「修復不能な婚姻関係の破綻」として、将来の離婚裁判に向けた布石とすることができるでしょう。

復縁を望む側にとっては、メリットの少ない提案です。受け入れるかどうか、よく考えてください。

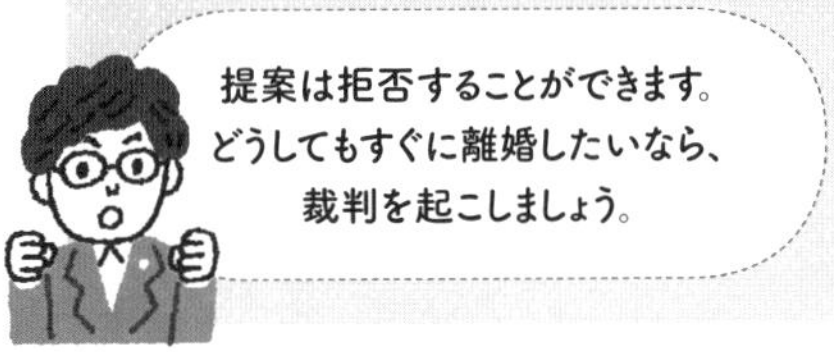
提案は拒否することができます。
どうしてもすぐに離婚したいなら、
裁判を起こしましょう。

裁判離婚

弁護士に依頼し離婚裁判を起こす

訴状や裁判の準備など、1人では難しいことがたくさんあります。信頼できる弁護士を味方につけ、離婚に向けて進めていきます。

弁護士と一緒に「訴状」を作成する

離婚裁判を起こすには、訴状に「調停不成立証明書」などの必要書類を添えて、家庭裁判所に提出します。

離婚調停では、言い分を調停委員に口頭で伝えることができますが、裁判となるとそうはいきません。書面が中心で手続きが進むうえ、裁判所は書面の内容について教えてはくれません。裁判所はあくまで中立の立場なので、一方だけにアドバイスすることはできないのです。

裁判を起こすのであれば、最初から弁護士に依頼して、相談しながら進めていくことをおすすめします。

訴状を作成するのにも、専門的な法律の知識が不可欠です。自分の主張を立証するための証拠をどのように使って裁判を戦っていくのかなど、戦術的な判断も必要になってきます。

裁判を有利に進めるためには、弁護士の力を借りるべきでしょう。依頼すると、弁護士が代理人として裁判に出席できるので、当事者が出廷するのは必要なときだけですみます。

法的な離婚原因を立証する証拠を集めておく

離婚裁判を起こすためには、原則として次の条件を満たしている必要があります。

まずは、**離婚調停が不成立になっていることです。**「調停前置主義」をとっているので、調停を行わずに離婚裁判を起こすことはできません（➡P45）。2つ目は、**民法が定めている5つの離婚原因のいずれかにあてはまっていること**（➡P48）。3つ目は、**裁判を起こす人が離婚原因をつくった「有責配偶者」ではないことです。**たとえば浮気が離婚原因だとしたら、浮気をした側が裁判を起こしても、原則として離婚は認められないためです（➡P80）。

裁判では自分の主張を立証しなければならないので、証拠が必要です。

離婚裁判の申立て

弁護士に相談しながら手続きを進めていきましょう。

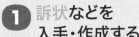

これが前提

調停不成立

1 訴状などを入手・作成する

訴状は家庭裁判所で記載例を入手して作成する（➡P237）。離婚請求のほかに、慰謝料、財産分与、養育費など、請求したい項目と希望金額も記入する。訴状に添えて提出する書類も準備しておく。

必要なもの

- □ 訴状2通（正本・副本）
- □ 調停不成立証明書
- □ 夫婦の戸籍謄本
- □ 年金分割のための情報通知書
- □ 証拠となる書類のコピー 2 部（源泉徴収票、預金通帳、不動産登記事項証明書、固定資産評価証明書など）

など

2 管轄の家庭裁判所に提出

当事者の住所地を管轄する家庭裁判所に、訴状2通と必要な書類を添えて提出する。収入印紙、郵便切手も納付する。

必要なもの

- □ 提出書類
- □ 連絡用の郵便切手
- □ 収入印紙

訴えの提起手数料

- ●離婚請求のみ…1万3000円
- ●慰謝料の請求…請求金額より算定のうえ、離婚請求の1万3000円と比べて多額なほうが基礎となる（慰謝料300万円の請求では2万円）
- ●財産分与の請求…1200円
- ●養育費の請求…子ども1人につき1200円

裁判に勝てば、印紙代などの費用は相手から回収できます。

たとえば、不貞行為なら、現場の写真のほか、電話の録音やメールなども証拠になります。DV（ドメスティック・バイオレンス）があった場合には、診断書や傷の写真などが証拠となります。弁護士と相談しながら証拠を集めておくようにしましょう。

また、自分の体験した事実を書いた「陳述書」を作成するため、事実を時系列に沿ってまとめておくようにしましょう。

裁判離婚

審理をくり返し、判決を迎える

離婚裁判は、半年ほどで決着がつくこともあれば、数年にわたることもあります。全体の流れを把握しておきましょう。

訴状に対する「答弁書」で争点が明らかになる

訴状が受理されると、家庭裁判所から原告と被告に第1回の日時を指定した呼出状が送られます。被告への呼出状には、訴状の副本が同封されていて、訴状に対して答える答弁書を作成するよう指示があります。

答弁書には、**訴状の内容を認めるか認めないかを明確に記す必要があります。認めない場合にはその理由を書きます。**訴状と答弁書が出そろうことで争点が明確化します。

1回目の審理は、書面によってお互いの主張を確認するだけなので、短時間で終了します。2回目以降も書面のやりとりが中心で、月1回ほどのペースで審理が進みます。弁護士に代理人を依頼した場合、当事者は出廷しなくても問題ありません。

審理が何回行われるかは裁判によって異なります。裁判官にもよりますが、親権や財産分与などで争いがなければ、3回ほどで終了することもあります。親権を争っているケースなどでは、必要に応じて「調査官調査（➡P145）」が行われることがあります。

被告からも離婚裁判を起こすことがあり（反訴）、この場合、裁判所は2つの裁判を同時に審理します。

離婚裁判はどう終わる？

離婚裁判を起こしても、半数近くが和解して裁判を終えている。最後まで裁判を続け、勝訴して離婚を勝ちとるケースは3分の1程度。

（「人事訴訟事件の概況 -平成31年1月〜令和元年12月-」より作成）

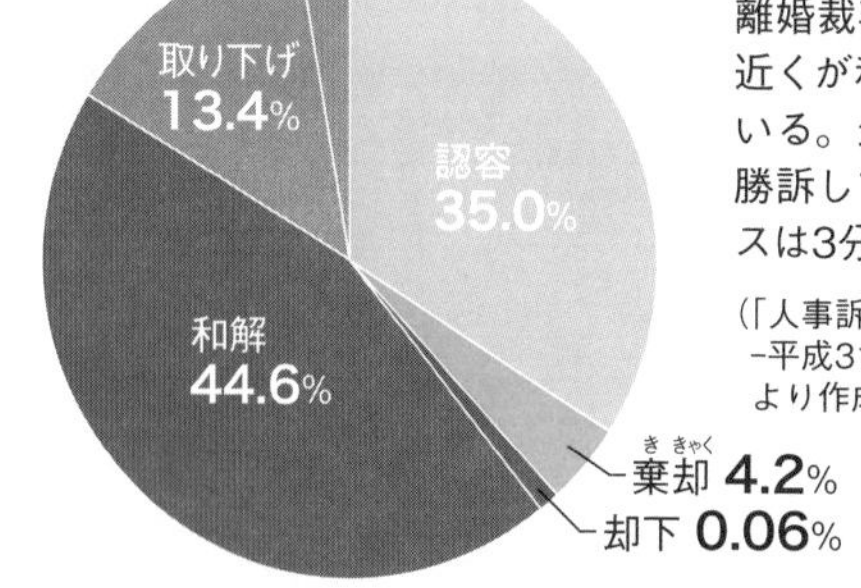
その他 約2.7%
取り下げ 13.4%
認容 35.0%
和解 44.6%
棄却 4.2%
却下 0.06%

本人尋問は質問の意味を理解したうえで答える

審理が終盤にさしかかると当事者**自身から話を聞く「本人尋問」が行われます。これは本人が出廷する必要があります。**まれに証人尋問が行われることもあります。

本人尋問に臨むにあたって、「陳述書」を作成しておくことは必須です。通常は2時間で、原告の主尋問と反対尋問、被告の主尋問と反対尋問、さらに裁判官による補充尋問のすべてを行います。時間に余裕がないので、簡潔に答えることが大切です。

ただし、**質問の趣旨が理解できていないまま答えてはいけません。特に相手方からの反対尋問では、その点に注意します。**「質問の意味がわかりません」などと言って、質問をよく理解してから答えます。事前に弁護士と相談し、質問を想定しておくとよいでしょう。

判決確定後10日以内に離婚届を提出する

本人尋問が終わると、裁判は結審を迎え、判決がくだされます。判決が出てから2週間以内に控訴の申請が行われなければ、判決が確定します。**離婚が認められた場合、その時点で離婚が成立したことになります。**

離婚届は、判決が確定した日から10日以内に、「判決書」の謄本と「確定証明書」を添えて、裁判を起こした側が提出します。

審理の流れ

離婚裁判は、月1回ほどのペースで審理が行われます。

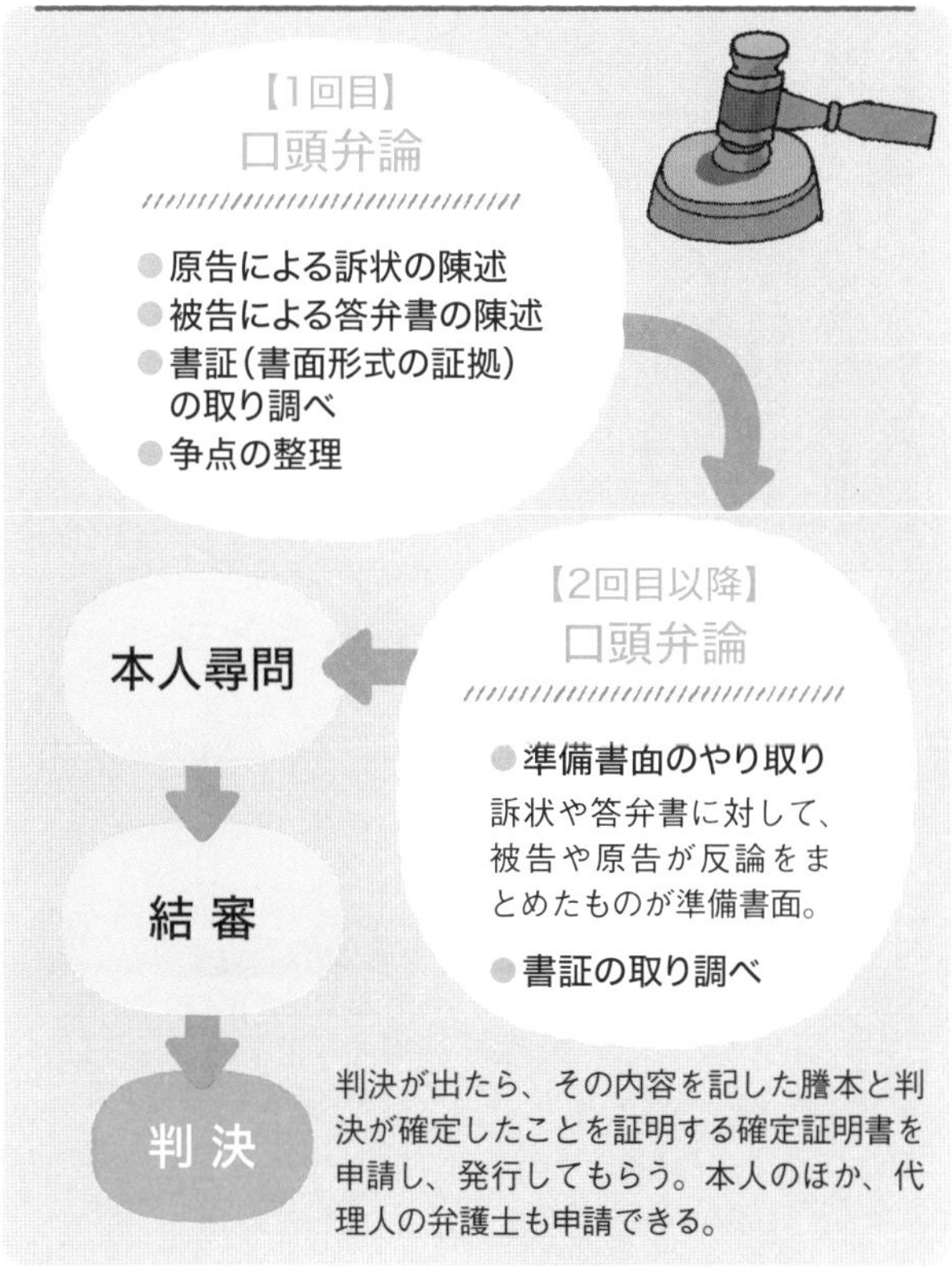
【1回目】
口頭弁論
原告による訴状の陳述
被告による答弁書の陳述
書証（書面形式の証拠）の取り調べ
争点の整理
【2回目以降】
口頭弁論
準備書面のやり取り
訴状や答弁書に対して、被告や原告が反論をまとめたものが準備書面。
書証の取り調べ
本人尋問
結審
判決
判決が出たら、その内容を記した謄本と判決が確定したことを証明する確定証明書を申請し、発行してもらう。本人のほか、代理人の弁護士も申請できる。

和解を提案されたら条件をよく吟味する

裁判の途中で、裁判官から「和解を試みないか」という問いかけをされることがあります（和解勧試）。**双方が歩み寄って和解に応じれば、判決を待たずに和解離婚ができます。**条件に納得できなければ、応じる必要はありません。ただ、その後も和解勧試があるか、条件が前よりよくなるかはわかりません。**頭から否定するのではなく、提示された条件をよく吟味しましょう。**もち帰って考えることもできます。

双方が和解勧試を受け入れ、和解離婚が成立したら、「和解調書」が作成されます。これは裁判の判決文と同じ効力をもっています。口頭確認があるので、よく確認しておくことが大切です。離婚が成立した日から10日以内に離婚届を提出します。

判決に不服があれば控訴ができる

判決の内容に不服があれば、2週間以内に控訴することができます。第2審は高等裁判所で行われます。敗訴した側だけでなく、勝訴して離婚が認められた側も、離婚条件などに不服があれば控訴できます。ただし、**控訴すると判決は確定しないので、離婚は成立しません。**

その後、第2審の判決にも不服があれば、最高裁判所に上告できますが、憲法違法や法令違反など法律に関する重大な違反がない限り、棄却・不受理になることがほとんどです。

判決に不服があるとき

2週間以内なら控訴することができます。

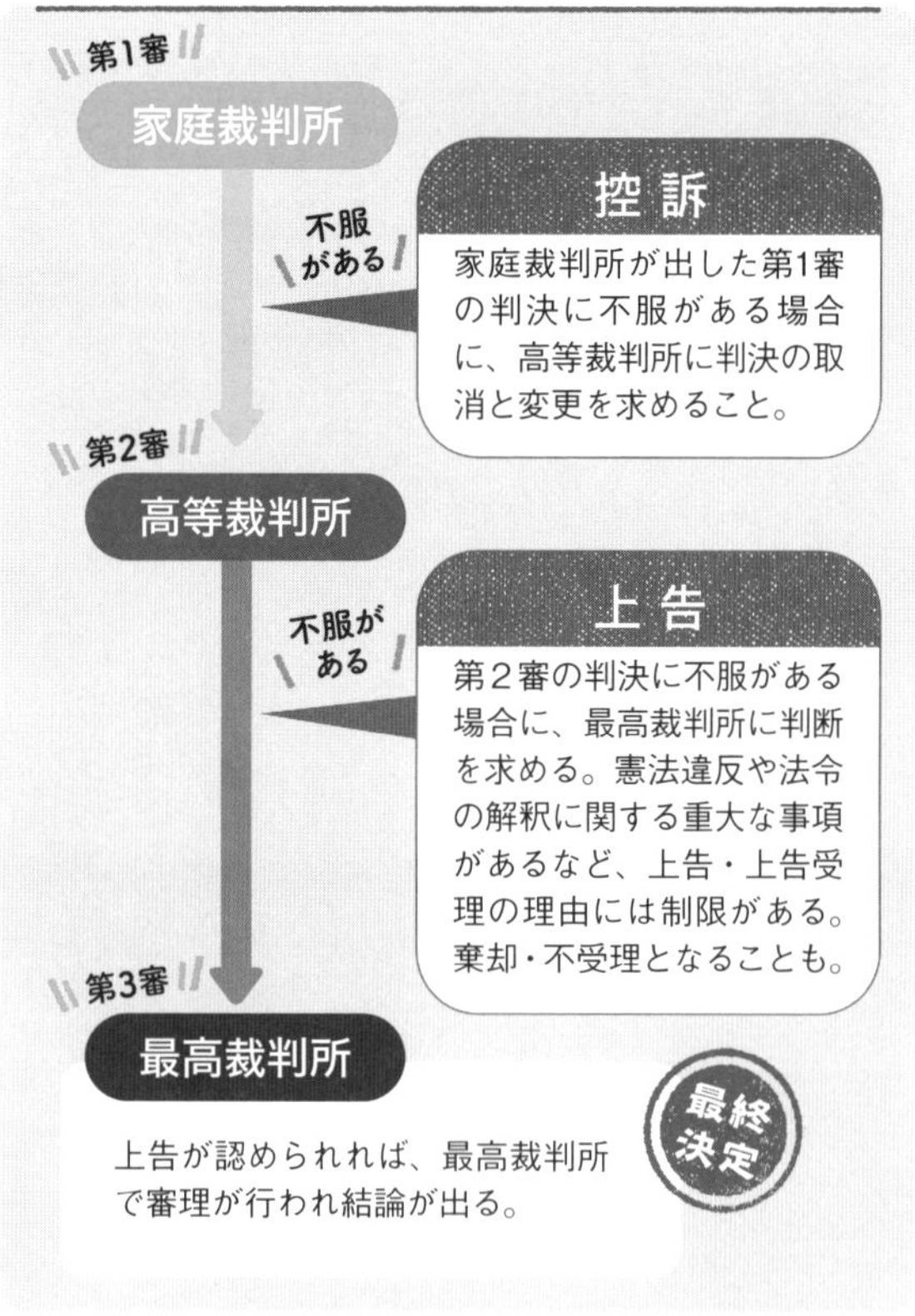

第1審
家庭裁判所
不服がある
控訴
家庭裁判所が出した第1審の判決に不服がある場合に、高等裁判所に判決の取消と変更を求めること。
第2審
高等裁判所
不服がある
上告
第2審の判決に不服がある場合に、最高裁判所に判断を求める。憲法違反や法令の解釈に関する重大な事項があるなど、上告・上告受理の理由には制限がある。棄却・不受理となることも。
第3審
最高裁判所
最終決定
上告が認められれば、最高裁判所で審理が行われ結論が出る。

第7章

離婚後は、新たな生活に向けて手続きを

戸籍や姓・住まいが変わることで、離婚後はさまざまな変更手続きが必要です。
ひとり親家庭になる場合は、公的支援を受けることも考えましょう。
離婚前から知識をつけ、準備しておくと安心です。

離婚後の手続き

リストをつくって効率よく行う

離婚届の提出後は、新生活のためにさまざまな手続きや届出が必要になります。何のためにどんな手続きが必要か、まとめておくと安心です。

公的身分証明書の手続きから始める

まずは、運転免許証やパスポート、健康保険証、マイナンバーカードなどの公的な身分証明書の手続きから始めます。

また、住民票の異動や世帯主の変更、国民年金の変更手続きなど、市区町村役場で必要な手続きもできるだけまとめて行います。

これらは、ほかの手続きに必要になることがあります。優先的にすませてください。なかには期限がある場合もあります。優先順位をつけて効率的に行いましょう。

旧姓にした人は新しい印鑑をつくっておく

戸籍の名前を旧姓にした人は、各種届出に必要な印鑑も、旧姓でつくり直す必要があります。

日常的に使う認印、金融機関の届け出に使う銀行印、公的に認められた実印のそれぞれを新しくつくっておきましょう。

戸籍謄本はまとめて用意する

戸籍の記録である戸籍謄本は、離婚届の提出時以外にも、たびたび必要になります。その都度役場に行かなくてもすむよう、**何通枚かまとめてとっておくのがおすすめです。**子どもの戸籍や姓の変更などには、元配偶者の新しい戸籍謄本も必要です。**元配偶者へも、一度の依頼で3〜4通請求しておきましょう。**

申請書には、「謄本」か「抄本」を選択する項目があります。謄本は、戸籍の原本内容すべての写し（コピー）で、抄本は特定の人の内容のみの写しです。どちらが必要なのかはよく確認してください。

本籍地のある役場に行けない場合は郵送で申請し、受け取ることができます。役所によってはコンビニでの発行も可能です。

✎**コンビニ発行**…マイナンバーカードか住民基本台帳カードがあれば、コンビニのコピー機から有料で取得できる。コンビニ発行が可能かどうかは、本籍地のある役場に確認を。

ダウンロードあり

離婚後の手続きチェックリスト

203ページまでのリストを使って必要な手続きの準備をしましょう。
自治体によって必要書類が異なるため、事前によく確認してください。

[市区町村役場での手続き❶]

チェック欄	手続き	手続きが必要なケース	必要書類・期限など
□	**離婚の際に称していた氏を称する届**（➡ P245）	婚姻時の姓を名乗り続けたいとき	・離婚成立から3か月以内 ・戸籍謄本（本籍地以外の場合）
□	**転出届**	別の市区町村に引越すとき	・引越しの前後 14 日以内 ・身分証明書 ・印鑑 ・転出証明書（転入の場合）　など
□	**転入届**	別の市区町村から引越してくるとき	
□	**転居届**	同じ市区町村で引越すとき	
□	**世帯主変更届**	世帯主が変更になるとき	・変更から 14 日以内 ・身分証明書　など
□	**印鑑登録**	印鑑・姓・住所を変更したとき	・登録する印鑑 ・身分証明書　など
□	**マイナンバーカード**	姓・住所を変更したとき	・変更から 14 日以内 ・転入、転出、転居届と同時に行う
□	**国民健康保険の加入**（➡ P204）	扶養から抜けたとき	・資格喪失から 14 日以内 ・資格喪失証明書 ・身分証明書・印鑑　など
□	**国民健康保険料の免除申請**	保険料の納付が困難なとき	・雇用保険受給資格者証（原本）、または離職票 ・国民健康保険被保険者証 ・身分証明書　など
□	**国民年金の変更**（➡ P206）	種別、姓、住所の変更があるとき	・資格喪失から 14 日以内 ・年金手帳　など
□	**国民年金保険料の免除申請**	保険料の納付が困難なとき	・年金手帳・印鑑 ・雇用保険受給資格者証　など
□	**公営住宅の入居申請**（➡ P219）	公営住宅の入居を希望するとき	・戸籍謄本（発行後3か月以内のもの）　など

✎ **新しい住民票も申請**…転出・転入・転居がすんだら、住民票の写しも複数枚申請しておくと、さまざまな手続きの際に役に立つ。

子どもがいる場合は
これを追加

［市区町村役場での手続き❷］

チェック欄	手続き	手続きが必要なケース	必要書類・期限など
□	**入籍届**（➡P212）	子どもを自分の戸籍に入れるとき	・子の氏の変更「許可審判書」 ・親と子の戸籍謄本　など
□	**子どもの国民健康保険の加入**（➡P216）	配偶者の扶養から抜けたとき	・資格喪失から14日以内 ・資格喪失証明書 ・身分証明書・印鑑　など
□	**児童手当**	受給者に変更があるとき	・転居のときは、転居翌日から15日以内 ・マイナンバーカード ・印鑑 ・振込先の口座情報　など
□	**児童扶養手当**	ひとり親家庭になったとき	・マイナンバーカード ・戸籍謄本　・印鑑 ・振込先の口座情報　など
□	**子ども医療費助成制度**	受給者・保護者に変更があるとき	・戸籍謄本 ・子どもの健康保険証のコピー ・マイナンバーカード　など
□	**ひとり親家庭等医療費助成制度**	ひとり親家庭になったとき	・健康保険証 ・戸籍謄本　・印鑑 ・マイナンバーカード　など
□	**保育施設等の入所申請**（➡P214）	保育所、認定こども園などの入所を希望するとき	・保育を必要とする事由を証明する書類 ・マイナンバーカード　など
□	**転校の手続き**（➡P214）	転校するとき	・在学証明書 ・教科用図書給与証明書　など
□	**学童の入所申請**	学童入所を希望するとき	・児童調査票 ・児童の保育を必要とする事由を証明する書類　など
□	**ＪＲ通勤定期券の割引手続き**	児童扶養手当受給者または、同一世帯で必要な人がいるとき	・児童扶養手当証書 ・印鑑 ・写真（最近６か月以内に撮影したもの。正面上半身、縦4cm×横3cm）

✎児童扶養手当受給者対象の割引…ＪＲ通勤定期券割引のほか、都営交通無料乗車券、下水道料金の減免など、市区町村ごとにさまざまな割引がある。市区町村窓口で確認を。

日本国
旅券

[役場以外での手続き]

チェック欄	手続き	手続きが必要なケース	手続き先など
□	**子の氏の変更許可申立て**（➡P240）	親子で同じ姓にしたいとき	家庭裁判所
□	**運転免許証**（➡P210）	本籍地・氏名・住所の変更があるとき	住所地の警察署または、運転免許センター
□	**パスポート**（➡P210）	本籍地・氏名・住所の変更があるとき	最寄りのパスポートセンター　など
□	**預貯金口座**	氏名・住所の変更があるとき	銀行
□	**証券口座**	氏名・住所の変更があるとき	証券会社
□	**クレジットカード**	氏名・住所に変更があるとき	カード会社
□	**年金分割**（➡P134）	年金を分割するとき	年金事務所
□	**不動産**（➡P208）	所有者を変更するとき	法務局
□	**自家用車**（➡P208）	所有者を変更するとき	運輸支局または、軽自動車検査協会支所・事務所
□	**賃貸住宅・借地**	名義を変更するとき	大家、地主、不動産会社　など
□	**生命保険・学資保険・損害保険**	名義、受取人、契約者、支払い口座、住所などに変更があったとき	保険会社
□	**固定電話**	名義、請求先の変更があるとき	電話会社
□	**携帯電話**	名義、請求先の変更があるとき	携帯電話会社
□	**インターネット回線**	名義、請求先の変更があるとき	プロバイダー
□	**電気・ガス・水道**	引越すとき、名義・請求先の変更があるとき	電力会社・ガス会社・水道局
□	**郵便物の転送**	引越すとき	旧住所の郵便局
□	**勤務先での手続き**（➡P211）	氏名・住所・扶養などの変更があるとき	勤務先の担当部署
□	**定期券**	氏名・住所の変更があるとき	鉄道会社・バス会社

自分のこと

健康保険の加入・変更手続き

日本では、健康保険は必ず入る必要があります。離婚成立後は、それまでの健康保険証が使えなくなることがあるので、注意しましょう。

無保険状態にならないよう早めに手続きを

相手の会社の健康保険に被扶養者として加入していた人は、**離婚すると、その資格を失います。**

そのため、**就職先の健康保険か、国民健康保険に加入しなければなりません。**切り換え手続きをしないと無保険状態となり、**医療費が全額自己負担となってしまいます。**早めに行いましょう。

国民健康保険への加入手続きは、前の健康保険の資格喪失後14日以内に、住所地の市区町村役場で行います。その際、国民年金の手続き（⬇P206）や、子どもの健康保険の手続き（⬇P216）も一緒に行うようにしましょう。

「資格喪失証明書」を依頼しておく

被扶養者だった人が、離婚して新たな健康保険に加入するときは、**前の健康保険の「資格喪失証明書」が必要です。**相手の勤務先を通じて発行してもらうものなので、忘れずに依頼しておきます。

なかなか入手できない場合は、相手の会社に直接問い合わせてください。市区町村役場で相談してみるのもよいでしょう。

こんなときは?

実家に戻って親の扶養に入る場合

離婚後、親の勤務先の健康保険に被扶養者として加入するという方法もあります。被扶養者分の保険料はかかりませんが、被扶養者となるには、「年収130万円未満」などの条件があります。養育費などの仕送りを受けているなら、それも収入と判断されます。詳しい条件は、親の勤務先か、健康保険組合に確認してください。

婚姻中の健康保険によって手続きが違う

手続きに必要なものは、自治体や会社によって異なります。
あらかじめ確認しておきましょう。

相手の会社の健康保険に加入していた場合

勤務先が決定

勤務先の健康保険に加入

すぐに働くなら、勤務先の健康保険に加入する。資格喪失証明書を提出し、手続きしてもらう。

まだ働かない

資格喪失から14日以内に!

国民健康保険に加入

住所地の市区町村役場で加入手続きをする。資格喪失証明書、身分証明書、印鑑が必要。

自分の会社の健康保険に加入していた場合

勤務先に届け出る

勤務先で離婚に伴う姓や住所、扶養などの変更手続きを行う。

国民健康保険に加入していた場合

市町村変更なし

世帯主を変更

住所地の役場で、自分を世帯主とする手続きを行う。健康保険証、印鑑、身分証明書が必要。

市町村変更あり

国民健康保険の脱退・加入

旧住所地の役場で脱退手続き、新住所地の役場で加入手続きをする。健康保険証、印鑑、身分証明書、転出証明書が必要。

勤務先が決定

14日以内に!

勤務先の健康保険に加入、国民健康保険の脱退

勤務先の健康保険に加入後、14日以内に国民健康保険の脱退手続きをする。脱退手続きには新旧の健康保険証、身分証明書、印鑑が必要。

身分証明書（本人確認書類）…パスポート、運転免許証、マイナンバーカードなどの顔写真付き書類ならどれか1点でよい。

自分のこと

年金の加入・変更・分割手続き

年金もまた、20歳以上60歳未満のすべての人に加入義務があります。必要な変更手続きを確認し、支払いが滞らないようにしましょう。

「第1号被保険者」になれば自分で保険料を支払う

年金の被保険者は第1号〜第3号に分けられます（↓P134）。

第2号被保険者の人は、離婚後に勤務先に姓や住所の変更を申し出ると手続きしてもらえます。

一方、第3号被保険者だった人は、第1号か第2号に変更する必要があります。第2号の場合、保険料は勤務先と折半となり、給料から差し引かれます。第1号の場合は、自分で保険料を納めていくことになります。

第3号から第1号になる場合、すぐに勤務先が決まらないなどの理由

離婚に伴う年金の種別変更

大きな変更手続きが必要になるのは、
婚姻時に第1号と第3号だった人。必要な手続きを確認しましょう。

第1号 被保険者だった場合

- 勤務先が決定 → **第2号 被保険者に変更**
  国民年金を脱退する手続きは不要。就職先に必要書類を提出すると、厚生年金の加入手続きをしてもらえる。
- 自営業・まだ働かない → **姓・住所の変更**（第1号のまま）
  国民年金を継続することになるが、市区町村役場で姓・住所の変更手続きが必要。マイナンバーカードの変更がすんでいれば、不要なこともある。

第3号 被保険者だった場合

- 勤務先が決定 → **第2号 被保険者に変更**
  勤務先の厚生年金に切り替えることになる。勤務先の指示に従って手続きをする。
- 自営業・まだ働かない → **国民年金に加入**（第1号になる）
  市区町村役場の窓口で、国民年金の加入申し込みをする。年金手帳、扶養から外れたことを証明する「資格喪失証明書」などが必要。

マイナンバーカードと年金情報…マイナンバーカード内に年金に関する情報が登録されている場合、マイナンバーカードの変更手続きをすることで年金情報も変更される。

で保険料の支払いが難しくなるケースもあります。そうしたときは、早めに役場に相談しましょう。**納付猶予や免除の制度が利用できることがあります。**払えないことを理由に滞納していると、**延滞金が発生したり、将来の年金額に影響したりしてしまうので十分注意してください。**

分割した年金を受け取る手続きも行う

年金分割を希望する場合は、**離婚の翌日から2年以内に年金分割の請求手続きを行います。**

元配偶者と2人で行くか、双方の代理人が年金事務所に直接、書類を提出します。ただし、公正証書や公証人が認証した離婚協議書や、裁判所の手続きによる公文書（調停調書や判決書など）がある場合、3号分割だけの場合は、1人で手続きできます。

年金分割の請求手続き

請求手続きは、最寄りの年金事務所で行います。
代理人を立てる場合は、専用の委任状と印鑑証明書が必要です。

合意分割の場合

3号分割の場合

事実婚の解消による年金分割の場合は、それを証明する書類（住民票など）もつける。

必要なもの

- □ **標準報酬改定請求書**
- □ **年金手帳または、基礎年金番号通知書**
（請求書に個人番号を記入した場合は、マイナンバーカード）
- □ **婚姻期間を明らかにできる書類**
（戸籍謄本やそれぞれの戸籍抄本など）
- □ **請求日前1か月以内に作成された2人の生存を確認できる書類**
（戸籍謄本やそれぞれの戸籍抄本など）

合意分割はさらに準備

- □ **年金分割を明らかにできる書類**
（公正証書の謄本、公証人の認証を受けた離婚協議書、調停調書、和解調書の謄本　など）
- □ **請求者・代理人の身分証明書**
（運転免許証、パスポート、顔写真付きの住民基本台帳カード　など）

標準報酬改定請求書……年金分割を求める請求書。日本年金機構のホームページからダウンロードできる。(http://www.nenkin.go.jp)

自分のこと

不動産や車を取得したときの手続き

財産分与や慰謝料として自宅や車などを取得する場合、離婚後に名義変更の手続きが必要です。手続きを忘れると、相手の財産のままとなってしまいます。

相手に用意してもらう書類も多い

離婚の際に自宅などの不動産を取得する場合は、「所有権移転登記」という名義変更の手続きが必要です。相手から提供してもらう書類も多いので、早めに準備しておきます。協議離婚の場合は、離婚届を出す前に書類をそろえておくとよいでしょう。

調停離婚や裁判離婚の場合は、調停調書や判決書に不動産譲渡の内容が明記されるようにします。すると、不動産を渡す側から登記済権利証や印鑑証明書などを提出してもらわな

不動産の名義変更手続き

司法書士への依頼も含めて離婚前から計画的に準備しましょう。

不動産を取得した場合 ＝ 不動産を管轄する法務局で手続き

必要なもの（協議離婚の場合）

- □ 所有権移転登記申請書
- □ 登記原因証明情報（離婚協議書、公正証書、財産分与契約書）
- □ 登録免許税　取得する不動産の評価額の20/1000。評価額が3000万の場合、登録免許税は60万円。
- □ 戸籍謄本（離婚日の記載があるもの）

渡す側

- □ 登記済権利証または、登記識別情報
- □ 実印
- □ 印鑑証明書（発行後３か月以内のもの）
- □ 固定資産評価証明書（名義変更する年度のもの）

受け取る側

- □ 住民票
- □ 認印

くても、調停調書の正本などがあれば、不動産を取得する側だけで手続きが完了できます。ただし、いずれの場合も「登録免許税」という高額な税金がかかります。

手続きには時間と手間がかかるため、司法書士に依頼することも検討しましょう。その場合には、双方の署名捺印（なついん）がある委任状が必要です。

自動車の名義変更は、取得後15日以内に

使用していた自動車を取得する際にも、「移転登録」という名義変更が必要です。

取得が決まってから15日以内に、新しい所有者が申請するのが基本です。当事者が申請に行かない場合は委任状が必要になります。

相手の署名捺印が必要なので、離婚の協議中に、委任状の作成についても依頼しておくようにしましょう。

自家用車の名義変更手続き

普通自動車か軽自動車かによって、手続き場所や必要書類が異なります。

普通自動車を取得した場合

新所有者の住所を管轄する運輸支局で手続き

必要なもの

- □ 移転登録申請書
- □ 手数料納付書（自動車検査登録印紙を添付）
- □ 自動車検査証（車検証）
- □ 委任状

手数料は500円。ナンバープレートを変更する場合、自動車税の納付時期によってはプラスして支払う必要がある。

渡す側

- □ 譲渡証明書
- □ 実印
- □ 印鑑証明書（発行後３か月以内のもの）

受け取る側

- □ 印鑑証明書（発行後３か月以内のもの）
- □ 実印
- □ 車庫証明書（発行後１か月以内のもの）

軽自動車を取得した場合

新使用者の住所を管轄する軽自動車検査協会支所・事務所で手続き

必要なもの

- □ 自動車検査証記入申請書
- □ 自動車検査証
- □ 申請依頼書（所有者以外による申請の場合）

申請は無料で行える。ナンバープレートを変更する場合は、新たなプレートの料金が必要。

受け取る側

- □ 住民票の写しまたは、印鑑証明書（発行後3か月以内のもの）
- □ 認印

自分のこと

日常生活に関する手続き

戸籍や姓、住所の変更に伴い、やらなければいけない手続きはたくさんあります。一度ですべてすませようとせず、必要なものから順番に行っていきましょう。

運転免許証は即日交付。パスポートは1週間ほど

運転免許証やパスポートは身分証明書として使えるため、日常のさまざまな手続きの際に役立ちます。姓や本籍地、住所が変わったら、**速やかに変更の手続きをしましょう。**

運転免許証は、その日のうちに交付されます。パスポートは、変更前のパスポートを失効させてつくり直す「切替申請」と、有効期限を引き継いでつくり直す「記載事項変更申請」のどちらかを選びます。手続き方法や受け取りまでの期間は変わらず、どちらも新しいパスポートにな

こんなときは?

離婚後の保険を見直したい

離婚すると家族構成やライフスタイルが変わってくるため、民間の生命保険や医療保険の内容を見直したほうがよいケースが多くあります。たとえば、子どもを引き取った場合は、死亡保障や就労不能保障を充実させる。子どもが相手側の扶養になった場合は、死亡保障を低額にして医療保障を充実させるなどが考えられます。

経済的に厳しい状況なら、まずは公的医療保険や国民年金に加入することです。そのうえで、民間の保険は最低限の保障へ切り替えることなども検討すべきでしょう。ひとり親家庭向けの医療費助成制度も活用してください（➡ P218）。

自分で調べたり決めたりするのが難しい場合には、ファイナンシャルプランナーの無料相談などを利用することをおすすめします。

ファイナンシャルプランナー…税金、保険、住宅ローンなど、暮らしにかかわるお金について、専門知識をもとに計画を立てたり、アドバイスしてくれる。

りますが、記載事項変更申請のほうが手数料は安くなります。前のパスポートの有効期限がかなり残っている場合はこちらを選ぶほうがよいでしょう。

姓が変わると、**預金通帳やクレジットカードの変更も必要です。**クレジットカードの名義変更では、引き落としに使う預金口座を指定するため、まず預金口座の変更手続きから始めてください。

会社に対しては、届け出と最低限の報告を

会社では、健康保険や厚生年金、子どもの扶養申請などの変更手続きが必要になります。**担当部署には必ず必要書類を提出してください。**

離婚はプライベートなことなので報告の義務はありません。仕事への影響が考えられるようなら、身近な人には伝えておきましょう。

身分証明書の変更手続き

身分証明書となる運転免許証・パスポートの申請は早めに行いましょう。

日本国
旅券
JAPAN
PASSPORT

運転免許証の変更

住所地の警察署・運転免許センターで手続き

必要なもの

- □ 現在の運転免許証
- □ 本籍が記載された住民票
  （本籍・氏名の変更がある場合）
- □ マイナンバーカード、住民票、保険証など新住所が記載された書類
  （住所の変更だけの場合）

離婚後に、ほかの都道府県に引越した場合は、運転免許証用の本人写真が必要になることもある。

パスポートの変更

住所地のパスポートセンターなどで手続き

地域によっては市区町村の窓口にも設けられている。

必要なもの

- □ 一般旅券発給申請書
- □ 戸籍謄本または、戸籍抄本
  （発行後6か月以内のもの）
- □ 現在のパスポート
- □ 写真（45㎜×35㎜、6か月以内に撮影したもの）
- □ 手数料
  - ・記載事項変更　6000円
  - ・切替申請
    10年間有効　16000円
    5年間有効（12歳以上）　11000円
    5年間有効（12歳未満）　6000円

子どものこと

子どもの戸籍と姓の手続き

離婚後の子どもの戸籍は、婚姻時の戸籍筆頭者（多くは父親）のほうに残っています。母の戸籍に移すには、姓の変更から始めます。

子どもの姓の変更には裁判所の許可がいる

子どもの戸籍を移すには、**子どもの姓（氏）を、変更先の戸籍筆頭者と同じにする必要があります。**自分が婚姻時の姓で新しい戸籍をつくった場合、見かけ上は子どもと同じ姓になりますが、戸籍が違うので法律上は同じとはみなされません。旧姓にする場合と同様に、子どもの姓の変更手続きを行います。

姓の変更は、子どもの住所地を管轄する家庭裁判所に「子の氏の変更許可申立書（➡P240）」と必要書類等を提出して、許可を得ます。子どもが15歳未満なら、親権者が申立てを行います。

提出した書類に不備がなければ、変更を許可する「許可審判書」が発行されます。

同じ戸籍に入れる手続きは市区町村役場で行う

許可審判書を受け取ったら、今度**は、自分の戸籍に移す入籍の手続きを行います。**子どもの本籍地または、届出人の住所地の役場に行って「入籍届」に記入し、必要書類と併せて提出します。届出の場所によっては、子どもや新しい戸籍筆頭者の戸籍謄本が必要です。

子どもの姓の変更には期限がない

親の姓の変更は「離婚後3か月以内」と決められていますが、子どもの姓については期限がありません。

子どもが小さいうちは、親権者の意向に沿って変更されることになりますが、**15歳を過ぎれば、自分で氏の変更を申し立てることができます。**戸籍も、希望する親の側に入れます。

さらに、**満20歳からの1年間は、家庭裁判所の許可なく生まれたときの姓に戻ることができます。**自分で新たな戸籍をつくり、戸籍筆頭者になることも可能です。

子どもの戸籍を母親と同じにする手続き

子どもの戸籍を変更するには、まずは姓を自分と同じにする必要があります。
姓の変更を申し立て、その後自分の戸籍へ入籍させます。

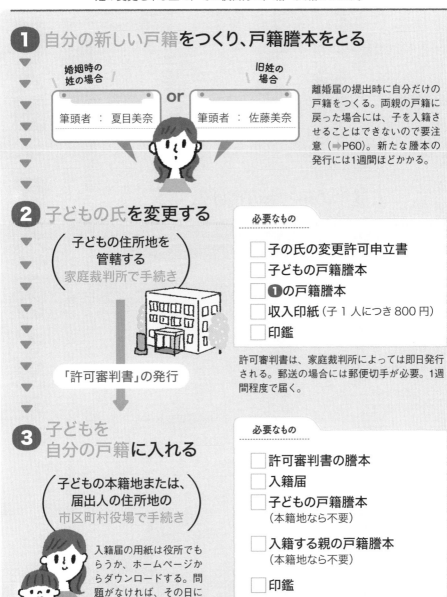

❶ 自分の新しい戸籍をつくり、戸籍謄本をとる

婚姻時の姓の場合

筆頭者 ： 夏目美奈

or

旧姓の場合

筆頭者 ： 佐藤美奈

離婚届の提出時に自分だけの戸籍をつくる。両親の戸籍に戻った場合には、子を入籍させることはできないので要注意（➡P60）。新たな謄本の発行には1週間ほどかかる。

❷ 子どもの氏を変更する

（子どもの住所地を管轄する家庭裁判所で手続き）

「許可審判書」の発行

必要なもの

- □ 子の氏の変更許可申立書
- □ 子どもの戸籍謄本
- □ ❶の戸籍謄本
- □ 収入印紙（子１人につき800円）
- □ 印鑑

許可審判書は、家庭裁判所によっては即日発行される。郵送の場合には郵便切手が必要。1週間程度で届く。

❸ 子どもを自分の戸籍に入れる

（子どもの本籍地または、届出人の住所地の市区町村役場で手続き）

入籍届の用紙は役所でもらうか、ホームページからダウンロードする。問題がなければ、その日に完了。

必要なもの

- □ 許可審判書の謄本
- □ 入籍届
- □ 子どもの戸籍謄本（本籍地なら不要）
- □ 入籍する親の戸籍謄本（本籍地なら不要）
- □ 印鑑

転入園・転入学の手続き

離婚を機に子どもを預けて働くことになったり、保育園や学校を変わることもあるでしょう。子どものためにも、余裕をもって準備しておきましょう。

保育所事情は早めに情報を集めて

子どもを預けるにあたっては、住所地のある市区町村役場から「保育を必要とする事由」があるかどうかの認定を受ける必要があります。

利用申込書や保育を必要とする事由の確認書類など、多くの書類が必要になります。**離婚が確定する前から、早めに役場の窓口で相談しましょう。**

待機児童数が多い地域では入園を待つ可能性もあります。ひとり親家庭は優先されるものの、求職中の場合は優先順位が低くなるため、認定

未就学の子どもの預け先

希望する預け先によって、必要な手続きが異なります。

施設	手続き
●認可保育所 就労などのために家庭保育できない保護者に代わり、保育する施設。0歳～小学校就学前の子どもが対象。朝から夕方までの保育を基本とするが、施設によって延長保育もある。	市区町村役場に認定申請・利用申し込み ↓ 調査・選考 ↓ 入園内定 ↓ 面接・健康診断 認定こども園は直接申し込む場合もある。
●認定こども園 幼稚園と保育園の要素をもち、地域の子育て支援にも取り組む施設。0～2歳までは家庭保育できない世帯が対象。3歳～小学校就学前まではどの世帯も利用できる。	
●地域型保育 保育所より少ない人数で、0～2歳の子どもを保育する施設。家庭保育できない世帯が対象。小規模保育事業、事業所内保育事業、家庭的保育事業、居宅訪問型保育事業がある。	
●認可外保育所 都道府県が定める基準に対して認証・認定されている施設など。保育内容・時間・保育料は各施設が自由に設定できるため、それぞれ違う。	施設に直接申し込み、契約
●幼稚園 小学校以降の教育の基礎をつくるための施設。3歳～小学校就学前の子どもが対象。施設によっては、午後や土曜日、長期休業中の預かり保育を実施している。	

申請をする前に職に就いているほうがよいでしょう。また、入園基準や保育料も市区町村によって変わってきます。転居の予定があれば、事前に転居先の保育所情報を集めて検討しましょう。

転園する場合は、現在の保育園に退園届を提出し、新しい保育園のある役場で入園手続きを行います。必要書類は入園時と同じです。

小中学校の手続きは比較的かんたん

子どもが公立の小中学校に通っている場合、学区外に転居するときには転校の手続きが必要です。

現在通っている学校に転校することを伝えると、通学最終日に転校用書類（在学証明書と教科用図書給与証明書）が渡されます。転居先の市区町村役場に転入届を出すと「転入学通知書」が交付されます。この通知書と転校用書類を新しい学校に提出すれば手続きは完了です。

手続き自体は難しくないので、**子どものことを考えて転居日を調整しましょう。学期や学年が変わるタイミングがベストでしょう。**転校初日のもちものも、あらかじめ確認しておくと安心です。

こんなときは?

小学校入学の直前に引越し

小学校入学を控えた子どもには、通常、入学前年の10月ごろに通知が来て、11月ごろに「就学時健康診断」があります。転居先が決まったら、引越し先の地域の教育委員会に連絡し、入学予定の小学校を教えてもらいます。早めに小学校に連絡し、必要な手続きについて確認してください。

公立小中学校への転校手続き

現学区外に引越す場合は、
下の順に手続きをすませます。

❶現在の学校に転校を伝える

A在学証明書
B教科用図書給与証明書

登校最終日にもらう

↓

❷引越し前の市区町村役場に転出届を出す

C 転出証明書

役場で発行してもらう

↓

❸引越し後の市区町村役場に転入届とCを出す

D転入学通知書

役場で発行してもらう

↓

❹指定の学校にABDを提出する

子どものこと

健康保険と扶養の手続き

親権をもった場合は、子どもが誰の扶養家族として健康保険を受けるのか、扶養控除についても考え、手続きする必要があります。

一緒に暮らす人と同じ健康保険に入るのが一般的

離婚後、母親が元配偶者の健康保険から抜けても、**子どもはそのまま父親の健康保険に入っていられます。**父親が親権者であれば当然ですが、親権者でなくても、父親が承諾して子どもが被扶養家族の条件を満たせば可能です。

ただし、母親と暮らしている場合には、母親と同じ健康保険に入って母親が子どもの保険料も負担するのが一般的です。日常生活で子どもの健康保険証を扱う際に、不便が生じることがあるからです。

子どもの健康保険を母親側へ異動するには、**父親の健康保険事業所に「資格喪失証明書」を発行してもらいます。**そのうえで、**母親の勤務先で手続きをするか、国民健康保険の加入手続きを行います。**

子どもと別居していても扶養控除は受けられる

離婚によって扶養家族がいなくなると、所得税の扶養控除が受けられなくなるため、収入が減ることになります。ただし、16歳以上の子どもがいて定期的に養育費を払っている場合には、そのまま扶養控除を受け続けることができます。

扶養控除は、1人の扶養家族に対して1人の納税者にしか適用されません。そのため、母親が子どもを育てていて父親が養育費を払うような場合、**どちらが扶養控除を受けるかが問題になってきます。**

母親に元配偶者と同等かそれ以上の収入があれば、母親が扶養控除を受けたほうが得になります。そうでなければ、父親側の節税のために扶養控除の申請を認め、その分、養育費を増額してもらったほうがよい場合もあります。

ひとり親世帯にかかる所得税を控除する「ひとり親控除」と併せて、最適な方法を考えてみましょう。

扶養控除…経済的に養っている家族がいる場合に、一定額の所得を差し引いて課税してもらえる制度。
ひとり親控除…➡P 218

扶養控除があると、収入が増える？

父親と母親のどちらが扶養控除を受けるかは、それぞれの収入面からも考えましょう。

課税所得350万円
母
父
養育費
娘
息子
16歳（高校生）
20歳（大学生）

［ 扶養控除の金額 ］

扶養親族の種類	控除金額
16〜18歳・23歳以上	38万円
19〜22歳	63万円
70歳以上で同居している両親・祖父母	58万円
70歳以上で上記以外	48万円

母親が子どもを引き取り父親が養育費を払う場合、扶養控除の有無で父親の収入は下のように変わる。

扶養控除ありの場合

課税所得　息子の控除額　娘の控除額　控除後の課税所得

350万円 － 63万 － 38万 ＝ 249万円

手取り額が22万2000円アップする！

所得税率　住民税率　控除額　税額

249万円 ×（10% ＋ 10%）－ 9万7500円 ＝ 40万0500円

扶養控除なしの場合

課税所得　所得税率　住民税率　控除額　税額

350万円 ×（20% ＋ 10%）－ 42万7500円 ＝ 62万2500円

［ 所得税の税率と控除額 ］

課税所得	税率	控除額
1000円〜194万9000円まで	5%	0円
195万円〜329万9000円まで	10%	9万7500円
330万円〜694万9000円まで	20%	42万7500円
695万円〜899万9000円まで	23%	63万6000円
900万円〜1799万9000円まで	33%	153万6000円
1800万円〜3999万9000円まで	40%	279万6000円
4000万円以上	45%	479万6000円

課税所得は、会社員なら源泉徴収票、自営業者なら確定申告書で確認できる。

16才未満の子どもの場合…扶養控除の代わりに児童手当が支払われている。

子どものこと

ひとり親家庭へのさまざまな支援

税金の控除や手当の支給、住まいや就職の支援など、ひとり親家庭を支える公的制度はさまざまあります。ひとりで悩まずに相談に行きましょう。

積極的に情報を集めて相談・利用しよう

国や自治体のひとり親家庭への支援制度は、支給条件や審査があるため、**住所地の市区町村役場への届け出が必要になります。**しかし、どんな支援制度があるのかを知らなければ、対象かどうかや届出の方法もわかりません。

支援制度については、自分から積極的に情報を集め、利用する姿勢が大切です。**市区町村役場のホームページで検索するほか、電話などでひとり親支援の相談を申し込んでみましょう。**

税金が安くなる ひとり親控除

ひとり親家庭で親の合計所得金額が500万円以下の場合、事実婚関係がなく、子どもの総所得金額が48万円以下であれば、所得税は35万円、住民税は30万円の控除が受けられます（所得税は令和2年分から、住民税は令和3年分から）。

会社員は年末調整で、自営業の場合は確定申告で申請します。申請を忘れた場合でも、あとから更正の請求をすれば、多く払った税金が戻ってきます。

医療費の助成 ひとり親家庭等医療費助成制度

ひとり親家庭の子どもを対象に、公的医療保険の自己負担分の一部を助成する制度。子どもが18歳になる年の3月31日までが対象です（障害がある場合は20歳未満）。自治体によって助成金額や助成の条件・方法が異なり、「ひとり親家庭医療証」を交付するところもあれば、後日、役場で申請することでお金が戻ってくるところもあります。住所地の役場窓口に問い合わせましょう。

児童手当…ひとり親かどうかにかかわらず、中学校卒業までの児童を養育している家庭に支給される。1人あたり、3歳未満は1万5000円。3歳以上は1万円（第3子以降は1万5000円）。

18歳未満の子どもがいたら　児童扶養手当

親の所得と子どもの人数に応じて、子どもが18歳になる年の3月31日まで支給されます（障害がある場合は20歳未満）。養育費を受けている場合にはその8割が親の所得とみなされ、実家の親と同居している場合は実家の収入も合わせて審査されます。所得制限限度額を超える場合は対象になりません。

役場の窓口で必要な書類を提出して受給資格の認定を受ければ、年6回（奇数月に2か月分）、指定した金融機関の口座に振り込まれます。

受給後、毎年8月に所得や子どもの養育状況を確認するための「現況届」を提出する必要があります。

ほかに、親の所得制限のみが審査基準となる「児童育成手当」、ひとり親にかかわらず支給される「児童手当」「特別児童扶養手当」があります。

［ 所得制限限度額一覧 ］

扶養児童の人数	全部支給	一部支給
1人	87万円	230万円
2人	125万円	268万円
3人以上	1人増すごとに38万円を加算	

［ 児童扶養手当額 ］

扶養児童の人数	全額支給	一部支給
1人	月額4万3160円	月額1万180円～4万3150円まで
2人	月額1万190円加算	月額5100円～1万180円加算
3人以上(1人につき)	月額6110円加算	月額3060円～6100円加算

（東京都福祉保健局より作成）

生活の基礎となる　住まいの支援

婚姻時の家を出て子どもと暮らす場合、自治体の住宅支援制度について確認しましょう。

子どもの養育に困難や不安があるときは、「母子生活支援施設」で援助や助言を受けながら一定期間暮らすことができます。また、公営住宅への入居を希望する場合は、入居の優遇や賃料の減額が対象になることもあります。

民間の賃貸住宅の場合でも、部屋探しをサポートしてくれたり、保証会社の紹介や保証料金の助成、家賃補助が受けられる場合があります。

対象者の制限や申請時期が決まっているものもあります。気になる制度については、住まいの役場窓口に問い合わせましょう。

児童扶養手当の所得…「収入金額－諸経費（給与所得控除額）＋養育費の8割相当額－諸控除額」で計算する。
特別児童扶養手当…精神または、身体に障害をもつ20歳未満の子どもがいる家庭に支給される。

経済的自立をサポート　就労支援

就職先を探すには、ハローワーク（公共職業安定所）へ行くことがすすめられますが、小さい子どもをもつ母親には、子連れで職探しできる「マザーズハローワーク」が便利です。託児所付きの職場や子育てに理解のある企業の求人を紹介してくれます。

政令指定都市や中核都市などには「母子家庭等就業・自立支援センター」があり、就職相談から就業支援講習会、就職情報の提供という一貫した就業支援を行っています（➡ P264）。住所地の役場に、最寄りセンターの問い合わせ先を確認しましょう。

また、以下の就労支援制度についても確認してみてください。

●自立支援教育訓練給付金

ひとり親家庭の母、または父が、各都道府県等が対象とする教育訓練を受け修了した場合に、その受講料の60%が支給される。

●高等職業訓練促進給付金

ひとり親家庭の母、または父が看護師や介護福祉士などの資格取得のため、養成機関で1年以上修業する場合、生活・入学の負担軽減の給付金が支給される。

●母子・父子自立支援プログラム策定事業

児童扶養手当受給者のひとり親を対象に、本人の意向や生活状況、職歴などを把握したプログラムがつくられ、必要な役場手続きなどをサポートしてもらえる。

●求職者支援制度

雇用保険を受給できない求職者（自営業を廃業・未就職者など）が、職業訓練によるスキルアップで早期就職を目指す制度。ハローワークと連携して行われる。

学校でかかる費用の援助　就学援助制度

学校生活では、授業料以外にもさまざまな費用がかかります。多くの自治体では、生活保護を受けていたり、児童扶養手当を受給している家庭に対し、学用品費や給食費、修学旅行費などを援助する「就学援助制度」を設けています。

受給するには、子どもが通う学校に「就学援助受給申請書」と必要書類を提出します。申請時期が決まっている自治体もあるので、希望する場合は学校か住所地の役場に相談しましょう。学校側は個人情報に十分配慮するので、周囲に知られる心配はありません。

《補助の対象》

- ●学校給食費
- ●校外活動費
- ●修学旅行費
- ●学用品費
- ●通学用品費

など

お金を貸してくれる　母子父子寡婦福祉資金貸付

ひとり親家庭の経済的自立や扶養（ふよう）している子どもの福祉のために、必要な資金を貸してくれる制度があります。貸付金の種類や連帯保証人の有無によって異なりますが、無利子か年利1～1.5%で借りることができます。

貸付金の種類には、下記の子どもの学校費用にかかわるもの以外に、親の事業資金、就職資金、生活資金、住宅資金などもあります。

連帯保証人がいなくても借りられるほか、返済の据え置きにも対応してもらえます。民間の高金利の貸付を利用する前に、住所地の役場に相談することがすすめられます。

貸付金の種類	貸付限度額例			償還期限
		自宅通学	自宅外通学	
●修学資金（無利子） 親に貸す場合は児童が連帯借受人になる。親の収入によっては、連帯保証人が必要。	国公立高校	27,000円/月	34,500円/月	20年以内
	私立高校	45,000円/月	52,500円/月	
	国公立短大	67,500円/月	90,500円/月	
	私立短大	93,500円/月	131,000円/月	
	国公立大学	71,000円/月	108,500円/月	
	私立大学	108,500円/月	146,000円/月	
●就学支度資金（無利子） 受験料、入学金、制服代など、入学に必要な資金が貸してもらえる。	小学校入学　64,300円 中学校入学　81,000円 公立高校等入学　160,000円 私立高校等入学　420,000円 国公立大学入学　420,000円 私立大学入学　590,000円			20年以内

（東京都の場合）

上手に利用したい　育児・生活の支援

ひとり親家庭では、子どもの病気や急な残業への対応が難しい場合があります。

各自治体には、保育所への送迎や時間外・放課後の子どもの預かり、急な外出時の預かりなどを登録会員同士で助け合う「ファミリー・サポート・センター」があります。自治体によって異なりますが、価格は1時間1000円ほど、朝～夜遅い時間帯まで利用することができます。

このほか、夜間や宿泊型の一時保育、病児保育、休日保育、ホームヘルパーの派遣、保育ママの利用など、育児をサポートするさまざまな支援事業があります。自分の暮らしに合ったサポートを利用できるよう、役所に相談して利用しましょう。

保育ママ…自治体で認定された保育士などの資格をもつ「家庭的保育者（保育ママ）」が、自宅等で子どもを預かり、保育する制度。

離婚後のトラブル

さまざまなトラブルに対処する

問題なく離婚したつもりでも、その後トラブルが起こることは少なくありません。どう対処するべきか、適切な方法を知っておきましょう。

最も多いのは養育費などの「不払い」

離婚後のトラブルで最も多いのは、養育費、慰謝料、財産分与の分割払いなどで、支払いが滞るケースです。その結果、支払い自体をうやむやにされてしまうことも少なくありません。

こうした場合には、**放置せず、すぐ対処することが大切です。**まずやるべきことは、電話やメールでの催促です。応答がなかったり、支払いが行われなかったりした場合は、「内容証明郵便（⬇P174）」で不払いになっていることを相手に通知します。

公的文書がなければ、調停を申し立てる

それでも支払われない場合には、法的手段をとります。ここからは**公的文書があるかどうかによって、対処法が違ってきます。**

協議離婚で離婚時に「公正証書」を作成していないことがあります。この場合は、まず家庭裁判所に支払い請求の調停を申し立てます。このとき合意内容を記した文書があると、調停は成立しやすくなります。

調停が不成立の場合は、地方裁判所に裁判を提起することになっています。そして、最終的には判決が出されます。

公的文書があれば直ちに強制執行ができる

強制執行認諾（にんだく）文言付公正証書がある場合や調停調書、和解調書、審判書、判決書といった公的文書がある場合は、直ちに地方裁判所に**強制執行を申し立てることができます（⬇P39）。**

調停調書か審判書がある場合には、家庭裁判所に「履行勧告」や「履行命令」を申し立てることもできます。ただし、これらには強制力はないため、ほとんどの場合、強制執行が選択されます。

支払いが滞ったときの対処法

公的文書があるかどうかで有効な対処法が異なってきます。

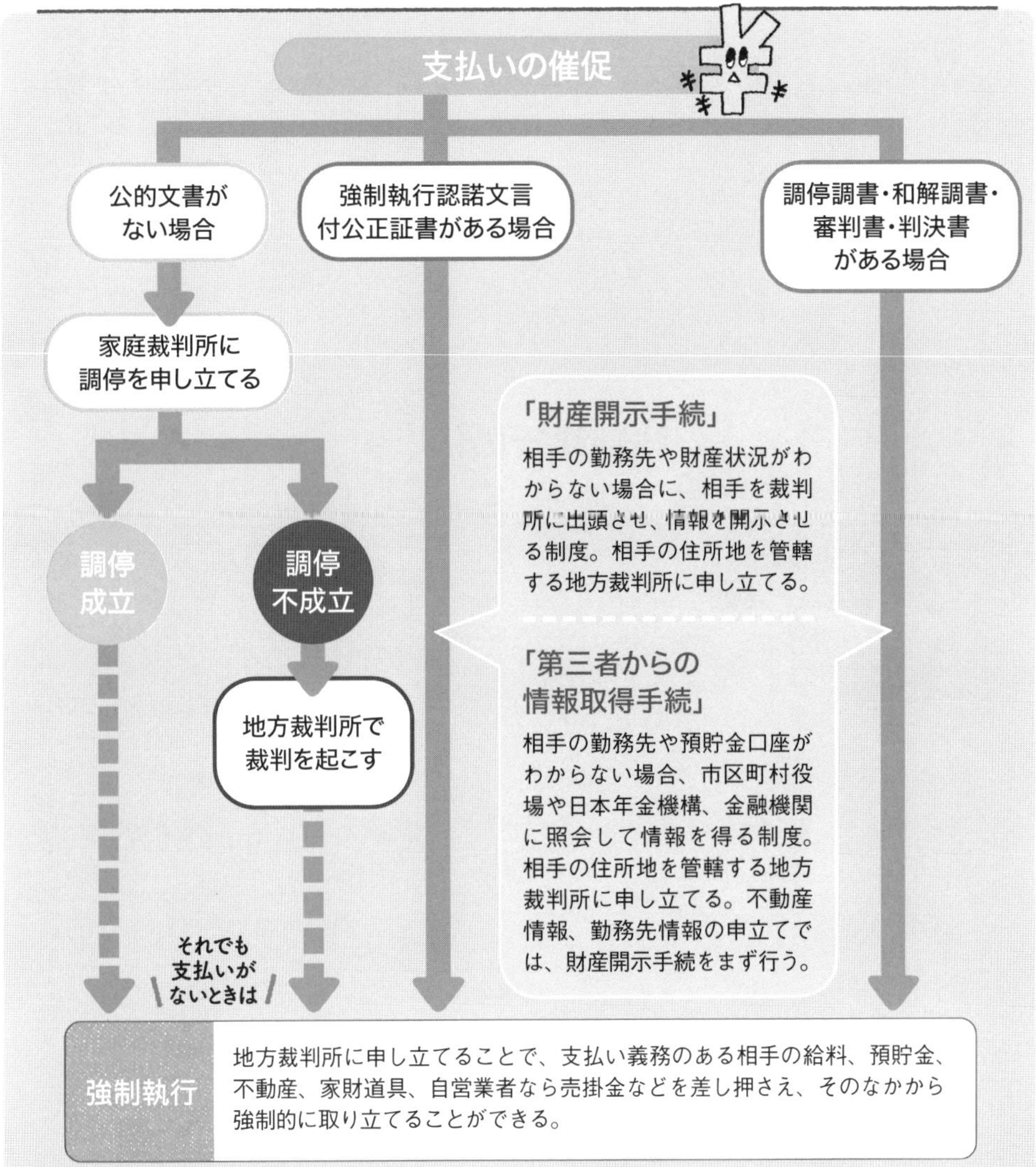
支払いの催促
公的文書がない場合
強制執行認諾文言付公正証書がある場合
調停調書・和解調書・審判書・判決書がある場合
家庭裁判所に調停を申し立てる
調停成立
調停不成立
地方裁判所で裁判を起こす
「財産開示手続」
相手の勤務先や財産状況がわからない場合に、相手を裁判所に出頭させ、情報を開示させる制度。相手の住所地を管轄する地方裁判所に申し立てる。
「第三者からの情報取得手続」
相手の勤務先や預貯金口座がわからない場合、市区町村役場や日本年金機構、金融機関に照会して情報を得る制度。相手の住所地を管轄する地方裁判所に申し立てる。不動産情報、勤務先情報の申立てでは、財産開示手続をまず行う。
それでも支払いがないときは
強制執行
地方裁判所に申し立てることで、支払い義務のある相手の給料、預貯金、不動産、家財道具、自営業者なら売掛金などを差し押さえ、そのなかから強制的に取り立てることができる。

調停調書・審判書の場合はこんな方法も

履行勧告

支払い状況などを調査し、相手に対して支払うように指導、助言、説得などを行う。法的強制力はないが、家庭裁判所から連絡がくることだけで、ある程度の効果は期待できる。

履行命令

支払い期限を家庭裁判所が決め、相手に支払い命令を出す。支払いに対する法的強制力はないが、従わない場合には10万円以下の過料（制裁金）が科される。

民事法の改正で強制執行がしやすくなった

強制執行は、支払い義務をもつ相手の給与、預貯金、不動産などを差し押さえ、**そのなかから強制的に支払い額を取り立てる制度です。**

養育費と婚姻費用については給与の2分の1まで、それ以外の支払いについては給与の4分の1まで差し押さえることができます。

また、未払いになっている分だけでなく、将来の分を差し押さえることも可能です。

しかし、給与や預貯金の差し押さえには、勤務先や金融機関の支店まで特定する必要があるため、転職や預貯金の移し替えにより、強制執行が行えないこともありましたが、民事執行法が改正され、2020年4月から施行されています。

改正された法律では、**第三者から**

強制執行のしくみ

必要な書類をそろえて地方裁判所に申し立てることで、強制執行が行われます。

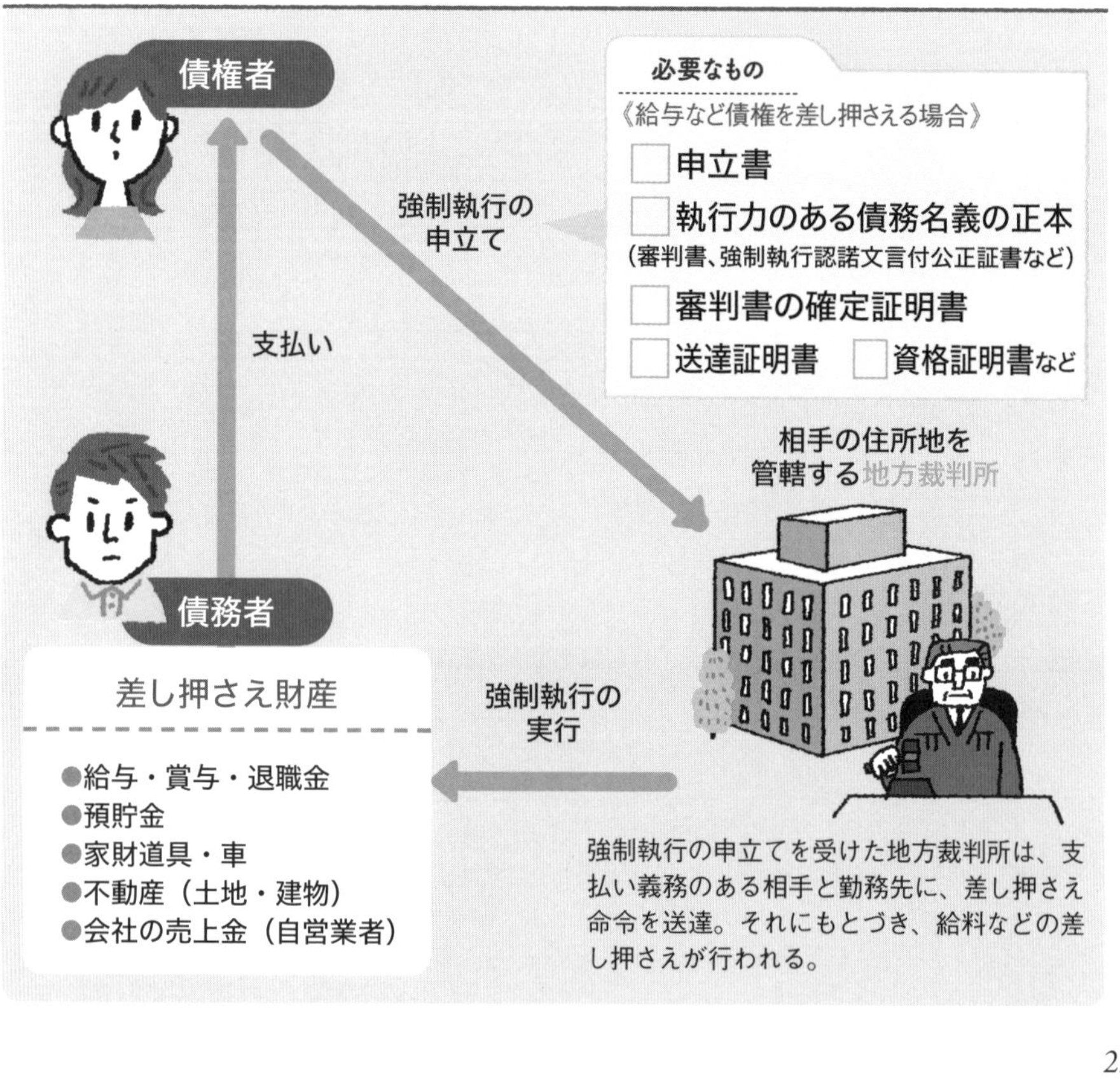
債権者
必要なもの
《給与など債権を差し押さえる場合》
申立書
執行力のある債務名義の正本
（審判書、強制執行認諾文言付公正証書など）
審判書の確定証明書
送達証明書
資格証明書など
強制執行の申立て
支払い
相手の住所地を管轄する地方裁判所
債務者
差し押さえ財産
●給与・賞与・退職金
●預貯金
●家財道具・車
●不動産（土地・建物）
●会社の売上金（自営業者）
強制執行の実行
強制執行の申立てを受けた地方裁判所は、支払い義務のある相手と勤務先に、差し押さえ命令を送達。それにもとづき、給料などの差し押さえが行われる。

の情報取得ができるようになりました。それにより、養育費や婚姻費用では、裁判所を通して市区町村役場や日本年金機構などに照会することができるため、**相手の勤務先を突き止め、給与の差し押さえができるようになったのです。**

また、相手の預貯金のある金融機関に支店名を照会でき、預貯金を移し替えていても、差し押さえができるようになりました。

従来からある手続きとしては、相手の勤務先や資産状況が不明になった場合の対処法として、地方裁判所を通して相手に情報を開示させる「財産開示手続」があります。

以前は、強制執行認諾文言付公正証書ではこの制度を利用できなかったのですが、改正法では可能になっています。

不払い以外のトラブルもある

離婚後に起きる可能性がある問題はさまざまです。経済状態の変化や子どもが成長することなどにより、**養育費の増額や減額の要求が出てくる場合があります。あるいは、面会交流について、新たなルールづくりが必要になるかもしれません。**

そのような場合は協議することになりますが、話し合いでの合意が困難な場合は、調停を利用することができます。養育費の増額や減額であれば「養育費増（減）額請求調停」を、面会交流についてなら「面会交流調停」を、家庭裁判所に申し立てます。「離婚後の紛争調整調停」もあります。

元配偶者がストーカー化するケースもあります。そのような場合は、個人で対応しようとせず、警察に相談したほうがよいでしょう。

こんなときは？

住宅ローンの支払いが滞った場合

持ち家のある夫婦が離婚した場合、元妻がその家に住み、家の名義人である元夫がローンを払い続けていることがよくあります。慰謝料などの代わりとしてローンを払っているケースもあります。この場合、元夫が失職したり、ローンを払い続ける意欲を失ったりして、支払いが滞る危険性があります。

公的文書があれば強制執行ができますが、公的文書がなければ、ローンの支払いが停止したことにより、家が競売にかけられ、強制退去ということになりかねません。任意売却などの対策がとれるケースもあるので、すぐに弁護士などの専門家に相談してください。

Column

子どもの心のケア

子どもがいる家庭では、離婚による影響も心配です。誠心誠意向き合っていきましょう。

心の傷を最小限にするためにできることは？

離婚は親の問題ですが、子どもも大きな影響を受けます。片親との別れがあり、引越しや転校で環境が大きく変わり、姓が変わることもあります。こうした大きな変化で、子どもはストレスを受け、心に傷を負うことでしょう。子どもがいちばんの被害者なのです。

子どもの傷を最小限におさえるためにも、離婚についてきちんと説明することが大事です。子どもが幼くてもごまかさず、その年齢で理解できる範囲で事実を伝えてください。

別れた相手でも親として子どもを支えていく

親の離婚で、「親から見捨てられた」「離婚は自分のせいだ」と考えてしまう子どもは少なくありません。親が離婚しても、子どもにとっては、どちらも親であることは変わりません。親として愛情が変わらないことを伝えることが大事です。養育費の支払いや面会交流も、親の愛情を示すのに役立ちます。

また、子どもの前で相手の悪口を言わないことも大切です。むしろ、相手が子どもを愛していることを伝えてあげるとよいでしょう。

子どもに離婚を伝えるときのポイント

不安を与えない伝え方で、きちんと話しましょう。

●嘘はつかない

子どもが幼くても、事実をごまかしたりせずに、理解できる範囲できちんと伝える。

●相手のことを悪く言わない

離婚した相手でも子どもにとっては親。非難すると子どもを傷つけることになる。

●子どものせいでないことを伝える

子どもを不安にさせないためにも、離婚が子どものせいではないことを伝える必要がある。

●愛情は変わらないことを伝える

離婚したあとも、両親の子どもへの愛情が変わらないことを、言葉や態度でしっかりと伝える。

巻末資料

●提出書類

◆家庭裁判所へ提出(➡p228〜243)
◆市区町村役場へ提出(➡p244〜245)
◆年金事務所へ提出(➡p246〜249)

正しく丁寧に書く必要があります。
それぞれの記入例を参考に、もれなく書きましょう。

●婚姻費用・養育費の算定表(➡p250〜261)

自分や相手の収入、子どもの年齢などをあてはめて、
目安となる金額を確認しましょう。

●各機関の連絡先一覧(➡p262〜267)

ひとり親家庭における相談やDV相談は、
一覧から連絡先を確認しましょう。
困ったときは、ためらわず早めに連絡してください。

書類の見方、
書き方、連絡先は
こちらから

[婚姻費用分担請求調停(審判)申立書]

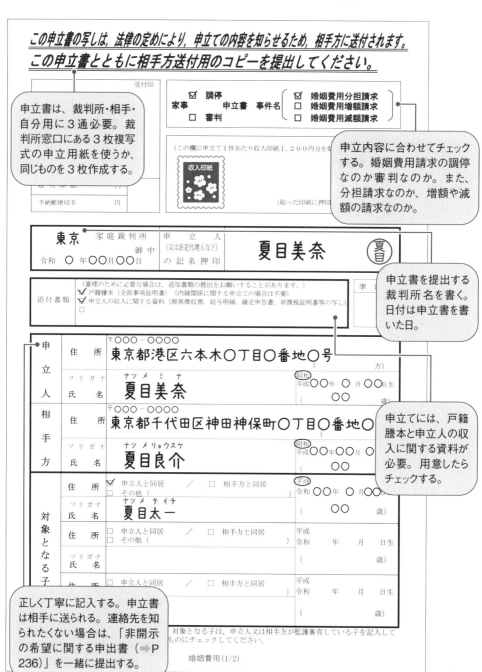

この申立書の写しは，法律の定めにより，申立ての内容を知らせるため，相手方に送付されます。

この申立書とともに相手方送付用のコピーを提出してください。

申立書は、裁判所・相手・自分用に３通必要。裁判所窓口にある３枚複写式の申立用紙を使うか、同じものを３枚作成する。

受付印

☑ 調停　家事　申立書　事件名（☑ 婚姻費用分担請求　☐ 婚姻費用増額請求　☐ 婚姻費用減額請求）
☐ 審判

申立内容に合わせてチェックする。婚姻費用請求の調停なのか審判なのか。また、分担請求なのか、増額や減額の請求なのか。

（この欄に申立て１件あたり収入印紙１，２００円分を貼

収入印紙

（貼った印紙に押印

予納郵便切手　円

東京 家庭裁判所 御中 令和 ○ 年○○月○○日	申立人（又は法定代理人など）の記名押印	夏目美奈 (夏目)

申立書を提出する裁判所名を書く。日付は申立書を書いた日。

添付書類	（審理のために必要な場合は，追加書類の提出をお願いすることがあります。） ☑ 戸籍謄本（全部事項証明書）（内縁関係に関する申立ての場合は不要） ☑ 申立人の収入に関する資料（源泉徴収票，給与明細，確定申告書，非課税証明書等の写し） ☐

準

申立てには、戸籍謄本と申立人の収入に関する資料が必要。用意したらチェックする。

申立人	住所	〒○○○－○○○○ 東京都港区六本木○丁目○番地○号（　方）	
	フリガナ 氏名	ナツメ　ミナ 夏目美奈	(昭和) 平成 ○○年 ○ 月 ○○日生 （ ○○ 歳）
相手方	住所	〒○○○－○○○○ 東京都千代田区神田神保町○丁目○番地○	
	フリガナ 氏名	ナツ メリョウスケ 夏目良介	(昭和) 平成 ○○年○○月 ○ （ ○○
対象となる子	住所	☑ 申立人と同居　／　☐ 相手方と同居 ☐ その他（　）	(平成) 令和 ○○年 ○ 月○○日
	フリガナ 氏名	ナツメ　タイチ 夏目太一	（ ○○ 歳）
	住所	☐ 申立人と同居　／　☐ 相手方と同居 ☐ その他（　）	平成 令和 年 月 日生
	フリガナ 氏名		（ 歳）
	住所	☐ 申立人と同居　／　☐ 相手方と同居 （　）	平成 令和 年 月 日生
			（ 歳）

対象となる子は，申立人又は相手方が監護養育している子を記入して
ものにチェックしてください。

正しく丁寧に記入する。申立書は相手に送られる。連絡先を知られたくない場合は、「非開示の希望に関する申出書（➡P 236）」を一緒に提出する。

婚姻費用（1/2）

金額が決まっていない場合は、「相当額」にチェックをつける。

この申立書の写しは，法律の定めにより，申立ての内容を知らせるため，相手方に送付されます。

この申立書とともに相手方送付用のコピーを提出してください。

※　申立ての趣旨は，当てはまる番号を○で囲んでください。
□の部分は，該当するものにチェックしてください。

申　立　て　の　趣　旨

（☑ 相手方 ／ □ 申立人 ）は，（☑ 申立人 ／ □ 相手方 ）に対し，婚姻期間中の生活費として，次のとおり支払うとの（☑ 調停 ／ □ 審判 ）を求めます。

※　1　毎月（☑ 金　8万　円　／　□ 相当額　）を支払う。

2　毎月金＿＿＿＿円に増額して支払う。

3　毎月金＿＿＿＿円に減額して支払う。

同居を始めた日と、別居した日を記入する。別居と同居をくり返している場合は、直近の別居日を記入する。

申　立　て　の　理　由

同　居　・　別　居　の　時　期

同居を始めた日…昭和・（平成）・令和　○○年○○月○○日　　別居をした日…平成・（令和）　○○年○○月○○日

婚 姻 費 用 の 取 決 め に つ い て

1　当事者間の婚姻期間中の生活費に関する取り決めの有無
□あり（取り決めた年月日：平成・令和＿＿年＿＿月＿＿日）　☑なし

2　1で「あり」の場合
(1)　取決めの種類
□口頭　□念書　□公正証書
□調停　□審判　□和解　→　＿＿＿＿家庭裁判所＿＿＿＿（□支部 ／ □出張所）平成・令和＿＿年(家＿＿)第＿＿＿＿号
(2)　取決めの内容
（□相手方 ／ □申立人）は，（□申立人 ／ □相手方）に対し，平成・令和＿＿年＿＿月から＿＿＿＿まで，毎月＿＿＿＿円を支払う。

2人の話し合い等ですでに取り決めがある場合、その内容についてあてはまる項目をチェックする。

婚 姻 費 用 の 支 払 状 況

□現在，毎月＿＿＿＿円が支払われている（支払っている）。
□平成・令和＿＿年＿＿月ころまで，毎月＿＿＿＿円が支払われていた（支払っていた）
（その後，（□減額された（減額した）　／　□支払がない（支払っていない）。）
□支払はあるが，一定しない。
☑　これまで支払はない。

婚姻費用の分担の増額または減額を必要とする事情（増額・減額の場合のみ記載してください。）

□　申立人の収入が減少した。　□　相手方の収入が増加した。
□　申立人が仕事を失った。
□　申立人自身・子にかかる費用（□学費　□医療費　□その他）が増加した。
□　その他（＿＿＿＿＿＿＿＿＿＿＿＿）

婚姻費用(2/2)

[夫婦関係調整調停申立書(離婚)]

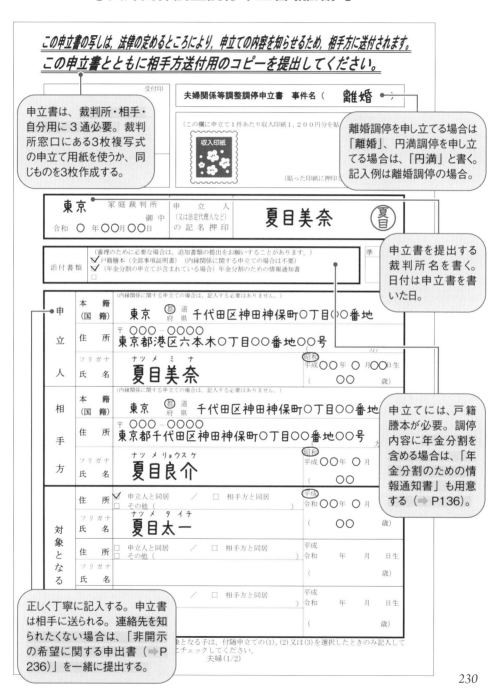

この申立書の写しは，法律の定めるところにより，申立ての内容を知らせるため，相手方に送付されます。

この申立書とともに相手方送付用のコピーを提出してください。

> 申立書は、裁判所・相手・自分用に３通必要。裁判所窓口にある3枚複写式の申立て用紙を使うか、同じものを3枚作成する。

受付印

夫婦関係等調整調停申立書　事件名（　離婚　）

> 離婚調停を申し立てる場合は「離婚」、円満調停を申し立てる場合は、「円満」と書く。記入例は離婚調停の場合。

（この欄に申立て１件あたり収入印紙１，２００円分を貼

収入印紙

（貼った印紙に押印し

東京　家庭裁判所 御中 令和 ○ 年○○月○○日	申立人 （又は法定代理人など） の記名押印	夏目美奈　（夏目）

> 申立書を提出する裁判所名を書く。日付は申立書を書いた日。

添付書類	（審理のために必要な場合は，追加書類の提出をお願いすることがあります。） ☑ 戸籍謄本（全部事項証明書）（内縁関係に関する申立ての場合は不要） ☑（年金分割の申立てが含まれている場合）年金分割のための情報通知書 □

準

申立人	本籍（国籍）	（内縁関係に関する申立ての場合は，記入する必要はありません。） 東京 ㊕都 道 府 県 千代田区神田神保町○丁目○○番地	
	住所	〒 ○○○－○○○○ 東京都港区六本木○丁目○○番地○○号	（　方）
	フリガナ 氏名	ナツメ　ミナ 夏目美奈	(昭和) 平成 ○○年 ○ 月○○日生 （ ○○ 歳）
相手方	本籍（国籍）	（内縁関係に関する申立ての場合は，記入する必要はありません。） 東京 ㊕都 道 府 県 千代田区神田神保町○丁目○○番地	
	住所	〒 ○○○－○○○○ 東京都千代田区神田神保町○丁目○○番地○○号	方
	フリガナ 氏名	ナツメ リョウスケ 夏目良介	(昭和) 平成 ○○年 ○ 月 （ ○○
対象となる	住所	☑ 申立人と同居　／　□ 相手方と同居 □ その他（　）	(平成) 令和 ○○年 ○ 月
	フリガナ 氏名	ナツメ　タイチ 夏目太一	（ ○○ 歳）
	住所	□ 申立人と同居　／　□ 相手方と同居 □ その他（　）	平成 令和　年　月　日生
	フリガナ 氏名		（　歳）
		／　□ 相手方と同居 ）	平成 令和　年　月　日生
			（　歳）

> 申立てには、戸籍謄本が必要。調停内容に年金分割を含める場合は、「年金分割のための情報通知書」も用意する（➡ P136）。

象となる子は，付随申立ての(1)，(2)又は(3)を選択したときのみ記入して
にチェックしてください。

夫婦(1/2)

> 正しく丁寧に記入する。申立書は相手に送られる。連絡先を知られたくない場合は、「非開示の希望に関する申出書（➡ P236)」を一緒に提出する。

この申立書の写しは，法律の定めるところにより，申立ての内容を知らせるため，相手方に送付されます。

この申立書とともに相手方送付用のコピーを提出してください。

※　申立ての趣旨は，当てはまる番号（１又は２，付随申立てについては(1)～(7)）を○で囲んでください。
　□の部分は，該当するものにチェックしてください。
☆　付随申立ての(6)を選択したときは，年金分割のための情報通知書の写しをとり，別紙として添付してください（その写しも相手方に送付されます。）。

申立ての趣旨	
円満調整	関係解消
※ 1　申立人と相手方間の婚姻関係を円満に調整する。 2　申立人と相手方間の内縁関係を円満に調整する。	※ (1)（○）申立人と相手方は離婚する。 2　申立人と相手方は内縁関係を解消する。 （付随申立て） ((1))（○）未成年の子の親権者を次のように定める。 　　　　　については父。 　長男 太一　については母。 ((2))（○）（□申立人／☑相手方）と未成年の子　太一　が面会交流する時期，方法などにつき定める。 ((3))（○）（□申立人／☑相手方）は，子　太一　の養育費として，１人当たり毎月（☑金　10万　円　／　□相当額）を支払う。 ((4))（○）相手方は，申立人に財産分与として，（☑金○○万　円　／　□相当額　）　を支払う。 ((5))（○）相手方は，申立人に慰謝料として，（☑金○○万　円　／　□相当額　）　を支払う。 ((6))（○）申立人と相手方との間の別紙年金分割のための情報通知書（☆）記載の情報に係る年金分割についての請求すべき按分割合を，（☑0．5　／　□（　　　　　））と定める。 (7)

兄弟姉妹がいる場合には、それぞれの名前を書く。

兄弟姉妹がいる場合は、「子らの養育費」とする。養育費、財産分与、慰謝料の金額が決まっていない場合は、「相当額」にチェックをつける。

年金分割のための情報通知書に記されている住所を相手に知られたくない場合は、住所部分を黒塗りしたうえで、写し（コピー）を添付する。分割割合を上限（50％）まで求めるときは、「0.5」をチェックする。それ未満を求めるときは、具体的な割合を書く。

同居を始めた日と、別居した日を記入する。別居と同居をくり返している場合は、直近の別居日を記入する。

申立ての理由
同居・別居の時期
同居を始めた日……昭和／（平成）／令和　○○年○○月○○日　　別居をした日……平成／（令和）　○○年○○月○○日
申立ての動機
※　当てはまる番号を○で囲み，そのうち最も重要と思うものに◎を付けてください。 （1）性格があわない　（◎2）異性関係　3　暴力をふるう　（4）酒を飲みすぎる 5　性的不調和　6　浪費する　7　病気 8　精神的に虐待する　9　家族をすててかえりみない　10　家族と折合いが悪い 11　同居に応じない　12　生活費を渡さない　13　その他

夫婦(2/2)

[事情説明書(夫婦関係調整)]

夫婦関係調整調停を申し立てる際、一緒に提出する。離婚調停でも円満調停でも、書式は同じ。

令和　　年（家　　）第　　　　　　号

事情説明書（夫婦関係調整）

この書類は，申立ての内容に関する事項を記載していただくものです。あてはまる事項にチェックを付け（複数可），必要事項を記入の上，申立書とともに提出してください。

なお，この書類は，相手方には送付しませんが，相手方から申請があれば，閲覧やコピーが許可されることがあります。

1 この問題でこれまでに家庭裁判所で調停や審判を受けたことがありますか。	□ ある　平成・令和　年　月頃　家裁　支部・出張所 □ 今も続いている。　申立人の氏名 事件番号　平成・令和　年（ □ すでに終わった。 ☑ ない
2 調停で対立すると思われることはどんなことですか。（該当するものに，チェックしてください。複数可。）	☑ 離婚のこと　□ 同居または別居のこと ☑ 子どものこと（☑親権　□養育費　□面会交流　□その他 □ 財産分与の額　☑ 慰謝料の額　□ 負債のこと □ 生活費のこと　□ その他（

学生であれば、大・高・中・小のいずれかと学年を記入する。未就学児の場合は、「未就学」「幼稚園」「保育園」などと記入する。

	申立人（あなた）				相手方			
3 それぞれの同居している家族について記入してください（申立人・相手方本人を含む。）。 ※申立人と相手方が同居中の場合は申立人欄に記入してください。	氏名	年齢	続柄	職業等	氏名	年齢	続柄	職業等
	夏目美奈	○○	本人	会社員	夏目良介	○○	夫	会社員
	夏目太一	○○	長男	小学2年生				

	申立人（あなた）	相手方
4 それぞれの収入はどのくらいですか。	月収（手取り）約　○○ 万円 賞与（年2回）計約　○○ 万円 □実家等の援助を受けている。月　万円 □生活保護等を受けている。月　万円	月収（手取り）約　○○ 万円 賞与（年2回）計約　○○ 万円 □実家等の援助を受けている。月　万円 □生活保護等を受けている。月　万円
5 住居の状況について記入してください。	□ 自宅 □ 当事者以外の家族所有 ☑ 賃貸（賃料月額　○○万円） □ その他（　）	☑ 自宅 □ 当事者以外の家族所有 □ 賃貸（賃料月額　円） □ その他（　）
6 財産の状況について記入してください。	(1) 資産 ☑ あり □ 土地　□ 建物 ☑ 預貯金（約　○○万円） □ その他　※具体的にお書きください。 （　） □ なし (2) 負債 □ あり　□住宅ローン（約　万円） □その他（約　万円） ☑ なし	(1) 資産 ☑ あり ☑ 土地　☑ 建物 ☑ 預貯金（約　○○万円） □ その他　※具体的にお書きください。 （　） □ なし (2) 負債 ☑ あり　☑住宅ローン（約○○○○万円） □その他（約　万円） □ なし
7 夫婦が不和となったいきさつや調停を申し立てた理由などを記入してください。	平成○年頃より、相手方は同じ会社の○○と不倫関係に陥り、不貞行為を繰り返してきた。私なりに家庭の維持に努めたものの、苦しみと緊張が続き、体調不良に悩むようになったため、離婚を申し出たが、長男太一の親権や養育費、慰謝料等で折り合いがつかず、調停を申し立てることで合意した。	

令和 ○ 年○○月○○日　　申立人　夏目美奈　(夏目)

できるだけ具体的にわかりやすく記入する。離婚の「申し入れ書（➡P 174）」がある場合はそれをもとにするとよい。

[子についての事情説明書]

子どもと一緒に暮らし、子どもの生活や教育環境を守っている人を監護者という（➡ P142）。

未成年の子どもがいる場合には、夫婦関係調整調停を申し立てる際、一緒に提出する。

（家　　）第　　　　　　号

子についての事情説明書

この書類は，申立人と相手方との間に未成年のお子さんがいる場合に記載していただくものです。あてはまる事項にチェックを付け，必要事項を記入の上，申立書とともに提出してください。

<u>なお，この書類は，相手方には送付しませんが，相手方から申請があれば，閲覧やコピーが許可されることがあります。</u>

1 現在，お子さんを主に監護している人は誰ですか。	☑ 申立人 □ 相手方 □ その他（　　　　　　　）
2 お子さんと別居している父または母との関係について，記入してください。 ＊ お子さんと申立人及び相手方が同居している場合には記載する必要はありません。	□ 別居している父または母と会っている。 □ 別居している父または母と会っていないが，電話やメールなどで連絡を取っている。 ☑ 別居している父または母と会っていないし，連絡も取っていない。 → 上記のような状況となっていることについて理由などがあれば，記載してください。 別居前、私の様子を察した子・太一は、ほとんど笑顔を見せなくなりました。そのため、しばらく連絡をとらずに2人の生活で様子を見ていました。
3 お子さんに対して，離婚等について裁判所で話合いを始めることや，今後の生活について説明したことはありますか。	□ 説明したことはない。 ☑ 説明したことがある。 → 説明した内容やそのときのお子さんの様子について，裁判所に伝えておきたいことがあれば，記載してください。 私の体調不良を気にしていたため、「パパと離れ、ママと2人で暮らそう」という言葉に納得してくれました。まだ子供が不安定なため、調停で面会交流についてきちんと取り決めたい。
4 お子さんについて，何か心配していることはありますか。	□ ない ☑ ある → 心配している内容を具体的に記載してください。 少なからず、傷ついているのだろうと思います。 母親思いの子なので私についてきてくれていますが、 実際は、父親のこと・離婚のことをどう思っているのか。 1人で抱えているものがないか、心配です。
5 お子さんに関することで裁判所に要望があれば記入してください。	息子が父と安定した関係を築いていけるよう、 面会交流についてしっかりした取り決めをしたいです。

令和 ○年○○月○○日　　　申立人　夏目美奈　（印：夏目）

書き方や内容に決まりはない。裁判所の担当者に十分理解してもらえるよう、具体的にわかりやすく書く。

[進行に関する照会回答書]

調停を申し立てる際に必要な書類。裁判所への要望がある場合にはこれに記載する。

令和　　年（家　　）第　　　　　　号

進行に関する照会回答書（申立人用）

この書面は，調停を進めるための参考にするものです。あてはまる事項にチェックを付け（複数可），空欄には具体的な事情等を記入して，申立ての際に提出してください。審判を申し立てた場合にも，調停手続が先行することがありますので提出して下さい。
この書面は，閲覧・コピーの対象とはしない取扱いになっています。

1 この申立てをする前に相手方と話し合ったことがありますか。	☑ ある。（そのときの相手方の様子にチェックしてください。） ☑ 感情的で話し合えなかった。　□ 冷静であったが，話合いはまとまらなかった。 □ 態度がはっきりしなかった。　□ その他（　　　　　） □ ない。（その理由をチェックしてください。） □ 全く話合いに応じないから。　□ 話し合っても無駄だと思ったから。 □ その他（　　　　　）
2 相手方は裁判所の呼出しに応じると思いますか。	☑ 応じると思う。 □ 応じないと思う。 □ 分からない。 （理由等があれば，記載してください。） 子どもの親権をとりたがっているから
3 調停での話合いは円滑に進められると思いますか。	□ 進められると思う。 ☑ 進められないと思う。 □ 分からない。 （理由等があれば，記載してください。） 私も絶対に親権は譲りたくないから
4 この申立てをすることを相手方に伝えていますか。	☑ 伝えた。 □ 伝えていない。 □ すぐ知らせる。　□ 自分からは知らせるつもりはない。　□ 自分からは知らせにくい。
5 相手方の暴力等がある場合には，記入してください。	1　相手方の暴力等はどのような内容ですか。 ☑大声で怒鳴る・暴言をはく。　□物を投げる。　□殴る・蹴る。　□凶器を持ち出す。 (1) それはいつ頃のことですか。 平成〇〇年〇〇月頃　から　別居前　頃　まで (2) 頻度はどのくらいですか。 週2~3　回 2　相手方の暴力等が原因で治療を受けたことはありますか。 ☑ない　□ある（ケガや症状等の程度 3　配偶者暴力に関する保護命令について，該当するものをチェックしてください。 ☑申し立てる予定はない。　□申し立てる予定である。 □申し立てたが，まだ結論は出ていない。　□申し立てたが，認められなかった。 □認められた。　※保護命令書の写しを提出してください。 4　相手方の調停時の対応について □裁判所で暴力を振るう心配はない。 ☑申立人と同席しなければ暴力を振るうおそれはない。 □裁判所職員や第三者のいる場所でも暴力を振るう心配がある。 □裁判所への行き帰りの際に暴力を振るうおそれがある。 □裁判所に刃物を持ってくるおそれがある。 □裁判所へ薬物，アルコール類を摂取してくるおそれがある。
6 調停期日の差し支え曜日等があれば書いてください。 ※　調停は平日の午前または午後に行われます。	申立人の　☑ 希望曜日　月 水 金　曜日　(午前)・午後 （ご希望に沿えない場合もございます。予めご了承下さい。） ☑ 差し支え曜日　火 木　曜日　午前・午後 （すでに差し支えることがわかっている日→　〇〇月〇〇日、〇〇月〇〇日 相手方の　□ 希望曜日　曜日　午前・午後 □ 差し支え曜日　曜日　午前・午後 （※分からなければ記載しなくてもかまいません。）
7 裁判所に配慮を求めることがあれば，その内容をお書きください。	相手とは顔を合わせたくありません。 待合室の場所や、入廷時刻・退廷時刻をずらすなどの配慮を希望します。

令和 〇 年〇〇月〇〇日　　申立人　夏目美奈　(夏目)

この書面が相手に見られることはない。DV（ドメスティック・バイオレンス）などがある場合は、正確に記載する。

「差し支え曜日」とは、都合が悪い曜日のこと。調停が行われるのは平日のみ。トータルで2～3時間程度かかることを考えて記載する。

調停時、家庭裁判所内で相手と会いたくない場合は配慮を希望する旨を記載する。

[連絡先等の届出書]

調停に関する書類の送付先・連絡先を記載するもの。調停の申立書と一緒に提出する。

令和 ○ 年 ☑（家イ）/ □（家） 第 ○○○ 号（期日通知等に書かれた事件番号を書いてください。）

連絡先等の届出書（□ 変更届出書）

** 連絡先等の変更の場合には上記□にチェックを入れて提出してください。*

1 送付場所

標記の事件について，書類は次の場所に送付してください。

☑ 申立書記載の住所のとおり

□ 下記の場所

場所：＿＿＿＿＿＿＿＿＿＿＿＿（〒 - ）

場所と本人との関係：□住所 □実家（ 方）

□就業場所（勤務先名 ）

□その他 ＿＿＿＿＿＿

□ 委任状記載の弁護士事務所の住所のとおり

2 平日昼間の連絡先

携帯電話番号：○○○ - ○○○○ - ○○○○

固定電話番号（□自宅／□勤務先）：＿＿＿＿＿＿

□ どちらに連絡があってもよい。

☑ できる限り，☑携帯電話／□固定電話への連絡を希望する。

□ 委任状記載の弁護士事務所の固定電話への連絡を希望する。

* 1，2について非開示を希望する場合には，非開示の希望に関する申出書を作成して，その申出書の下に本書面をステープラー（ホチキスなど）などで付けて一体として提出してください。

* 連絡先等について非開示を希望する場合には，原則として，開示により当事者や第三者の私生活・業務の平穏を害するおそれがあると解し，開示することはしない取り扱いになっておりますので，その他の理由がなければ，非開示の希望に関する申出書の第２項（非開示希望の理由）に記載する必要はありません。

令和 ○ 年 ○○月 ○○日

☑申立人／□相手方／□同手続代理人 氏名：夏目美奈 （夏目）

相手に住所や電話番号を知られたくない場合は、「非開示の希望に関する申出書（➡p 236）」と併せて提出する。

[非開示の希望に関する申出書]

裁判所への提出書類に、相手方に知られたくない情報（住所・電話番号など）がある場合、該当書類１枚ずつにこの申出書をつけて提出する。相手方等から閲覧・コピーの申請があった場合には、裁判所が事情を考慮したうえで、許可するかどうかを判断する。裁判所にも知らせる必要がない情報は黒く塗りつぶせばよく、非開示の希望は不要。

＊　この用紙はコピーして使用してください

令和 ○ 年（家イ）第 ○○○ 号

非開示の希望に関する申出書

＊ 本書面は，**非開示を希望する書面がある場合だけ提出**

＊ **提出する場合には，必ず，この書面の下に，ステープ**

スなど）で非開示を希望する書面を留めて下さい。添付さ

合，非開示の希望があるものとは扱われません。

ステープラー（ホチキスなど）で留めて下さい。

1　別添の書面については，非開示とすることを希望します。

※　非開示を希望する書面ごとにこの申出書を作成し，本申出書の下に当該書面をステープラー（ホチキスなど）などで付けて一体として提出してください（ファクシミリ送信不可）。

※　資料の一部について非開示を希望する場合は，その部分が分かるようにマーカーで色付けするなどして特定してください。

※　非開示を希望しても，裁判官の判断により開示される場合もありますので，あらか

承ください。なお，連絡先等の届出書について非開示を希望する場合には，原則とし

ることはしない取り扱いになっています。

非開示にしたい書類にこの申出書を重ね、ホチキスなどでとじて提出する。申出書の添付がない書類は、非開示の希望はない（開示してもよい）と受け取られる。

2　非開示を希望する理由は，以下のとおりです（当てはまる理由にチェック

ください。複数でも結構です。）。

- □　事件の関係人である未成年者の利益を害するおそれがある。
- ☑　当事者や第三者の私生活・業務の平穏を害するおそれがある。
- ☑　当事者や第三者の私生活についての重大な秘密が明らかにされることにより，その者が社会生活を営むのに著しい支障を生じるおそれがある。
- □　当事者や第三者の私生活についての重大な秘密が明らかにされることにより，その者の名誉を著しく害するおそれがある。
- □　その他（具体的な理由を書いてください。）

……………………………………………………

……………………………………………………

……………………………………………………

令和 ○ 年 ○ 月 ○ 日

氏　　名　夏目美奈　（夏目）

＊ 本書面は，**非開示を希望する書面がある場合だけ提出**してください。

[訴状]

訴状を提出する家庭裁判所名と作成日を書く。記名横の押印は認印でよい。

貼付する印紙額、郵便切手の額は、訴状を提出する家庭裁判所に確認する。印紙は訴状の裏面に貼る（本書では省略）。

訴　　状

事件名　離 婚　　請求事件

訴訟物の価額	円
貼用印紙額	円
予納郵便切手	円
貼用印紙　裏面貼付のとおり	

○○　家庭裁判所　御中 令和 ○ 年 ○ 月 ○ 日	原告の記名押印	夏目美奈　（夏目）

原告	本　籍	東京 都・道・府・県（「都」に○）　○○区○○○ ○丁目○番地
	[illegible]所	〒○○○－○○○○　電話番号 03（○○○○）○○○○　ファクシミリ（　　） 東京都○○区○○○ ○丁目○番地○号（　　方）
	[illegible]リガナ [illegible]名	ナツメ ミナ 夏目美奈
	送達場所 等の届出	原告に対する書類の送達は，次の場所に宛てて行ってください。 ☑ 上記住所 □ 勤務先（勤務先の名称　　） 〒　－　　電話番号（　　） 住　所 □ その他の場所（原告又は送達受取人との関係　　） 〒　－　　電話番号（　　） 住　所
		□ 原告に対する書類の送達は，上記の届出場所へ，次の人に宛てて行ってください。 氏　名　　（原告との関係　　）
被告	[illegible]籍	原告と同じ
	[illegible]所	〒○○○－○○○○　電話番号 03（○○○○）○○○○　ファクシミリ（　　） 東京都○○区○○○ ○丁目○番地○号（　　方）
	[illegible]リガナ 氏　名	ナツメ リョウスケ 夏目良介
添付書類		☑ 戸籍謄本（甲第　号証）　☑ 年金分割のための情報通知書（甲第　号証） ☑ 甲第 1 号証～ 第 3 号証　□ 証拠説明書　□ 調停が終了したことの証明書 □ 証拠申出書　□
夫婦関係の形成又は存否の確認を目的とする係属中の事件の表示		裁判所　／　平成・令和　年（　）第　号 事件名　　事件　／　原告　　被告

（注）[illegible]太枠の中だけ記入してください。□の部分は，該当するものにチェック[illegible]

裁判所から書類を送る際の希望送付先を選び、必要事項を記入する。そのほかの場所では、原告との関係は「実家」などと書く。

記載した住所地で、原告の代わりに書類を受け取る人を特定する場合、名前と続柄を記載する。指定した人が受け取ると、原告自身が受け取ったことになる。

訴状と一緒に提出する書類にチェックをつける。原告からの証拠書類を「甲第○号証」、被告からの証拠書類を「乙第○号証」という。証拠書類はコピーを２部（裁判所用と被告用）とり、右上に「甲第1号証」「甲第2号証」と1つずつ番号をつけて提出する。

「婚姻無効確認請求事件」「婚姻取り消し請求事件」など、夫婦関係に関する裁判をほかに行っている場合は、それについて記載する。

請求する項目にチェックし、その内容を記載する。

[訴状(つづき)]

請求及び申立ての趣旨

原告と被告とを離婚する。

(親権者の指定)　続柄　名

☑ 原告と被告間の 長男 太一 (平成)・令和 ○年 ○月 ○日生), ＿＿ ＿＿(平成・令和　年　月　日生), ＿＿ ＿＿(平成・令和　年　月　日生) の親権者を☑原告 □被告と定める。

□

(慰謝料)

☑ 被告は，原告に対し，次の金員を支払え。

☑ 金 280万 円

☑ 上記金員に対する 離婚判決確定日の翌日 から支払済みまで年 3 分の割合による金員

(財産分与)

□ 被告は，原告に対し，次の金員を支払え。

☑ 金 ○○○万 円

☑ 上記金員に対する離婚判決確定の日の翌日から支払済みまで年 3 分の割合による金員

□

□

(養育費)

☑ 被告は，原告に対し，令和○年○月 から 長男 太一，＿＿ ＿＿，＿＿ ＿＿ が 満20歳に達する日の属する月 まで，毎月 ○ 日限り，子一人につき金 8万 円ずつ支払え。

□

(年金分割)

☑ 原告と被告との間の別紙＿＿(年金分割のための情報通知書)記載の情報に係る年金分割についての請求すべき按分割合を，☑ 0.5 □(　　)と定める。

☑

訴訟費用は被告の負担とする。

との判決(☑及び慰謝料につき仮執行宣言)を求める。

利息のこと。特に取り決めがなければ、年3分(3%)とする。より低い利率にすることもできる。

分割割合の上限は0.5。それ未満を望む場合は、右側の□をチェックし、具体的な割合を記入する。

請求の原因等

1 (1) 原告と被告は，□昭和 ☑平成 □令和 ○ 年 ○ 月 ○ 日に婚姻の届出をしました。

(2) 原告と被告間の未成年の子は，□いません。 ☑次のとおりです。

続柄	名	年齢	生年月日
長男	太一	○ 歳	(平成)・令和 ○ 年 ○ 月 ○ 日生)
		歳	(平成・令和　年　月　日生)
		歳	(平成・令和　年　月　日生)

2〔調停前置〕

夫婦関係に関する調停を

☑しました。

事件番号 ○○○ 家庭裁判所 ○○○ 平成・(令和) ○ 年(家イ)第 ○○○ 号

結　果 平成・(令和) ○ 年 ○ 月 ○ 日 ☑不成立 □取下げ □(　　)

理　由 □被告が離婚に応じない □その他(

☑条件が合わない(親権者等

□していません。

理　由 □被告が所在不明

□その他(

3〔離婚の原因〕

次の事由があるので，原告は，被告に対して，離婚を求めます。

☑ 被告の不貞行為　□ 被告の悪意の遺棄　□ 被告の生死が3

□ 被告が強度の精神病で回復の見込みがない　☑ その他婚姻を継続し難い重

その具体的な事実は次のとおりです。

婚姻届を提出した日を書く。未成年の子どもがいる場合は、子どもの名前・年齢・生年月日を書く。

離婚について話し合いが行われた調停に関して記入する。調停が成立しなかった理由、調停をしていない理由は明確に書く。

離婚原因として該当するものをチェックする。(➡ P48)

さい。□の部分は，該当するものにチェックしてください。

離婚(2ページ)

離婚以外の請求や申立てをする場合は、4から番号と項目名をつけて、請求内容や具体的な事情を書く。未成年の子どもがいる場合には、離婚と同時に親権者を指定する。参考になる事情・考慮してほしい事情を記載する。

3〔離婚原因〕について、離婚の訴えに至るいきさつを、離婚原因ごとに番号をつけて具体的に書く。

3(1)〔不貞行為について〕

平成○年12月頃ごろより、部署異動で多忙になったとして残業や休日出勤、出張と称し帰宅時間が遅くなり、外泊が増えてきました。ところがそれは、同じ部署の○山○○子(以下「○山」という)との不倫関係によるもので、それ以降、現在に至るまで不貞行為をくり返しています。………………

3(2)〔婚姻を継続し難い重大な事由について〕

原告は、子どものために、改善に向けて努力し何度も話し合おうとしましたが………………。

以上のような事情で、これ以上婚姻を継続することはできないと思うようになりました。

4〔子の親権者について〕

原告は、株式会社○○社の正社員であり、生活は安定しています。これまで子どもの世話をしてきたのは原告であり、被告はほとんど面倒をみてきませんでした。

したがって、長男太一の親権者は、原告が適しています。

5〔慰謝料について〕

原告は結婚以来、家事や育児など、懸命に家庭の維持に努めてきましたが、被告の不貞行為により、離婚せざるを得ない状況となり精神的苦痛を受けました。これに対する慰謝料は少なくとも金○○○万円が相当です。したがって、金○○○万円および、これに対する離婚判決確定の日の翌日から支払済みまで民法所定の年3分の割合による遅延損害金を求めます。

慰謝料請求は、「被告の不法行為の内容」「損害内容と損害額」を書く。慰謝料遅延損害金(利息)も請求する場合は、「いつからいつまで」「遅延損害金の法的根拠」「利率」を書く。

6〔財産分与について〕

婚姻中に形成した夫婦の財産は、○○銀行○○支店の預金○○○○万円(甲2号証)、………。

したがって、財産分与として、金○○○万円および、これに対する離婚判決確定の日の翌日から支払済みまで民法所定の年3分の割合による遅延損害金を求めます。

7〔養育費について〕

原告の収入は、月約○○万円のほか、ボーナスとして………。一方被告の収入は………。

したがって、養育費として令和○年○月から子が満20歳に達する日の属する月まで、○万円を求めます。

8〔年金分割について〕

原告と被告の離婚時年金分割に係る………………は別紙のとおりです。

9〔まとめ〕よって、請求及び申し立ての趣旨記載の判決を求めます。

財産分与の請求では、「婚姻中につくった財産が何か」「その財産ができた経緯」「財産形成における原告の貢献」など、参考となる事情や考慮してほしい事情を記載する。

養育費は、源泉徴収票や確定申告書をもとにした原告と被告の収入状況など、参考となる事情などを書く。

ページ)

3ページ目以降は、枚数によって各自で記入する。

［子の氏の変更許可申立書］

申立人が15歳未満の場合

子の住所地の家庭裁判所名を書き、ここに申立書を提出する。日付は作成日を書く。

受付印	子の氏の変更許可申立書
	（この欄に申立人１人について収入印紙800円分を貼ってください。）
収入印紙　円	
予納郵便切手　円	（貼った印紙に押印しないでください。）

収入印紙

必要書類をそろえ、一緒に提出する。準備ができたらチェックをつける。

準口頭	関連事件番号　平成・令和　　年（家　　）第　　　号

東京　家庭裁判所　御中 令和　○年　○月　○日	申立人（15歳未満の場合は法定代理人）の記名押印	夏目太一の法定代理人 佐藤美奈　（印：佐藤）

添付書類	（同じ書類は１通で足ります。審理のために必要な場合は，追加書類の提出をお願いすることがあります。） ☑ 申立人(子)の戸籍謄本(全部事項証明書)　☑ 父・母の戸籍謄本(全部事項証明書) □

申立人（子）	本籍	東京 ㊞都 道府県　千代田区○○○　○丁目○番地	
	住所	〒○○○－○○○○　電話 03（○○○○）○○○○ 東京都港区○○○　○丁目○番地○号（佐藤　方）	
	フリガナ 氏名	ナツメ　タイチ 夏目太一	昭和・(平成)・令和　○年　○月　○日生（　○　歳）
	本籍 住所	※　上記申立人と同じ	
	フリガナ 氏名		昭和・平成・令和　年　月　日生（　歳）
	本籍 住所	※　上記申立人と同じ	
	フリガナ 氏名		昭和・平成・令和　年　月　日生（　歳）
☆法定代理人（父・母・後見人）	本籍	東京 ㊞都 道府県　港区○○○　○丁目○番地	
	住所	〒　－　電話 090（○○○○）○○○○ 上記申立人の住所に同じ（　方）	
	フリガナ 氏名	サトウミナ 佐藤美奈	フリガナ 氏名

子どもの本籍地を記入する。変更を求める子どもが複数人いる場合は、すべての子どもの名前・生年月日・年齢を記入する。

（注）　太枠の中だけ記入してください。　※の部分は，各申立人の本籍及び住所を記入してください。　☆の部分は，申立人が１５歳未満の場合に記入してください。

法定代理人へは、裁判所から連絡がいく可能性がある。平日の日中連絡がつく電話番号を記入する。

現在の姓を書き、異動させたい戸籍の筆頭者を選び、その姓（変更後の姓）を記入する。

申　立　て　の　趣　旨

※

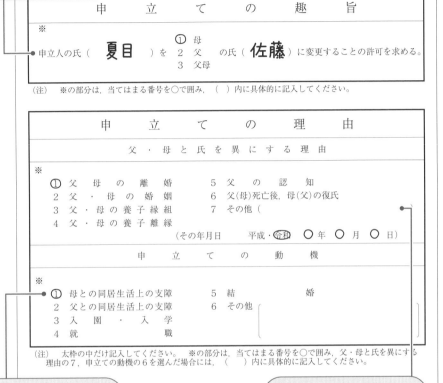

申立人の氏（　夏目　）を　①母　2 父　3 父母　の氏（　佐藤　）に変更することの許可を求める。

（注）　※の部分は，当てはまる番号を○で囲み，（　）内に具体的に記入してください。

申　立　て　の　理　由

父・母と氏を異にする理由

※

① 父母の離婚　　　5 父の認知
2 父・母の婚姻　　6 父(母)死亡後，母(父)の復氏
3 父・母の養子縁組　7 その他（　　）
4 父・母の養子離縁

（その年月日　平成・㊥令和　○年　○月　○日）

申　立　て　の　動　機

※

① 母との同居生活上の支障　5 結婚
2 父との同居生活上の支障　6 その他（　　）
3 入園・入学
4 就職

（注）　太枠の中だけ記入してください。　※の部分は，当てはまる番号を○で囲み，父・母と氏を異にする理由の7，申立ての動機の6を選んだ場合には，（　　）内に具体的に記入してください。

1～5の動機に該当しないときは、6に記入する。子どもが複数人いて、それぞれ動機が異なるときは子どもごとに選ぶ。

1～6の理由に該当しないときは、7に記入する。協議離婚の場合は届出日、調停や和解離婚ではそれぞれの成立日、審判や裁判離婚では確定した日を書く。

申立人が15歳以上の場合も書式は同じです。
「法定代理人（親権者）」の項目が
記入不要になるため、そこだけ空欄にし、
ほかは上記と同様に記入し提出します。

[親権者変更調停申立書]

「親権者死亡」「行方不明」など特別な事情がなければ、まずは調停を申し立てる。

この申立書の写しは，法律の定めにより，申立ての内容を知らせるため，相手方に送付されます。
この申立書とともに相手方送付用のコピーを提出してください。

離婚後、親権者を変更したい場合は家庭裁判所での調停か審判が必要。申立書は、裁判所・相手・自分用に３通必要。裁判所窓口にある３枚複写式の申立て用紙を使うか、同じものを３枚作成する。

家事　☑ 調停　□ 審判　申立書　（ 親権者の変更 ）

（この欄に未成年者１人につき収入印紙１，２００円分を貼ってください。）

（貼った印紙に押印しないでください。）

東京　家庭裁判所　御中 令和　○年　○月　○日	申立人 （又は法定代理人など） の記名押印	夏目良介	（印：夏目）

添付書類	（審理のために必要な場合は，追加書類の提出をお願いすることがあります。） ☑ 申立人の戸籍謄本（全部事項証明書）　☑ 相手方の戸籍謄本（全部事項証明書） □ 未成年者の戸籍謄本（全部事項証明書）　□

準

申立書を提出する裁判所名を書く。日付は申立書を書いた日。

申立人	本籍（国籍）	東京 ㊞都 道 府 県　千代田区○○○　○丁目○番地	
	住所	〒 ○○○ － ○○○○ 東京都千代田区○○○　○丁目○番地○号　（　方）	
	フリガナ 氏名	ナツメ リョウスケ 夏目良介	（昭和）平成 ○○年○○月○○日 生（ ○○ 歳）
相手方	本籍（国籍）	東京 （都） 道 府 県　港区○○○　○丁目○番地	
	住所	〒 ○○○ － ○○○○ 東京都港区○○○　○丁目○番地○号　（　方）	
	フリガナ 氏名	サトウ ミナ 佐藤美奈	（昭和）平成 ○○年○○月○○日 生（ ○○ 歳）
未成年者	未成年者(ら)の本籍（国籍）	□ 申立人と同じ　☑ 相手方と同じ □ その他（　）	
	住所	□ 申立人と同居　／　☑ 相手方と同居 □ その他（　）	（平成）令和 ○○年○○月○○日生（ ○○ 歳）
	フリガナ 氏名	サトウ タイチ 佐藤太一	
	住所	□ 申立人と同居　／　□ 相手方と同居 □ その他（　）	平成 令和　年 （
	フリガナ 氏名		
	住所	□ 申立人と同居 □ その他（　）	平成 令和　年 （
	フリガナ 氏名		
		申立人と同居 の他（　）	平成 令和　年 （

してください。□の部分は，該当するものにチェックしてください。
親権者変更(1/2)

今回の申立てで親権者変更を求める子どもについて記載する。

申立てには、申立人と相手方の戸籍謄本が必要。用意したらチェックする。

相手方に知られてもよい住所を記載し、併せて「連絡先等の届出書（➡P 235）」を提出する。連絡先を知られたくない場合は、「非開示の希望に関する申出書（➡P 236）」を添える。

この申立書の写しは，法律の定めにより，申立ての内容を知らせるため，相手方に送付されます。

この申立書とともに相手方送付用のコピーを提出してください。

※　申立ての趣旨は，当てはまる番号を○で囲んでください。
　□の部分は，該当するものにチェックしてください。

申　立　て　の　趣　旨
※ ① 未成年者の親権者を，（☑相手方　／　□申立人　）から（☑申立人　／　□相手方　）に変更するとの　（☑調停　／　□審判　）を求めます。 （親権者死亡の場合） 2　未成年者の親権者を，　（　□亡父　／　□亡母　） 氏名 本籍 から　申立人　に変更するとの　審判　を求めます。

申　立　て　の　理　由
現在の親権者の指定について
☑ 離婚に伴い指定した。 □ 親権者の変更又は指定を行った。 その年月日　平成・(令和) ○ 年○○月○○日 （裁判所での手続の場合） 家庭裁判所　　（□支部／□出張所） 平成・令和　　年（家　　）第　　号
親権者指定後の未成年者の監護養育状況
☑ 平成・(令和) ○ 年○○月○○日から平成・(令和) ○ 年○○月○○日まで □申立人　／　☑相手方　／　□その他（　　　）　のもとで養育 □ 平成・令和　年　月　日から平成・令和　年　月　日まで □申立人　／　□相手方　／　□その他（　　　）　のもとで養育 □ 平成・令和　年　月　日から現在まで □申立人　／　□相手方　／　□その他（　　　）　のもとで養育
親権者の変更についての協議状況
□ 協議ができている。 ☑ 協議を行ったが，まとまらなかった。 □ 協議は行っていない。
親権者の変更を必要とする理由
□ 現在，（□申立人／□相手方）が同居・養育しており，変更しないと不便である。 ☑ 今後，（☑申立人／□相手方）が同居・養育する予定である。 □ （□相手方／□未成年者）が親権者を変更することを望んでいる。 □ 親権者である相手方が行方不明である。（平成・令和　　年　　月頃から） □ 親権者が死亡した。（平成　　年　　月　　日死亡） ☑ 相手方を親権者としておくことが未成年者の福祉上好ましくない。 □ その他（　　　　　　　　　　）

あてはまる項目にチェックをつける。どれにも該当しない場合は、「その他」の項目に具体的な理由を記載する。

親権者変更(2/2)

市区町村役場窓口にあるほか、ホームページよりダウンロードできる。指定サイズに出力して使う。印鑑、身分証明書を持参し、本人が役場窓口に届け出る必要がある。

[離婚届不受理申出]

1/2

離婚届
不受理申出

令和 ○ 年 ○ 月 ○ 日申出

東京都○○区長 殿

受付 令和 年 月 日 発収簿番号 第 号 整理番号 第 号	発送 令和 年 月 日
送付 令和 年 月 日 発収簿番号 第 号 整理番号 第 号	長 印
書類調査 / 戸籍調査	

届出日を記載し、市区町村長宛てにする。

不受理申出の対象となる届出	離婚の届出	
	過去にした離婚の届出の不受理申出 □ 有 ☑ 無	
申出人の表示等	申出人	夫又は妻（特定されている場合）
氏名	夏目美奈	夏目良介
生年月日	昭和○○年 ○○ 月 ○○ 日	昭和○○年 ○○ 月 ○○ 日
住所（住民登録をしているところ）	東京都○○区 ○丁目 ○番地 ○ 号	東京都○○区 ○丁目 ○番地 ○ 号
本籍	東京都○○区 ○丁目 ○番地	東京都○○区 ○丁目 ○番地
	筆頭者の氏名 夏目良介	筆頭者の氏名 夏目良介
その他		

同じ本籍地や住所地でも、省略せず、正しく丁寧に記入する。

上記届出がされた場合であっても、わたしが市区町村役場に出頭して届け出たことを確認することができなかったときは、これを受理しないよう申出をします。

申出人 署名押印	夏目美奈 (夏目)

2/2

申出人連絡先（連絡方法の希望）	夏目美奈 電話 090-0000-0000 希望（15時以降、必ず携帯電話へお願いいたします。）

連絡方法への希望があれば、記入する。

市町村使用欄	項目	処理	処理内容等
	受領日時分		令和 年 月 日 時 分
	本人出頭		□あり □なし
	本人確認方法		免・旅・住・その他（ ）
	不受理申出人の本籍の変更等による送付		送付 年 月 日 発収簿番号 第 号 新本籍地
	取下げ（失効）となった日及び事由		年 月 日 取下・失効（失効事由 ）

[離婚の際に称していた氏を称する届]

届出日を記載し、市区町村長宛てにする。

離婚の際に称していた氏を称する届
(戸籍法77条の2の届)

令和 ○年 ○月 ○日 届出

東京都○○区 長 殿

受 理 令和 年 月 日 第 号	発 送 令和 年 月 日
送 付 令和 年 月 日 第 号	長 印

書類調査	戸籍記載	記載調査	附 票	住 民 票	通 知	

離婚届と一緒に届け出る場合は、「変更前（現在称している氏）」「変更後（離婚の際称していた氏）」のどちらも、離婚前の氏（婚姻時の姓）を書く。

(1)	（よみかた） 離婚の際に称していた氏を称する人の氏名	（現在の氏名、離婚届とともに届け出るときは離婚前の氏名） なつめ　みな 氏 夏目　名 美奈	昭和○○年 ○○月 ○○日生
(2)	住所 （住民登録をしているところ）	東京都○○区○○○ ○丁目○ 番地/番 ○ 号 世帯主の氏名 夏目美奈	
(3)	本籍	（離婚届とともに届け出るときは、離婚前の本籍） 東京都○○区○○○ ○丁目○ 番地/番 筆頭者の氏名 夏目良介	
(4)	氏	変更前（現在称している氏） 夏目	変更後（離婚の際称していた氏） （よみかた） なつめ 夏目
(5)	離婚年月日	令和○○年 ○○月 ○○日	
(6)	離婚の際に称していた氏を称した後の本籍	（(3)欄の筆頭者が届出人と同一で同籍者がない場合には記載する必要はありません） 東京都○○区○○○ ○丁目○ 番地/番 筆頭者の氏名 夏目美奈	
(7)	その他		
(8)	届出人署名押印 （変更前の氏名）	夏目美奈	（夏目）

字訂正
字加入
字削除

届出印

協議離婚の場合は届出日。調停や和解離婚ではそれぞれの成立日。審判や裁判離婚では確定した日を書く。

住定年月日 ・ ・

日中連絡のとれるところ
電話（090）0000-0000
自宅 勤務先 呼出（ 方）

[年金分割のための情報提供請求書]

年金分割の請求期限は、離婚成立日・婚姻が取り消された日・事実婚の解消が認められた日の翌日から起算して２年以内。早めに手続きを開始する。

届書コード	処理区分	
7 8 1 1		届書

年金分割のための情報提供請求書

○ 太枠▭の中に必要事項を記入してください。ただし、◆印がついている欄は、記入不要です。
○ 記入にあたっては、「年金分割のための情報提供請求書の記入方法等について」を参照してください。

基礎年金番号（１０桁）で届出する場合は左詰めでご記入ください。

1 請求者（甲）

① 個人番号（または基礎年金番号）	○○○○○○○○○○	
② 生年月日	明治・大正・(昭和)・平成・令和	○○年○○月○○日
㋐ 氏名	（フリガナ）ナツメ（氏）夏目（旧姓 佐藤）	（フリガナ）ミナ（名）美奈
㋑ 住所の郵便番号	㋒ 住所	（フリガナ）ミナト
○○○－○○○○		港 市(区)町村 ○○○ ○丁目○番地○号

過去に加入していた年金制度の年金手帳の記号番号で基礎年金番号と異なる記号番号があるときは、その番号をご記入

厚生年金保険		国民年金	
船員保険			

当事者2人が請求する場合、１人を当事者（甲）、もう一方を当事者（乙）として記入する。当事者１人が請求するときは、配偶者について2に記入する。配偶者の個人番号または年金番号、住所が不明の場合は、該当欄に「不明」と書く。

2 請求者（乙）または配偶者

③ 個人番号（または基礎年金番号）	○○○○○○○○○○	
④ 生年月日	明治・大正・(昭和)・平成・令和	○○年○○月○○日
㋓ 氏名	（フリガナ）ナツメ（氏）夏目（旧姓　　）	（フリガナ）リョウスケ（名）良介
㋔ 住所の郵便番号	㋕ 住所	（フリガナ）チヨダ
○○○－○○○○		千代田 市(区)町村 ○○○ ○丁目○番地○号

過去に加入していた年金制度の年金手帳の記号番号で基礎年金番号と異なる記号番号があるときは、その番号をご記入

厚生年金保険		国民年金	
船員保険			

3 婚姻期間等

1．情報の提供を受けようとする婚姻期間等について、該当する項目を○で囲み、それぞれの項目に応じて定められた欄をご記入ください。
(ア) 婚姻の届出をした期間（法律婚期間）のみを有する。⇒「２」欄
イ．婚姻の届出をしていないが事実上婚姻関係と同様の事情にあった期間（事実婚期間）のみを有する。⇒「３・５」欄
ウ．事実婚期間から引き続く法律婚期間を有する。⇒「４・５」欄

2．現在、引き続き法律婚関係にありますか。　（(ある)・ない）
「ある」に○をつけた方は⑥欄を、「ない」に○をつけた方は⑥欄と⑦欄をご記入ください。

⑥ 婚姻した日	大・昭・(平)・令 ○○年○○月○○日	⑦ 離婚した日、または婚姻が取り消された日	平・令	

3．現在、引き続き事実婚関係にありますか。　（ある・ない）
「ある」に○をつけた方は⑥欄を、「ない」に○をつけた方は⑥欄と⑦欄をご記入ください。

⑥ 事実婚第３号被保険者期間の初日	昭・平・令　年　月　日	⑦ 事実婚関係が解消したと認められる日	平・令	

4．現在、引き続き法律婚関係にありますか。　（ある・ない）
「ある」に○をつけた方は⑥欄を、「ない」に○をつけた方は⑥欄と⑦欄をご記入ください。

⑥	事実婚第３号被保険者期間の初日	昭・平・令　年　月　日			
	婚姻した日	昭・平・令　年　月　日	⑦ 離婚した日、または婚姻が取り消された日	平・令	

5．事実婚期間にある間に、当事者二人のうち、その一方が他方の被扶養配偶者として第３…であった期間を全てご記入ください。

㋖ 事実婚第３号被保険者期間	昭和・平成・令和　年　月　日	から	昭和・平成・令和　年　月　日	まで	昭和・平成・令和　年　月　日	から 昭和・平成・令和　年　月　日 まで
	昭和・平成・令和　年　月　日	から	昭和・平成・令和　年　月　日	まで	昭和・平成・令和　年　月　日	から 昭和・平成・令和　年　月　日 まで

情報提供を受けたい期間について記入する。婚姻期間または、事実婚の期間、事実婚から婚姻期間までの３つから選び、その関係が始まった日、終わった日を記入する。文章の通り、あてはまる箇所だけ記入する。

今回情報提供を希望する内容について、過去に提供を受けている場合はそれについて記入する。

1・2で記入した相手以外と扶養関係があった場合のみ記入する。

4 対象期間に含めない期間

1．情報提供を受けようとする婚姻期間において、

ア．1欄に記入した方が、「2 欄に記入した方以外の方」の被扶養配偶者としての第３号被保険者であった期間がありますか。　（　はい　・　(いいえ)　）

イ．1欄に記入した方が「2欄に記入した方以外の方」を被扶養配偶者とし、その方が第３号被保険者であった期間がありますか。　（　はい　・　(いいえ)　）

ウ．「ア」または「イ」について、「はい」を○で囲んだ場合は、その「2欄に記入した以外の方」の氏名、生年月日および基礎年金番号をご記入ください。

氏名	(フリガナ) (氏)　(名)	生年月日	明大昭平令 治正和成和	年	月	日	基礎年金番号	－

2．情報提供を受けようとする婚姻期間において、

ア．2欄に記入した方が、「1 欄に記入した方以外の方」の被扶養配偶者としての第３号被保険者であった期間がありますか。　（　はい　・　(いいえ)　）

イ．2欄に記入した方が「1欄に記入した方以外の方」を被扶養配偶者とし、その方が第３号被保険者であった期間がありますか。　（　はい　・　(いいえ)　）

ウ．「ア」または「イ」について、「はい」を○で囲んだ場合は、その「1欄に記入した以外の方」の氏名、生年月日および基礎年金番号をご記入ください。

氏名	(フリガナ) (氏)　(名)	生年月日	明大昭平令 治正和成和	年	月	日	基礎年金番号	－

5 再請求理由

※情報の提供を受けようとする婚姻期間等について、過去に、情報提供を受けたことがある方のみご記入ください。

1．前回の請求から３か月を経過していますか。（　はい　・　いいえ　）

2．「いいえ」を○で囲んだ場合は、再請求の理由について次のいずれか該当する項目に○をつけてください。

ア．請求者（甲）または（乙）の被保険者の種別の変更があったため。

イ．請求者（甲）または（乙）が養育期間に係る申出を行ったため。

ウ．請求者（甲）または（乙）が第３号被保険者に係る届出を行ったため。

エ．按分割合を定めるための裁判手続に必要なため。

オ．その他（　　　　　　　　　　　　　　　　　　　　　）

6 請求者（甲）の署名等

厚生年金保険法第78条の4の規定に基づき、標準報酬改定請求を行うために必要な情報の提供を請求します。なお、年金分割のための情報通知書等については、（ア．年金事務所窓口での交付・(イ) 郵送による交付）を希望します。

令和 ○ 年 ○ 月 ○ 日

⑩氏名　夏目美奈　　㊞（※請求者（甲）が自ら署名する場合は、押印は不要です。）

電話番号　○○○（○○○○）○○○○

送付先住所

⑧郵便番号	⑨住所	(フリガナ)
－		市区町村　(ウ)住所と同じ

7 請求者（乙）の署名等

厚生年金保険法第78条の4の規定に基づき、標準報酬改定請求を行うために必要な情報の提供を請求します。なお、年金分割のための情報通知書等については、（ア．年金事務所窓口での交付・(イ) 郵送による交付）を希望します。

令和 ○ 年 ○ 月 ○ 日

⑩氏名　夏目良介　　㊞（※請求者（乙）が自ら署名する場合は、押印は不要です。）

電話番号　○○○（○○○○）○○○○

送付先住所

⑧郵便番号	⑨住所	(フリガナ)
－		市区町村　(カ)住所と同じ

請求者の署名欄。必要書類の受け取り方法も指定する。郵送を希望する場合、1・2の住所と同じであればその旨を記載する。

者は記入不要です。

		⑫共済組合 コード2				⑬共済組合 コード3							
日	昭・平・令	年	月	日	⑯	昭・平・令	年	月	日	昭・平・令	年	月	日
日	昭・平・令	年	月	日	⑰	昭・平・令	年	月	日	昭・平・令	年	月	日

[年金分割のための情報提供請求書（つづき）]

請求者（甲）の加入年金記録について、できるだけ詳しく、正しく記入する。

9 請求者（甲）の婚姻期間等に係る資格記録

※ 欄外の注意事項を確認のうえ、できるだけ詳しく、正確にご記入ください。

	事業所（船舶所有者）の名称および船員であったときはその船舶名（国民年金に加入していた場合は国民年金とご記入ください。）	事業所（船舶所有者）の所在地または国民年金加入時の住所	勤務期間または国民年金の加入期間	加入していた年金制度の種類（○で囲んでください）	備考
1	(株)○○○企画	台東区○○○ ○丁目○番地○号	平成 ○○○○○○から 平成 ○○○○○○まで	1 国民年金（1号・3号） (2) 厚生年金保険 3 厚生年金保険(船員) 4 共済組合等	
2	国民年金	千代田区○○ ○丁目○番地○号	平成 ○○○○○○から 平成 ○○○○○○まで	(1) 国民年金（1号・(3)号） 2 厚生年金保険 3 厚生年金保険(船員) 4 共済組合等	
3	(株)○○○社 ○○○支社	港区○○○ ○丁目○番地○号	平成 ○○○○○○から 継続中 ~~まで~~	1 国民年金（1号・3号） (2) 厚生年金保険 3 厚生年金保険(船員) 4 共済組合等	
4			. . から . . まで	1 国民年金（1号・3号） 2 厚生年金保険 3 厚生年金保険(船員) 4 共済組合等	
5			. . から . . まで	1 国民年金（1号・3号） 2 厚生年金保険 3 厚生年金保険(船員) 4 共済組合等	
6			. . から . . まで	1 国民年金（1号・3号） 2 厚生年金保険 3 厚生年金保険(船員) 4 共済組合等	
7			. . から . . まで	1 国民年金（1号・3号） 2 厚生年金保険 3 厚生年金保険(船員) 4 共済組合等	
備考欄					

社名のほか、支店名・工場名などがあれば、それも記入する。詳しい情報がわからない場合でも、住所なら「市区町村名まで」、年金加入期間なら「○年夏」などとわかる範囲で記入する。現在も被保険者である項目は、「継続中」と書く。

50歳以上または、障害厚生年金を受けている人は、年金分割した場合の年金見込額を知らせてもらうことができる。希望する場合は、記入する。

（注1） 本請求書を提出する日において、厚生年金保険の被保険者である状態が続いている場合には、勤務期間欄は「○○. ○○ ら、継続中」とご記入ください。
（注2） 記入欄が足りない場合には、備考欄にご記入ください。
（注3） 加入していた年金制度が農林共済組合の場合、事業所名称欄には「農林漁業団体等の名称」を、事業所所在地欄には「農林漁業団体等の住所地」をご記入ください。
（注4） 米軍等の施設関係に勤めていたことがある方は、事業所名称欄に部隊名、施設名、職種をできるかぎりご記入ください。

個人で保険料を納める第四種被保険者、船員保険の年金任意継続被保険者となったことがありますか。	1 はい ・ (2) いいえ
「はい」と答えたときは、その保険料を納めた社会保険事務局、社会保険事務所または社会保険事務局の事務所の名称を記入してください。	
その保険料を納めた期間をご記入ください。	昭和・平成・令和 年 月 日から昭和・平成・令和 年 月 日
第四種被保険者（船員年金任意継続被保険者）の整理記号番号をご記入ください。	記号 番号

10 請求者（甲）の年金見込額照会

50歳以上の方または障害厚生年金を受けている方で希望される方に対しては、年金分割をした場合の年金見込額をお知らせします。該当するものに○をつけてください。

1．年金見込額照会を希望しますか。 （ 希望する ・ 希望しない ）
2．希望するを○で囲んだ場合は、希望する年金の種類と按分割合（上限50％）をご記入ください。
ア．希望する年金の種類（ 老齢厚生年金 ・ 障害厚生年金 ）
イ．希望する按分割合 （　　 %）

(元.5)

> 当事者１人が請求する場合は、配偶者のこれまでの年金記録をできるだけ正確に記入する。記入内容が不十分で、相手の年金記録の確認がとれない場合は情報提供が難しくなる。

11 請求者（乙）または配偶者の婚姻期間等に係る資格記録

※　欄外の注意事項を確認のうえ、できるだけ詳しく、正確にご記入ください。

	事業所（船舶所有者）の名称および船員であったときはその船舶名（国民年金に加入していた場合は国民年金と記入して下さい。）	事業所（船舶所有者）の所在地または国民年金加入時の住所	勤務期間または国民年金の加入期間	加入していた年金制度の種類（○で囲んでください）	備考
1	(株)○○○○○○	千代田区○○ ○丁目○番地○号	平成 ○○.○○.○○ から 継続中 ~~まで~~	1 国民年金（1号・3号） (2 厚生年金保険)（○囲み） 3 厚生年金保険(船員) 4 共済組合等	
2			． ． から ． ． まで	1 国民年金（1号・3号） 2 厚生年金保険 3 厚生年金保険(船員) 4 共済組合等	
3			． ． から ． ． まで	1 国民年金（1号・3号） 2 厚生年金保険 3 厚生年金保険(船員) 4 共済組合等	
4			． ． から ． ． まで	1 国民年金（1号・3号） 2 厚生年金保険 3 厚生年金保険(船員) 4 共済組合等	
5			． ． から ． ． まで	1 国民年金（1号・3号） 2 厚生年金保険 3 厚生年金保険(船員) 4 共済組合等	
6			． ． から ． ． まで	1 国民年金（1号・3号） 2 厚生年金保険 3 厚生年金保険(船員) 4 共済組合等	

> 記入項目が多い場合は、備考欄に書く。

備考欄		
	・　・　から　・　・　まで	
	・　・　から　・　・　まで	
	・　・　から　・　・　まで	
	・　・　から　・　・　まで	

> 当事者２人で請求する場合は、10と同様に当事者（乙）について記入する。１人で請求する場合は記入不要。

…る日において、厚生年金保険の被保険者である状態が続いている場合には、勤務期間欄は「○○．○○．○○か…入ください。

…場合には、備考欄にご記入ください。

…制度が農林共済組合の場合、事業所名称欄には「農林漁業団体等の名称」を、事業所所在地欄には「農林漁業団…記入ください。

…に勤めていたことがある方は、事業所名称欄に部隊名、施設名、職種をできるかぎりご記入ください。

…による請求の場合であって、現住所が不明な場合は「㋕住所」に不明と記入し、「配偶者の住所歴」に住所をわ…ください。

個人で保険料を納める第四種被保険者、船員保険の年金任意継続被保険者となったことがありますか。	1　はい　・　(2)　いいえ		
「はい」と答えたときは、その保険料を納めた年金事務所(社会保険事務所)の名称をご記入ください。			
その保険料を納めた期間をご記入ください。	昭和・平成・令和　年　月　日から昭和・平成・令和　年　月　日		
第四種被保険者(船員年金任意継続被保険者)の整理記号番号をご記入ください。	記号		番号

12 請求者（乙）の年金見込額照会

５０歳以上の方または障害厚生年金を受けている方で希望される方に対しては、年金分割をした場合の年金見込額をお知らせします。該当するものに○をつけてください。

1．年金見込額照会を希望しますか。　　（　希望する　・　希望しない　）

2．希望するを○で囲んだ場合は、希望する年金の種類と按分割合（上限５０%）をご記入ください。

ア．希望する年金の種類（　老齢厚生年金　・　障害厚生年金　）

イ．希望する按分割合　（　　　　%）

令和版

こちらもチェック

婚姻費用・養育費の算定表

後悔しない！離婚の準備と手続き
婚姻費用計算ツール
後悔しない！離婚の準備と手続き
養育費計算ツール

婚姻費用や養育費の標準的な金額を簡単かつ迅速に算定できるよう、裁判所より算定表が公表されています。離婚協議や調停の交渉に役立ててください。

3ステップで金額をチェック

どちらの金額も、相手と自分の年収をもとに、あてはまる表から導き出します。正確な年収は、自営業者なら確定申告書にある「課税される所得金額」、給与所得者なら源泉徴収票に記載された「支払金額」で確認を。

ステップ 1 表を選ぶ

婚姻費用➡P251〜256
養育費➡P257〜261

子どもの人数（0人・1人・2人）と年齢（0〜14歳・15歳以上）によって使う表が異なる。あてはまるページをまずは見つける。より簡単に導き出したい人、子どもが3人いる人はナツメ社のウェブサイトをチェック。

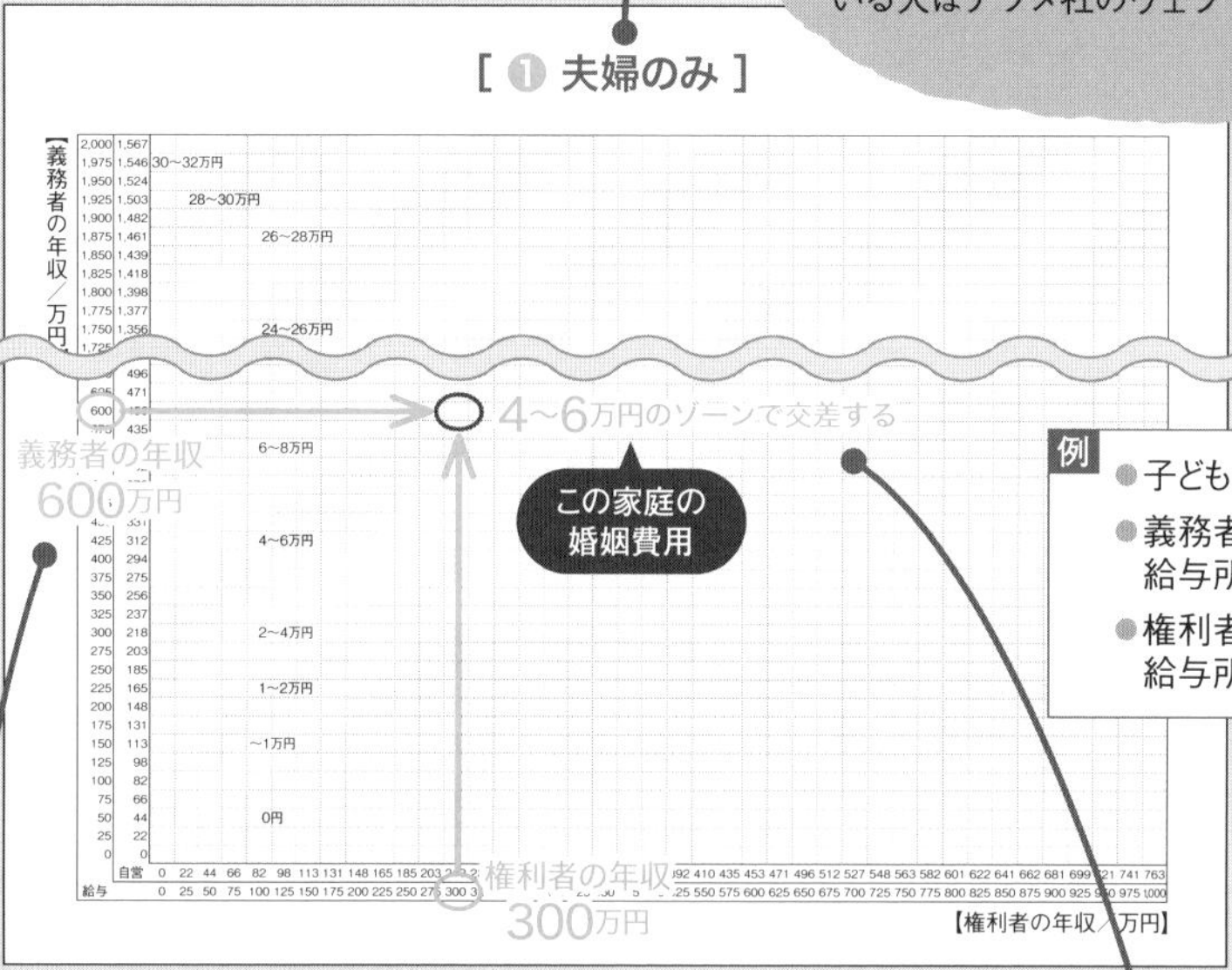

[❶ 夫婦のみ]
【義務者の年収／万円】
30〜32万円
28〜30万円
26〜28万円
24〜26万円
6〜8万円
4〜6万円
2〜4万円
1〜2万円
〜1万円
0円
4〜6万円のゾーンで交差する
義務者の年収 600万円
権利者の年収 300万円
この家庭の婚姻費用
【権利者の年収／万円】

例
- 子どもなし
- 義務者の年収 給与所得で600万円
- 権利者の年収 給与所得で300万円

ステップ 2 縦軸と横軸をとる

縦軸は義務者（支払う側）、横軸は権利者（受け取る側）の年収。自営業者、または給与取得者の軸をとり、あてはまる金額に印をつける。

ステップ 3 縦軸と横軸の交差地点をチェック

義務者の年収から右に、権利者の年収から真上に、それぞれ直線を引く。2つの線が交差したマスが、義務者が負担すべき標準的な月額費用となる。

[❶ 夫婦のみ]

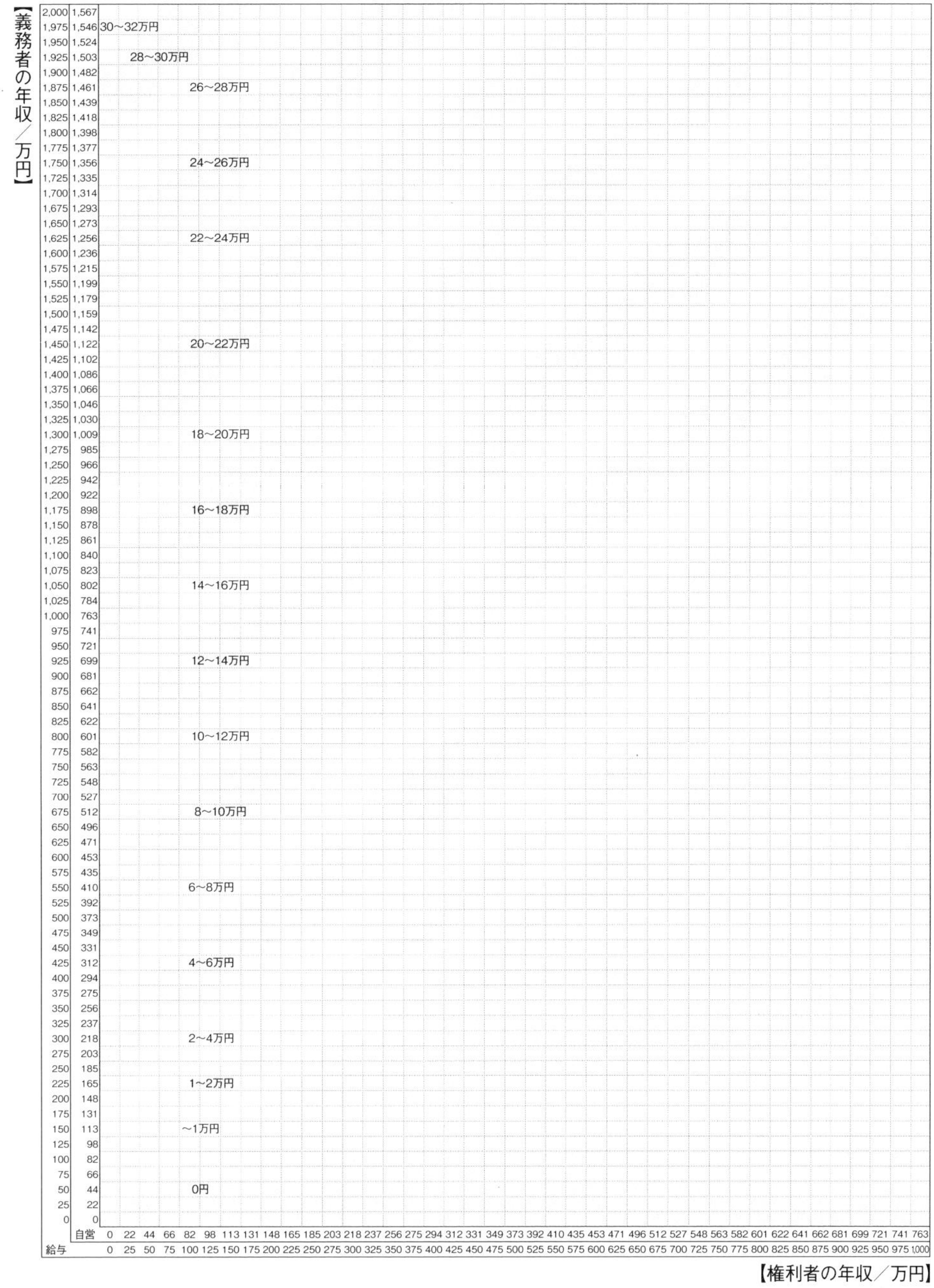
【義務者の年収／万円】
2,000 1,567
1,975 1,546
1,950 1,524
1,925 1,503
1,900 1,482
1,875 1,461
1,850 1,439
1,825 1,418
1,800 1,398
1,775 1,377
1,750 1,356
1,725 1,335
1,700 1,314
1,675 1,293
1,650 1,273
1,625 1,256
1,600 1,236
1,575 1,215
1,550 1,199
1,525 1,179
1,500 1,159
1,475 1,142
1,450 1,122
1,425 1,102
1,400 1,086
1,375 1,066
1,350 1,046
1,325 1,030
1,300 1,009
1,275 985
1,250 966
1,225 942
1,200 922
1,175 898
1,150 878
1,125 861
1,100 840
1,075 823
1,050 802
1,025 784
1,000 763
975 741
950 721
925 699
900 681
875 662
850 641
825 622
800 601
775 582
750 563
725 548
700 527
675 512
650 496
625 471
600 453
575 435
550 410
525 392
500 373
475 349
450 331
425 312
400 294
375 275
350 256
325 237
300 218
275 203
250 185
225 165
200 148
175 131
150 113
125 98
100 82
75 66
50 44
25 22
0 0
30～32万円
28～30万円
26～28万円
24～26万円
22～24万円
20～22万円
18～20万円
16～18万円
14～16万円
12～14万円
10～12万円
8～10万円
6～8万円
4～6万円
2～4万円
1～2万円
～1万円
0円
自営 0 22 44 66 82 98 113 131 148 165 185 203 218 237 256 275 294 312 331 349 373 392 410 435 453 471 496 512 527 548 563 582 601 622 641 662 681 699 721 741 763
給与 0 25 50 75 100 125 150 175 200 225 250 275 300 325 350 375 400 425 450 475 500 525 550 575 600 625 650 675 700 725 750 775 800 825 850 875 900 925 950 975 1,000
【権利者の年収／万円】

「平成30年度司法研究［養育費、婚姻費用の算定に関する実証的研究］の報告について」より抜粋

[❷ 子1人の場合(0〜14歳)]

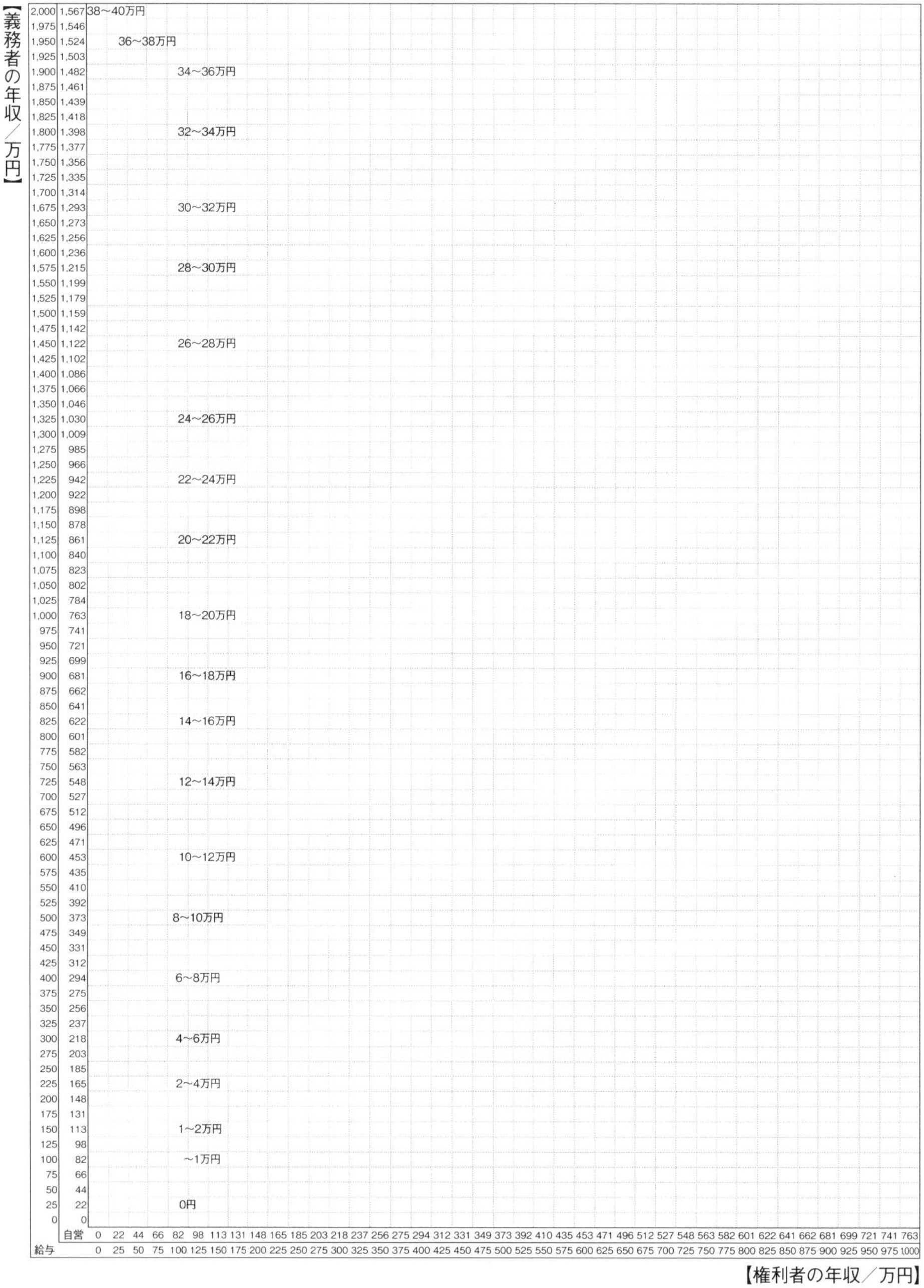
【義務者の年収／万円】
38〜40万円
36〜38万円
34〜36万円
32〜34万円
30〜32万円
28〜30万円
26〜28万円
24〜26万円
22〜24万円
20〜22万円
18〜20万円
16〜18万円
14〜16万円
12〜14万円
10〜12万円
8〜10万円
6〜8万円
4〜6万円
2〜4万円
1〜2万円
〜1万円
0円
2,000 1,567
1,975 1,546
1,950 1,524
1,925 1,503
1,900 1,482
1,875 1,461
1,850 1,439
1,825 1,418
1,800 1,398
1,775 1,377
1,750 1,356
1,725 1,335
1,700 1,314
1,675 1,293
1,650 1,273
1,625 1,256
1,600 1,236
1,575 1,215
1,550 1,199
1,525 1,179
1,500 1,159
1,475 1,142
1,450 1,122
1,425 1,102
1,400 1,086
1,375 1,066
1,350 1,046
1,325 1,030
1,300 1,009
1,275 985
1,250 966
1,225 942
1,200 922
1,175 898
1,150 878
1,125 861
1,100 840
1,075 823
1,050 802
1,025 784
1,000 763
975 741
950 721
925 699
900 681
875 662
850 641
825 622
800 601
775 582
750 563
725 548
700 527
675 512
650 496
625 471
600 453
575 435
550 410
525 392
500 373
475 349
450 331
425 312
400 294
375 275
350 256
325 237
300 218
275 203
250 185
225 165
200 148
175 131
150 113
125 98
100 82
75 66
50 44
25 22
0 0
自営 0 22 44 66 82 98 113 131 148 165 185 203 218 237 256 275 294 312 331 349 373 392 410 435 453 471 496 512 527 548 563 582 601 622 641 662 681 699 721 741 763
給与 0 25 50 75 100 125 150 175 200 225 250 275 300 325 350 375 400 425 450 475 500 525 550 575 600 625 650 675 700 725 750 775 800 825 850 875 900 925 950 975 1,000
【権利者の年収／万円】

[③ 子1人の場合(15歳以上)]

【義務者の年収/万円】

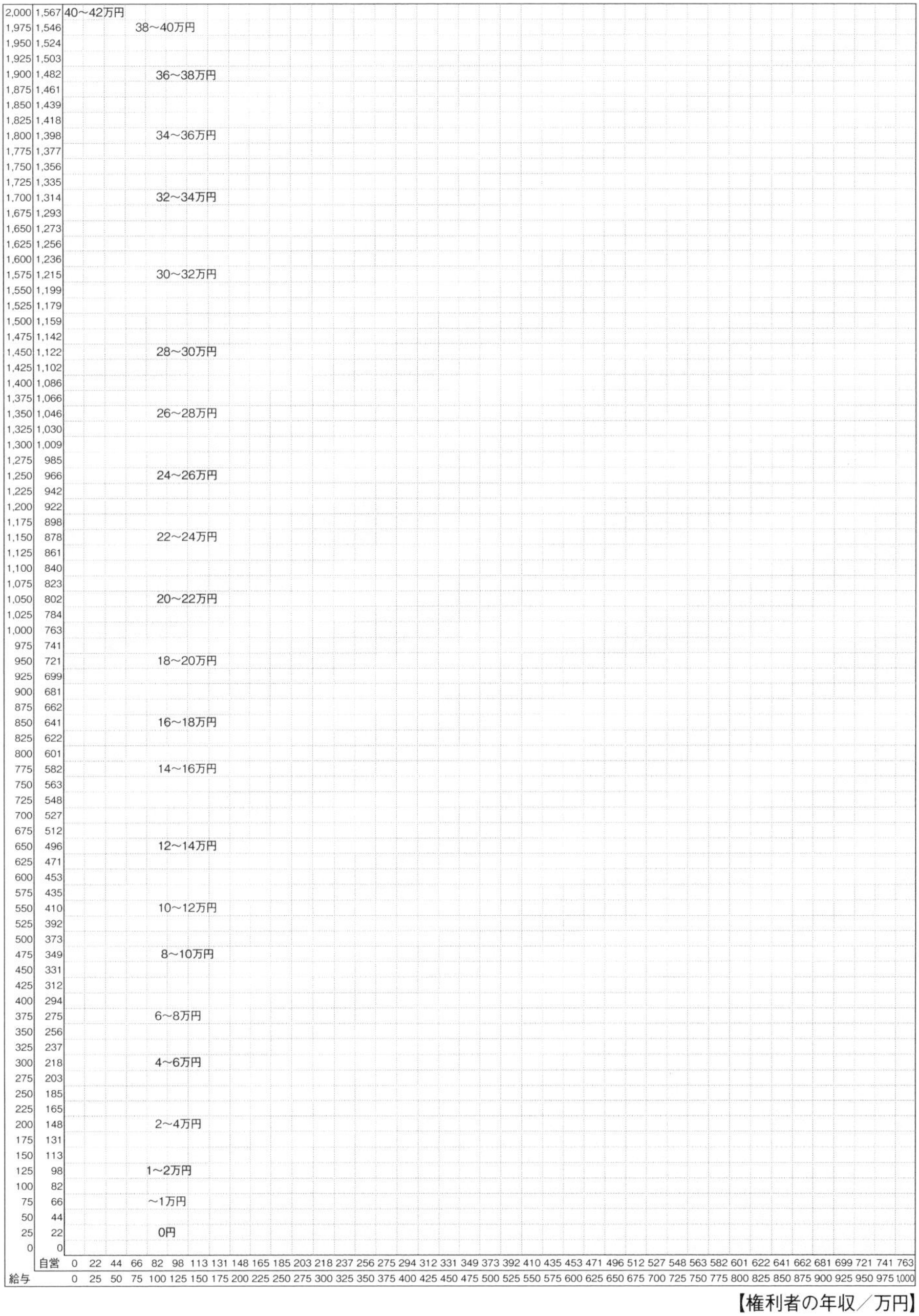

2,000 1,567
1,975 1,546
1,950 1,524
1,925 1,503
1,900 1,482
1,875 1,461
1,850 1,439
1,825 1,418
1,800 1,398
1,775 1,377
1,750 1,356
1,725 1,335
1,700 1,314
1,675 1,293
1,650 1,273
1,625 1,256
1,600 1,236
1,575 1,215
1,550 1,199
1,525 1,179
1,500 1,159
1,475 1,142
1,450 1,122
1,425 1,102
1,400 1,086
1,375 1,066
1,350 1,046
1,325 1,030
1,300 1,009
1,275 985
1,250 966
1,225 942
1,200 922
1,175 898
1,150 878
1,125 861
1,100 840
1,075 823
1,050 802
1,025 784
1,000 763
975 741
950 721
925 699
900 681
875 662
850 641
825 622
800 601
775 582
750 563
725 548
700 527
675 512
650 496
625 471
600 453
575 435
550 410
525 392
500 373
475 349
450 331
425 312
400 294
375 275
350 256
325 237
300 218
275 203
250 185
225 165
200 148
175 131
150 113
125 98
100 82
75 66
50 44
25 22
0 0
40~42万円
38~40万円
36~38万円
34~36万円
32~34万円
30~32万円
28~30万円
26~28万円
24~26万円
22~24万円
20~22万円
18~20万円
16~18万円
14~16万円
12~14万円
10~12万円
8~10万円
6~8万円
4~6万円
2~4万円
1~2万円
~1万円
0円
自営 0 22 44 66 82 98 113 131 148 165 185 203 218 237 256 275 294 312 331 349 373 392 410 435 453 471 496 512 527 548 563 582 601 622 641 662 681 699 721 741 763
給与 0 25 50 75 100 125 150 175 200 225 250 275 300 325 350 375 400 425 450 475 500 525 550 575 600 625 650 675 700 725 750 775 800 825 850 875 900 925 950 975 1,000

【権利者の年収/万円】

[④ 子2人の場合(第1子・第2子ともに0～14歳)]

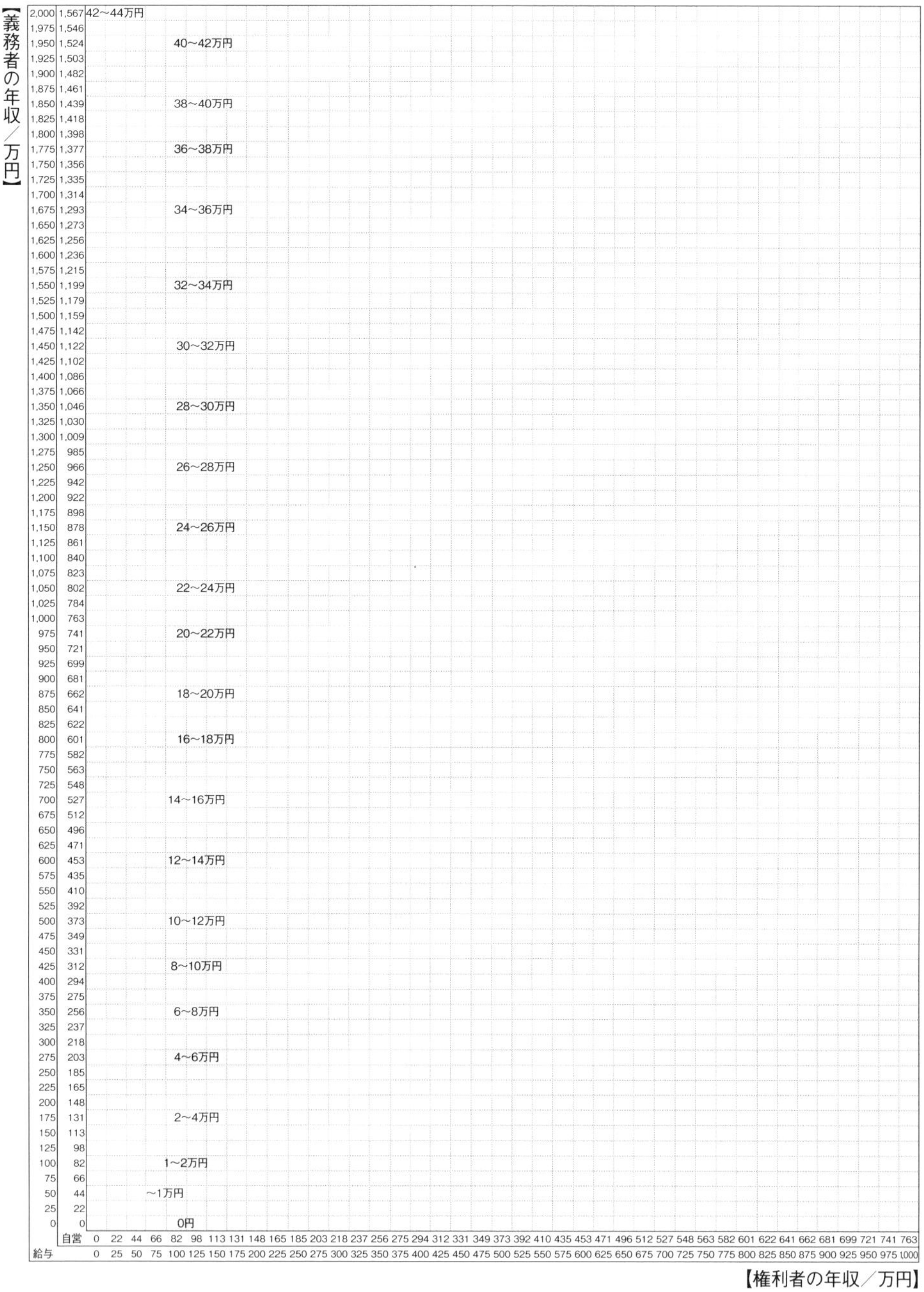
【義務者の年収／万円】
給与 2,000 1,975 1,950 1,925 1,900 1,875 1,850 1,825 1,800 1,775 1,750 1,725 1,700 1,675 1,650 1,625 1,600 1,575 1,550 1,525 1,500 1,475 1,450 1,425 1,400 1,375 1,350 1,325 1,300 1,275 1,250 1,225 1,200 1,175 1,150 1,125 1,100 1,075 1,050 1,025 1,000 975 950 925 900 875 850 825 800 775 750 725 700 675 650 625 600 575 550 525 500 475 450 425 400 375 350 325 300 275 250 225 200 175 150 125 100 75 50 25 0
自営 1,567 1,546 1,524 1,503 1,482 1,461 1,439 1,418 1,398 1,377 1,356 1,335 1,314 1,293 1,273 1,256 1,236 1,215 1,199 1,179 1,159 1,142 1,122 1,102 1,086 1,066 1,046 1,030 1,009 985 966 942 922 898 878 861 840 823 802 784 763 741 721 699 681 662 641 622 601 582 563 548 527 512 496 471 453 435 410 392 373 349 331 312 294 275 256 237 218 203 185 165 148 131 113 98 82 66 44 22 0
42～44万円
40～42万円
38～40万円
36～38万円
34～36万円
32～34万円
30～32万円
28～30万円
26～28万円
24～26万円
22～24万円
20～22万円
18～20万円
16～18万円
14～16万円
12～14万円
10～12万円
8～10万円
6～8万円
4～6万円
2～4万円
1～2万円
～1万円
0円
自営 0 22 44 66 82 98 113 131 148 165 185 203 218 237 256 275 294 312 331 349 373 392 410 435 453 471 496 512 527 548 563 582 601 622 641 662 681 699 721 741 763
給与 0 25 50 75 100 125 150 175 200 225 250 275 300 325 350 375 400 425 450 475 500 525 550 575 600 625 650 675 700 725 750 775 800 825 850 875 900 925 950 975 1,000
【権利者の年収／万円】

[⑤ 子2人の場合(第1子15歳以上・第2子0～14歳)]

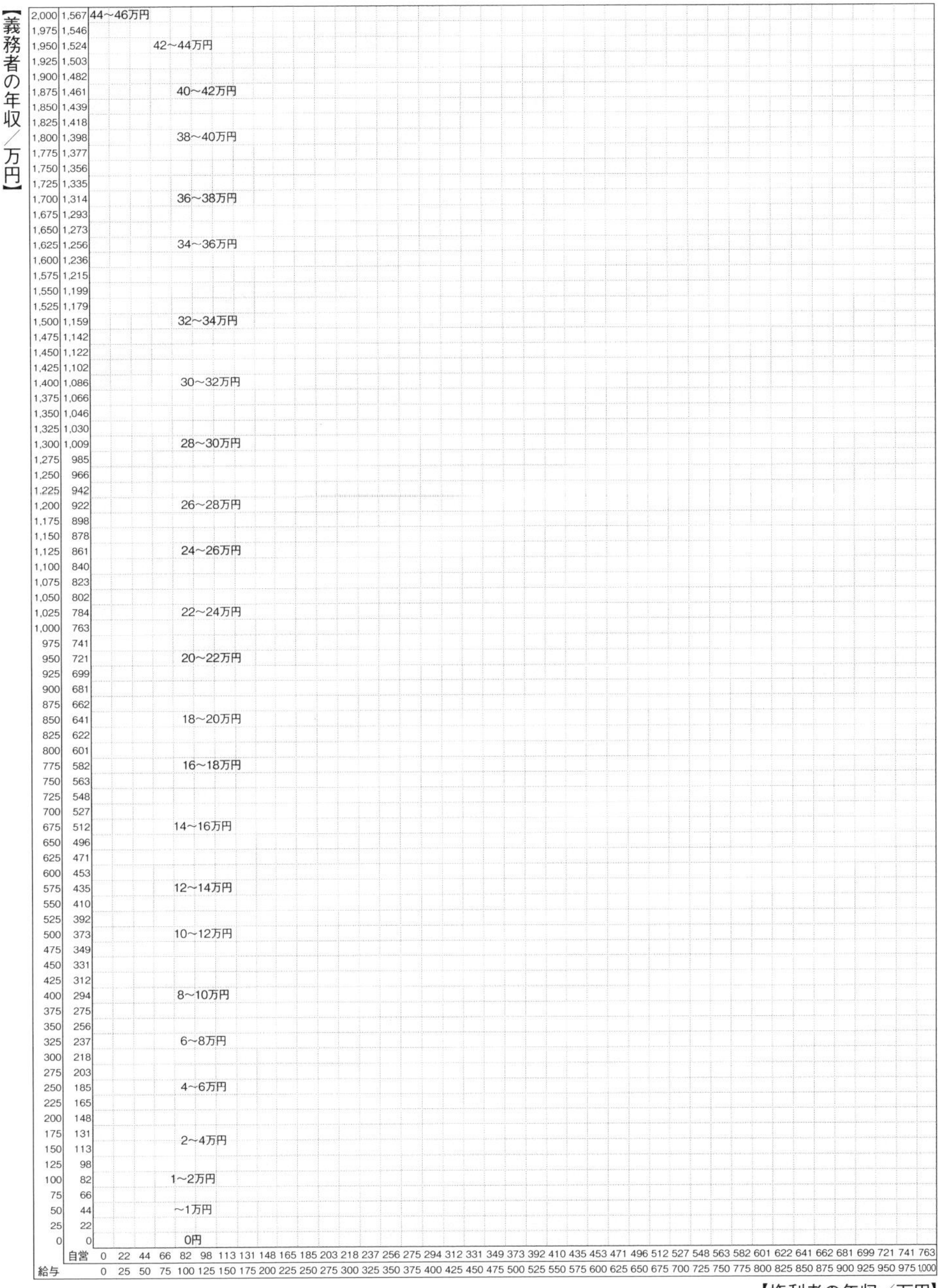
【義務者の年収／万円】
給与 2,000 1,975 1,950 1,925 1,900 1,875 1,850 1,825 1,800 1,775 1,750 1,725 1,700 1,675 1,650 1,625 1,600 1,575 1,550 1,525 1,500 1,475 1,450 1,425 1,400 1,375 1,350 1,325 1,300 1,275 1,250 1,225 1,200 1,175 1,150 1,125 1,100 1,075 1,050 1,025 1,000 975 950 925 900 875 850 825 800 775 750 725 700 675 650 625 600 575 550 525 500 475 450 425 400 375 350 325 300 275 250 225 200 175 150 125 100 75 50 25 0
自営 1,567 1,546 1,524 1,503 1,482 1,461 1,439 1,418 1,398 1,377 1,356 1,335 1,314 1,293 1,273 1,256 1,236 1,215 1,199 1,179 1,159 1,142 1,122 1,102 1,086 1,066 1,046 1,030 1,009 985 966 942 922 898 878 861 840 823 802 784 763 741 721 699 681 662 641 622 601 582 563 548 527 512 496 471 453 435 410 392 373 349 331 312 294 275 256 237 218 203 185 165 148 131 113 98 82 66 44 22 0
44～46万円
42～44万円
40～42万円
38～40万円
36～38万円
34～36万円
32～34万円
30～32万円
28～30万円
26～28万円
24～26万円
22～24万円
20～22万円
18～20万円
16～18万円
14～16万円
12～14万円
10～12万円
8～10万円
6～8万円
4～6万円
2～4万円
1～2万円
～1万円
0円
自営 0 22 44 66 82 98 113 131 148 165 185 203 218 237 256 275 294 312 331 349 373 392 410 435 453 471 496 512 527 548 563 582 601 622 641 662 681 699 721 741 763
給与 0 25 50 75 100 125 150 175 200 225 250 275 300 325 350 375 400 425 450 475 500 525 550 575 600 625 650 675 700 725 750 775 800 825 850 875 900 925 950 975 1,000
【権利者の年収／万円】

[⑥ 子2人の場合(第1子・第2子ともに15歳以上)]

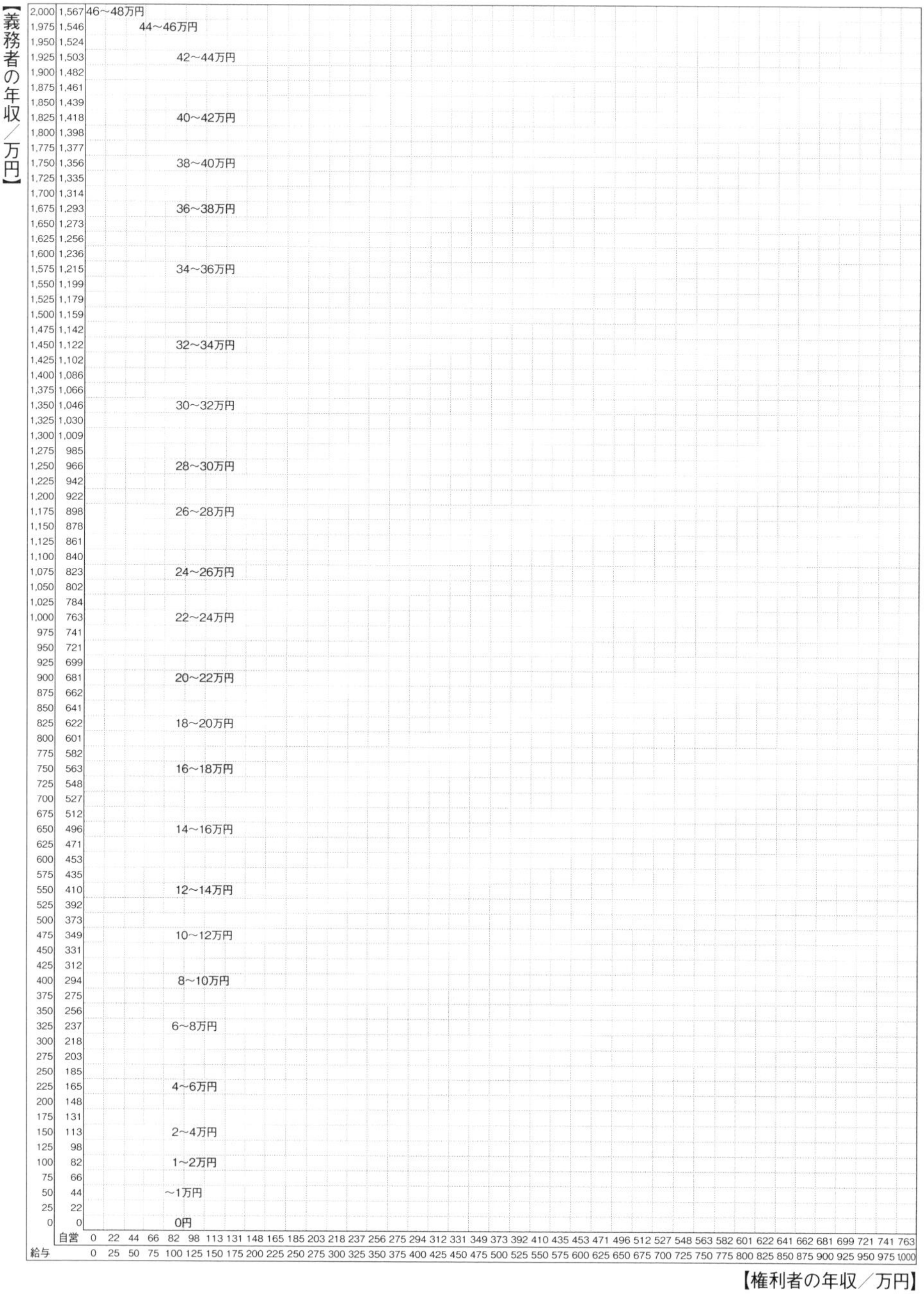
【義務者の年収/万円】
2,000 1,567
1,975 1,546
1,950 1,524
1,925 1,503
1,900 1,482
1,875 1,461
1,850 1,439
1,825 1,418
1,800 1,398
1,775 1,377
1,750 1,356
1,725 1,335
1,700 1,314
1,675 1,293
1,650 1,273
1,625 1,256
1,600 1,236
1,575 1,215
1,550 1,199
1,525 1,179
1,500 1,159
1,475 1,142
1,450 1,122
1,425 1,102
1,400 1,086
1,375 1,066
1,350 1,046
1,325 1,030
1,300 1,009
1,275 985
1,250 966
1,225 942
1,200 922
1,175 898
1,150 878
1,125 861
1,100 840
1,075 823
1,050 802
1,025 784
1,000 763
975 741
950 721
925 699
900 681
875 662
850 641
825 622
800 601
775 582
750 563
725 548
700 527
675 512
650 496
625 471
600 453
575 435
550 410
525 392
500 373
475 349
450 331
425 312
400 294
375 275
350 256
325 237
300 218
275 203
250 185
225 165
200 148
175 131
150 113
125 98
100 82
75 66
50 44
25 22
0 0
46~48万円
44~46万円
42~44万円
40~42万円
38~40万円
36~38万円
34~36万円
32~34万円
30~32万円
28~30万円
26~28万円
24~26万円
22~24万円
20~22万円
18~20万円
16~18万円
14~16万円
12~14万円
10~12万円
8~10万円
6~8万円
4~6万円
2~4万円
1~2万円
~1万円
0円
自営 0 22 44 66 82 98 113 131 148 165 185 203 218 237 256 275 294 312 331 349 373 392 410 435 453 471 496 512 527 548 563 582 601 622 641 662 681 699 721 741 763
給与 0 25 50 75 100 125 150 175 200 225 250 275 300 325 350 375 400 425 450 475 500 525 550 575 600 625 650 675 700 725 750 775 800 825 850 875 900 925 950 975 1,000
【権利者の年収/万円】

[❶ 子1人の場合(0~14歳)]

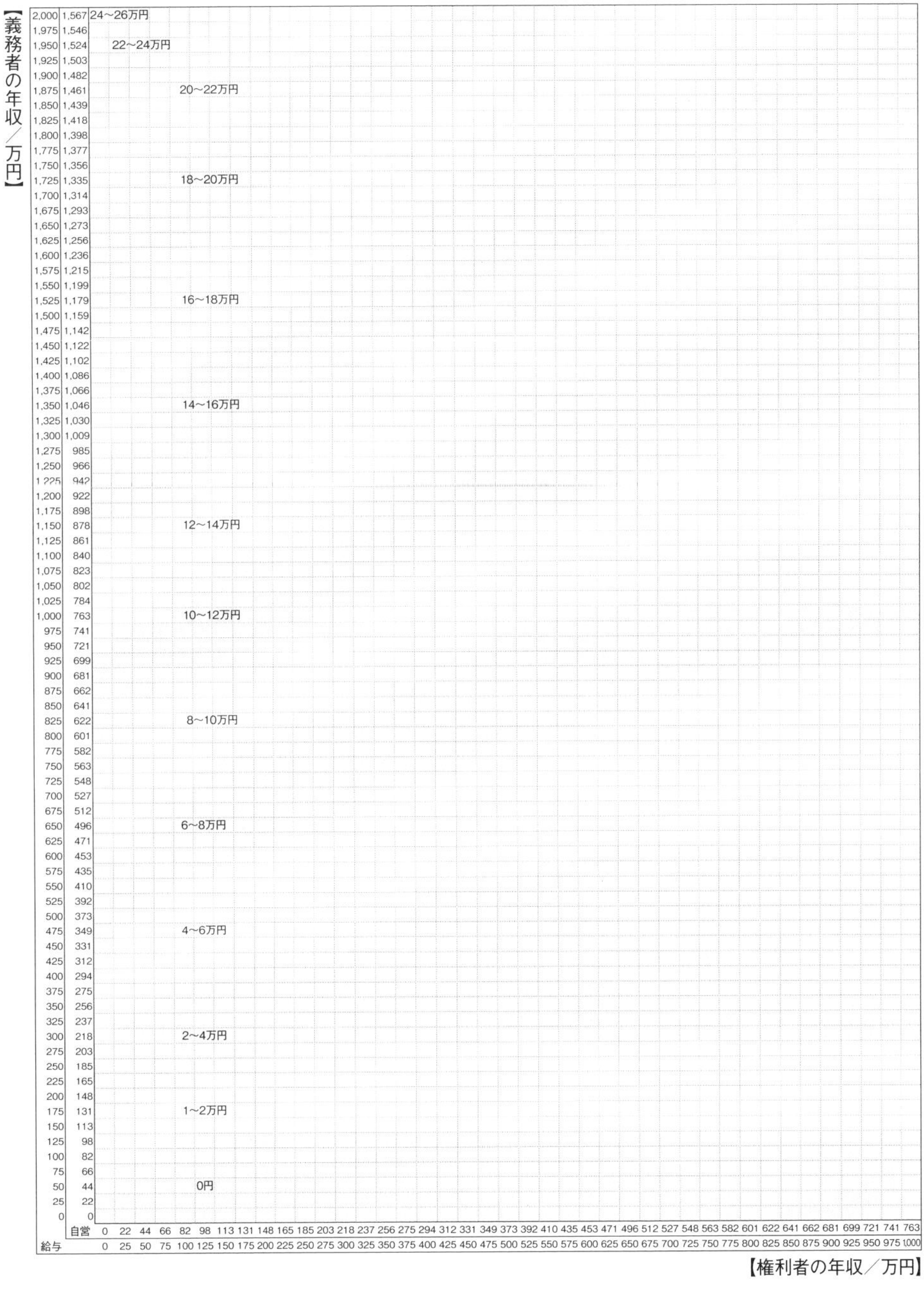
【義務者の年収／万円】
2,000 1,567
1,975 1,546
1,950 1,524
1,925 1,503
1,900 1,482
1,875 1,461
1,850 1,439
1,825 1,418
1,800 1,398
1,775 1,377
1,750 1,356
1,725 1,335
1,700 1,314
1,675 1,293
1,650 1,273
1,625 1,256
1,600 1,236
1,575 1,215
1,550 1,199
1,525 1,179
1,500 1,159
1,475 1,142
1,450 1,122
1,425 1,102
1,400 1,086
1,375 1,066
1,350 1,046
1,325 1,030
1,300 1,009
1,275 985
1,250 966
1,225 942
1,200 922
1,175 898
1,150 878
1,125 861
1,100 840
1,075 823
1,050 802
1,025 784
1,000 763
975 741
950 721
925 699
900 681
875 662
850 641
825 622
800 601
775 582
750 563
725 548
700 527
675 512
650 496
625 471
600 453
575 435
550 410
525 392
500 373
475 349
450 331
425 312
400 294
375 275
350 256
325 237
300 218
275 203
250 185
225 165
200 148
175 131
150 113
125 98
100 82
75 66
50 44
25 22
0 0
24~26万円
22~24万円
20~22万円
18~20万円
16~18万円
14~16万円
12~14万円
10~12万円
8~10万円
6~8万円
4~6万円
2~4万円
1~2万円
0円
自営 0 22 44 66 82 98 113 131 148 165 185 203 218 237 256 275 294 312 331 349 373 392 410 435 453 471 496 512 527 548 563 582 601 622 641 662 681 699 721 741 763
給与 0 25 50 75 100 125 150 175 200 225 250 275 300 325 350 375 400 425 450 475 500 525 550 575 600 625 650 675 700 725 750 775 800 825 850 875 900 925 950 975 1,000
【権利者の年収／万円】

[❷ 子1人の場合(15歳以上)]

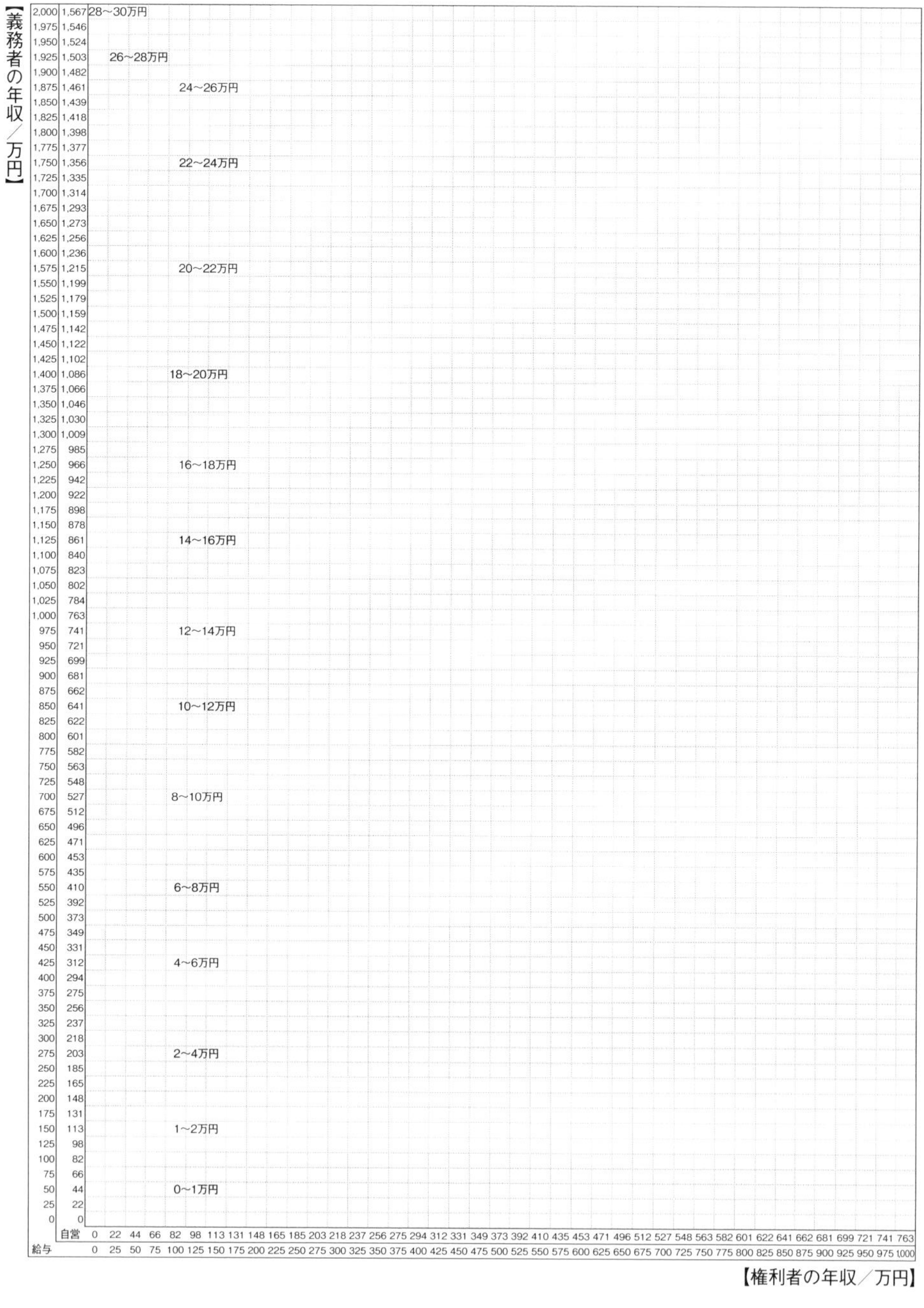
【義務者の年収／万円】
2,000 1,567
1,975 1,546
1,950 1,524
1,925 1,503
1,900 1,482
1,875 1,461
1,850 1,439
1,825 1,418
1,800 1,398
1,775 1,377
1,750 1,356
1,725 1,335
1,700 1,314
1,675 1,293
1,650 1,273
1,625 1,256
1,600 1,236
1,575 1,215
1,550 1,199
1,525 1,179
1,500 1,159
1,475 1,142
1,450 1,122
1,425 1,102
1,400 1,086
1,375 1,066
1,350 1,046
1,325 1,030
1,300 1,009
1,275 985
1,250 966
1,225 942
1,200 922
1,175 898
1,150 878
1,125 861
1,100 840
1,075 823
1,050 802
1,025 784
1,000 763
975 741
950 721
925 699
900 681
875 662
850 641
825 622
800 601
775 582
750 563
725 548
700 527
675 512
650 496
625 471
600 453
575 435
550 410
525 392
500 373
475 349
450 331
425 312
400 294
375 275
350 256
325 237
300 218
275 203
250 185
225 165
200 148
175 131
150 113
125 98
100 82
75 66
50 44
25 22
0 0
28～30万円
26～28万円
24～26万円
22～24万円
20～22万円
18～20万円
16～18万円
14～16万円
12～14万円
10～12万円
8～10万円
6～8万円
4～6万円
2～4万円
1～2万円
0～1万円
自営 0 22 44 66 82 98 113 131 148 165 185 203 218 237 256 275 294 312 331 349 373 392 410 435 453 471 496 512 527 548 563 582 601 622 641 662 681 699 721 741 763
給与 0 25 50 75 100 125 150 175 200 225 250 275 300 325 350 375 400 425 450 475 500 525 550 575 600 625 650 675 700 725 750 775 800 825 850 875 900 925 950 975 1,000
【権利者の年収／万円】

[❸ 子2人の場合(第1子・第2子ともに0～14歳)]

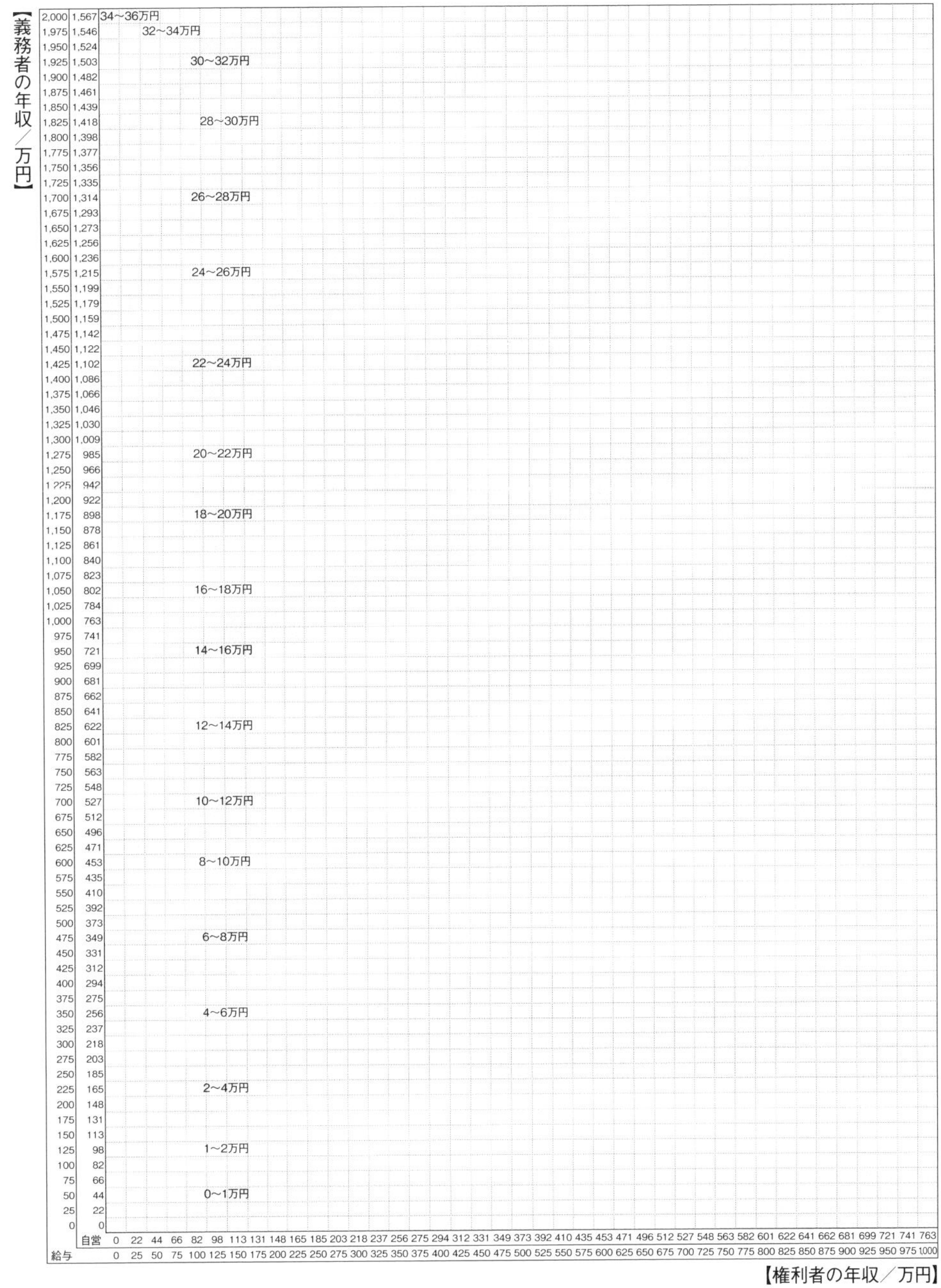
【義務者の年収／万円】
2,000 1,567
1,975 1,546
1,950 1,524
1,925 1,503
1,900 1,482
1,875 1,461
1,850 1,439
1,825 1,418
1,800 1,398
1,775 1,377
1,750 1,356
1,725 1,335
1,700 1,314
1,675 1,293
1,650 1,273
1,625 1,256
1,600 1,236
1,575 1,215
1,550 1,199
1,525 1,179
1,500 1,159
1,475 1,142
1,450 1,122
1,425 1,102
1,400 1,086
1,375 1,066
1,350 1,046
1,325 1,030
1,300 1,009
1,275 985
1,250 966
1,225 942
1,200 922
1,175 898
1,150 878
1,125 861
1,100 840
1,075 823
1,050 802
1,025 784
1,000 763
975 741
950 721
925 699
900 681
875 662
850 641
825 622
800 601
775 582
750 563
725 548
700 527
675 512
650 496
625 471
600 453
575 435
550 410
525 392
500 373
475 349
450 331
425 312
400 294
375 275
350 256
325 237
300 218
275 203
250 185
225 165
200 148
175 131
150 113
125 98
100 82
75 66
50 44
25 22
0 0
34～36万円
32～34万円
30～32万円
28～30万円
26～28万円
24～26万円
22～24万円
20～22万円
18～20万円
16～18万円
14～16万円
12～14万円
10～12万円
8～10万円
6～8万円
4～6万円
2～4万円
1～2万円
0～1万円
自営 0 22 44 66 82 98 113 131 148 165 185 203 218 237 256 275 294 312 331 349 373 392 410 435 453 471 496 512 527 548 563 582 601 622 641 662 681 699 721 741 763
給与 0 25 50 75 100 125 150 175 200 225 250 275 300 325 350 375 400 425 450 475 500 525 550 575 600 625 650 675 700 725 750 775 800 825 850 875 900 925 950 975 1,000
【権利者の年収／万円】

[❹ 子2人の場合(第1子15歳以上・第2子0〜14歳)]

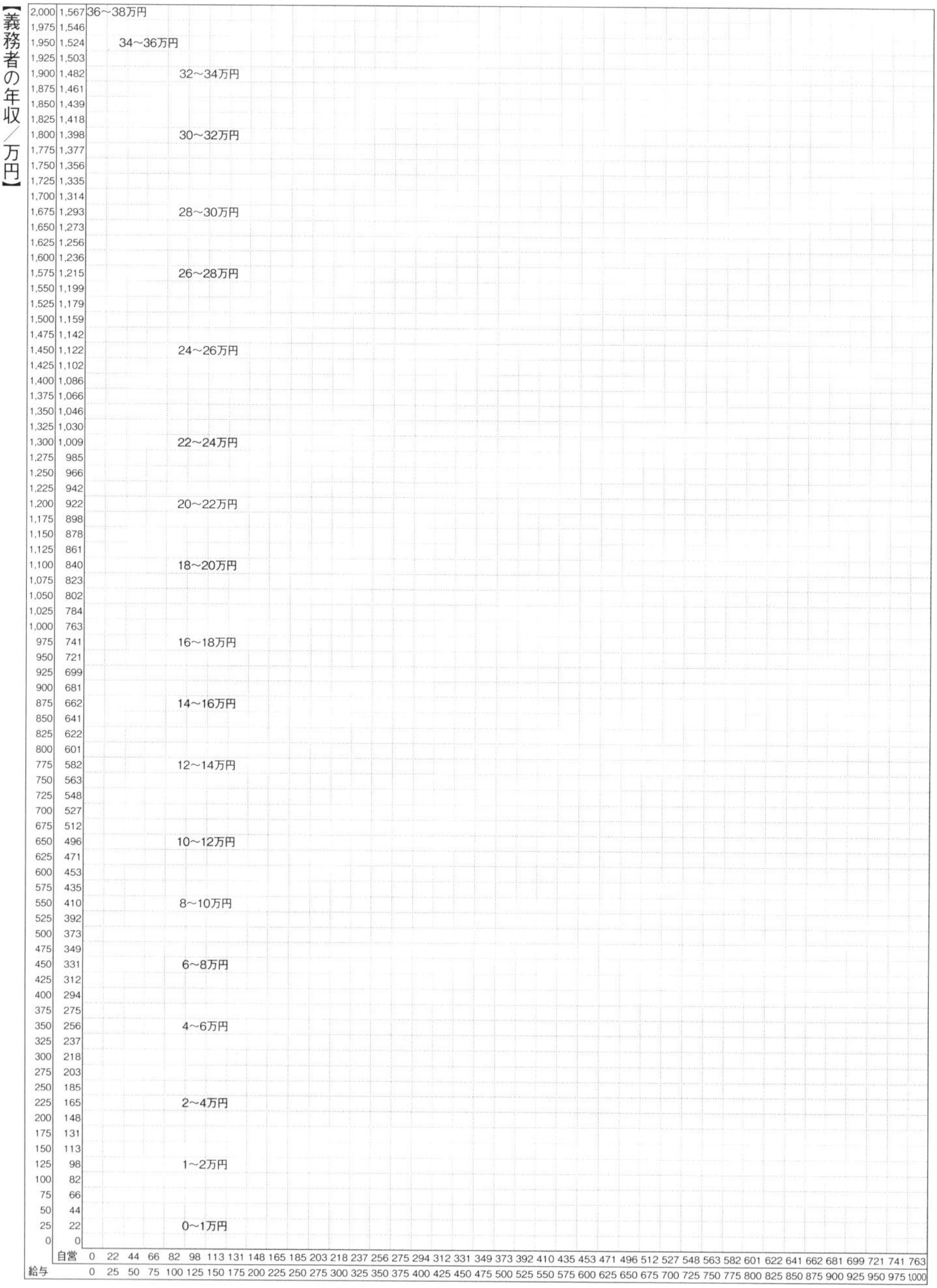
【義務者の年収/万円】
給与: 2,000 1,975 1,950 1,925 1,900 1,875 1,850 1,825 1,800 1,775 1,750 1,725 1,700 1,675 1,650 1,625 1,600 1,575 1,550 1,525 1,500 1,475 1,450 1,425 1,400 1,375 1,350 1,325 1,300 1,275 1,250 1,225 1,200 1,175 1,150 1,125 1,100 1,075 1,050 1,025 1,000 975 950 925 900 875 850 825 800 775 750 725 700 675 650 625 600 575 550 525 500 475 450 425 400 375 350 325 300 275 250 225 200 175 150 125 100 75 50 25 0
自営: 1,567 1,546 1,524 1,503 1,482 1,461 1,439 1,418 1,398 1,377 1,356 1,335 1,314 1,293 1,273 1,256 1,236 1,215 1,199 1,179 1,159 1,142 1,122 1,102 1,086 1,066 1,046 1,030 1,009 985 966 942 922 898 878 861 840 823 802 784 763 741 721 699 681 662 641 622 601 582 563 548 527 512 496 471 453 435 410 392 373 349 331 312 294 275 256 237 218 203 185 165 148 131 113 98 82 66 44 22 0
36〜38万円
34〜36万円
32〜34万円
30〜32万円
28〜30万円
26〜28万円
24〜26万円
22〜24万円
20〜22万円
18〜20万円
16〜18万円
14〜16万円
12〜14万円
10〜12万円
8〜10万円
6〜8万円
4〜6万円
2〜4万円
1〜2万円
0〜1万円
自営 0 22 44 66 82 98 113 131 148 165 185 203 218 237 256 275 294 312 331 349 373 392 410 435 453 471 496 512 527 548 563 582 601 622 641 662 681 699 721 741 763
給与 0 25 50 75 100 125 150 175 200 225 250 275 300 325 350 375 400 425 450 475 500 525 550 575 600 625 650 675 700 725 750 775 800 825 850 875 900 925 950 975 1,000
【権利者の年収/万円】

[❺ 子2人の場合(第1子・第2子ともに15歳以上)]

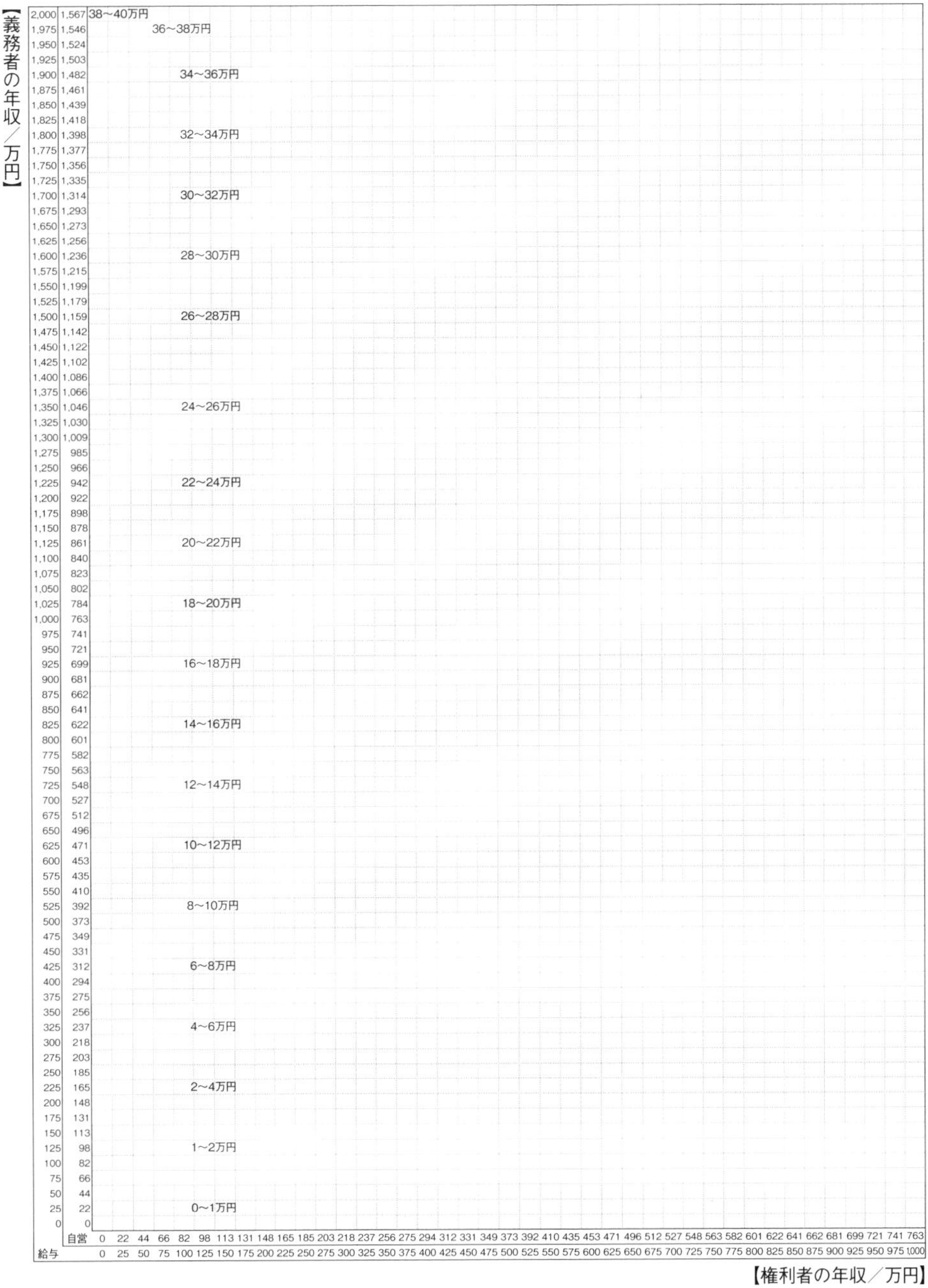
【義務者の年収／万円】
38～40万円
36～38万円
34～36万円
32～34万円
30～32万円
28～30万円
26～28万円
24～26万円
22～24万円
20～22万円
18～20万円
16～18万円
14～16万円
12～14万円
10～12万円
8～10万円
6～8万円
4～6万円
2～4万円
1～2万円
0～1万円
2,000 1,567
1,975 1,546
1,950 1,524
1,925 1,503
1,900 1,482
1,875 1,461
1,850 1,439
1,825 1,418
1,800 1,398
1,775 1,377
1,750 1,356
1,725 1,335
1,700 1,314
1,675 1,293
1,650 1,273
1,625 1,256
1,600 1,236
1,575 1,215
1,550 1,199
1,525 1,179
1,500 1,159
1,475 1,142
1,450 1,122
1,425 1,102
1,400 1,086
1,375 1,066
1,350 1,046
1,325 1,030
1,300 1,009
1,275 985
1,250 966
1,225 942
1,200 922
1,175 898
1,150 878
1,125 861
1,100 840
1,075 823
1,050 802
1,025 784
1,000 763
975 741
950 721
925 699
900 681
875 662
850 641
825 622
800 601
775 582
750 563
725 548
700 527
675 512
650 496
625 471
600 453
575 435
550 410
525 392
500 373
475 349
450 331
425 312
400 294
375 275
350 256
325 237
300 218
275 203
250 185
225 165
200 148
175 131
150 113
125 98
100 82
75 66
50 44
25 22
0 0
自営 0 22 44 66 82 98 113 131 148 165 185 203 218 237 256 275 294 312 331 349 373 392 410 435 453 471 496 512 527 548 563 582 601 622 641 662 681 699 721 741 763
給与 0 25 50 75 100 125 150 175 200 225 250 275 300 325 350 375 400 425 450 475 500 525 550 575 600 625 650 675 700 725 750 775 800 825 850 875 900 925 950 975 1,000
【権利者の年収／万円】

法律相談窓口

離婚協議を進めるにあたって、弁護士に相談することをおすすめします。
離婚手続きに不備がないか、より有益な情報がないかなどを教えてもらいましょう。

法テラス（日本司法支援センター）

国が設立した法律トラブルの「総合案内所」。相談内容に応じて、法律に関する情報のほか、相談機関・団体なども紹介してくれる。相談料は無料。

電話 0570-078374（おなやみなし）

IP電話 03-6745-5600

メール ホームページより24時間受付中
https://www.houterasu.or.jp

電話相談は
- 相談料：無料
- 通話料：固定電話からは全国一律3分8.5円（税別）
- 電話受付日時：平日9時～21時、土曜日9時～17時（日曜日・祝日は除く）

ひまわりお悩み110番

日本弁護士連合会の法律相談センター。電話かインターネットで相談予約をとり、後日面談にて相談する。相談料は地域や相談内容によって異なるが、おおむね30分5000円前後。

電話予約 0570-783-110（なやみ ひゃくとうばん）
（一部のIP電話からはつながりません。）

インターネット予約 ホームページより24時間受付中
https://www.soudan-yoyaku.jp

電話相談は
- 通話料：有料
- 相談料：30分5000円前後
- 電話受付時間：最寄りの弁護士会によって異なる

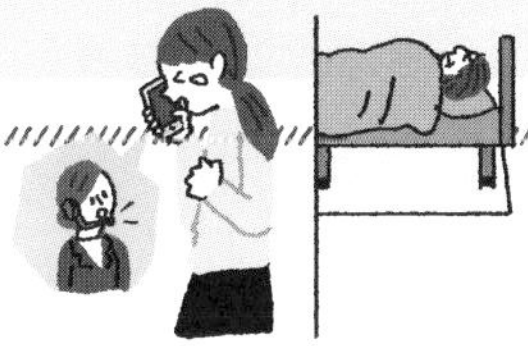

DV相談窓口

配偶者からの DV（ドメスティック・バイオレンス）に悩む場合は、専門の相談窓口に連絡し、適切な対処法を聞きましょう。離婚を切り出すのは、身の安全を確保してからです。

配偶者暴力相談支援センターにつながる

DV相談ナビ

内閣府男女共同参画局が設置する相談窓口。電話すると最寄りの「配偶者暴力相談支援センター」に自動転送され、そのまま相談できる。

電話相談 #8008（はれれば）

（一部のIP電話等からはつながりません。
従来の「0570-0-55210」は、
令和3年3月末までつながります。）

電話相談は

- 通話料：有料
- 相談受付時間：各機関によって異なる

2020年4月20日から開始

DV相談＋（プラス）

「DV 相談ナビ」を拡充させた相談窓口。電話・メール・チャットによって、時間を問わず気軽に相談できる。外国語での相談にも対応（英語・中国語・韓国語・スペイン語・タイ語・ベトナム語など 10 か国）。

電話相談 0120-279-889（つなぐ はやく）

メール・チャット相談
［メール］
ホームページより24時間受付中
［チャット］
受付時間：12時～22時

https://soudanplus.jp

警察への相談

身に危険が及ぶ場合は「110 番」へ。そうではないが警察に相談したい場合は下記に連絡を。内容によっては、必要な部署と連携し措置をとってくれることも。

電話相談 #9110

（一部のIP電話等からはつながりません。）

電話相談は

- 通話料：有料
- 受付時間：平日午前8:30～午後5時15分。
土日祝日および時間外は、当直または音声案内で対応（各都道府県警察本部によって異なる）。

よりそいホットライン

一般社団法人「社会的包摂サポートセンター」が設置する相談窓口。DV はもちろん、身近な悩みや不安に対しても相談にのってもらえる。

電話相談 0120-279-338（つなぐ ささえる）

岩手県・宮城県・福島県からは
0120-279-226（つなぐ つつむ）

メール・チャット相談
ホームページより24時間受付中
https://comarigoto.jp

母子家庭等就業・自立支援センター事業実施先

都道府県・指定都市・中核市が主体となり、ひとり親へのさまざまな就労支援を行っています。
就業相談・就業支援講習会の実施・就業情報の提供などのほか、
養育費の相談もできます。まずは電話してみましょう。

（「令和元年10月1日時点 厚生労働省調べ」より一部改変・2020年11月現在）

	委託先	電話番号
北海道	社会福祉法人 函館市民生事業協会	0138-24-8040
	社会福祉法人 北見睦会	0157-23-4195
	社会福祉法人 旭川市社会福祉協議会	0166-21-7181
	社会福祉法人 釧路まりも学園	0154-22-2401
	社会福祉法人 帯広市社会福祉協議会	0155-20-7751
	社会福祉法人 北海道母子寡婦福祉連合会	0143-83-7047
	公益社団法人 札幌市母子寡婦福祉連合会	011-631-3270
青森県	公益財団法人 青森県母子寡婦福祉連合会	017-735-4152
	青森市役所福祉部子育て支援課	017-734-5334
岩手県	一般社団法人 岩手県母子寡婦福祉連合会	019-623-8539
宮城県	公益財団法人 宮城県母子福祉連合会	022-295-0013
	公益財団法人 せんだい男女共同参画財団	022-212-4322
	一般社団法人 パーソナルサポートセンター	022-302-3663
秋田県	社会福祉法人 秋田県母子寡婦福祉連合会	018-896-1531
	秋田市母子寡婦福祉連合会	018-866-1341
山形県	一般財団法人 山形県母子寡婦福祉連合会	023-632-2296
福島県	株式会社トーネット	0120-650-110
	郡山市役所 こども総合支援センター	024-924-3341
茨城県	社会福祉法人 茨城県母子寡婦福祉連合会	029-233-2355
栃木県	公益財団法人 栃木県ひとり親家庭福祉連合会	028-665-7801
	シーデーピージャパン株式会社	028-651-6177
群馬県	一般財団法人 群馬県母子寡婦福祉協議会	027-255-6636
埼玉県	東部中央福祉事務所	048-737-2139
	西部福祉事務所	049-283-7991
	北部福祉事務所	0495-22-0104
	秩父福祉事務所	0494-22-6237
	さいたま市役所 子育て支援政策課	048-829-1948

	委託先	電話番号
埼玉県	川越市役所 こども家庭課	049-224-5821
	川口市役所 子ども育成課	048-271-9441
千葉県	一般財団法人 千葉県母子寡婦福祉連合会	043-225-0608
	千葉市役所 こども家庭支援課	043-245-5179
	船橋市役所 児童家庭課	047-436-3316
	柏市役所こども部こども福祉課	047-167-1595
東京都	一般財団法人 東京都ひとり親家庭福祉協議会(新宿区)	03-5261-8687
	一般財団法人 東京都ひとり親家庭福祉協議会(千代田区)	03-3263-3451
	八王子市役所 子ども家庭部子育て支援課	042-620-7300
神奈川県	特定非営利活動法人 NPO日本キャリア・コンサルタント協会	0466-90-3601
	一般財団法人 横浜市母子寡婦福祉会	045-227-6337
	一般財団法人 川崎市母子寡婦福祉協議会	044-733-1166
	相模原市役所 こども家庭課	042-769-8232
	横須賀市役所 こども育成部子ども青少年給付課	046-822-0133
新潟県	一般社団法人 新潟県母子寡婦福祉連合会	025-281-5587
富山県	公益財団法人 富山県母子寡婦福祉連合会	076-432-4210
石川県	公益財団法人 石川県母子寡婦福祉連合会	076-264-0503
	金沢市母子寡婦福祉連合会	076-224-3417
福井県	一般財団法人 福井県母子寡婦福祉連合会	0776-21-0733
	福井市役所 子ども福祉課	0776-20-5140
山梨県	一般財団法人 山梨県母子寡婦福祉連合会	055-252-7014
長野県	長野県庁県民文化部こども・家庭課	026-235-7095
岐阜県	一般財団法人 岐阜県母子寡婦福祉連合会	058-268-2569
静岡県	公益社団法人 静岡県母子寡婦福祉連合会(静岡市)	054-254-1191
	公益社団法人 静岡県母子寡婦福祉連合会(浜松市)	053-452-7107
愛知県	社会福祉法人 愛知県母子寡婦福祉連合会	052-915-8824
三重県	一般財団法人 三重県母子寡婦福祉連合会	059-228-6298
滋賀県	社会福祉法人 滋賀県母子福祉のぞみ会	0748-37-5088
	大津市役所 子ども家庭課	077-522-0220
京都府	社会福祉法人 京都府母子寡婦福祉連合会(京都市)	075-662-3773
	社会福祉法人 京都府母子寡婦福祉連合会(福知山市)	0773-23-2771
	一般社団法人 京都市母子寡婦福祉連合会	075-708-7750
大阪府	社会福祉法人 大阪府母子寡婦福祉連合会	06-6748-0263
	公益社団法人 大阪市ひとり親家庭福祉連合会	06-6371-7146
	一般財団法人 堺市母子寡婦福祉会	072-223-7902
	社会福祉法人 豊中市母子寡婦福祉会	06-6852-5160
兵庫県	兵庫県庁 健康福祉部少子高齢局児童課	078-362-3201

	委託先	電話番号
兵庫県	社会福祉法人 神戸市母子福祉たちばな会	078-341-4532
	姫路市役所 健康福祉局こども支援課	079-221-2132
	西宮市役所 子供家庭支援課	0798-35-3166
	尼崎市役所 こども福祉課	06-6489-6349
	明石市役所 児童福祉課	078-918-5027
奈良県	奈良県庁 母子家庭等就業・自立支援センター	0742-24-7624
和歌山県	公益社団法人 和歌山県母子寡婦福祉連合会	073-452-2700
	和歌山市役所 こども家庭課	073-435-1219
鳥取県	一般社団法人 鳥取県母子寡婦福祉連合会	0857-59-6344
島根県	一般財団法人 島根県母子寡婦福祉連合会	0852-32-5920
岡山県	公益財団法人 岡山県愛染会	086-201-7260
	岡山市役所 こども福祉課	086-803-1221
広島県	一般財団法人 広島県ひとり親家庭等福祉連合会	082-227-2370
	一般財団法人 広島市母子寡婦福祉連合会	082-261-2235
	一般財団法人 福山市母子寡婦福祉連合会	084-921-5546
山口県	一般財団法人 山口県母子寡婦福祉連合会	083-923-2490
	下関市役所 こども家庭支援課	083-231-1358
徳島県	公益財団法人 徳島県母子寡婦福祉連合会	088-654-7418
香川県	一般財団法人 香川県母子寡婦福祉連合会	087-874-1580
愛媛県	一般財団法人 愛媛県母子寡婦福祉連合会	089-907-3200
	松山市役所 子育て支援課	089-948-6418
高知県	NPO法人 大地の会	088-875-2500
福岡県	社会福祉法人 福岡県母子寡婦福祉連合会（春日市）	092-584-3931
	社会福祉法人 福岡県母子寡婦福祉連合会（飯塚市）	0948-21-0390
	久留米市母子寡婦福祉会	0942-32-1140
	一般財団法人 北九州市母子寡婦福祉会	093-871-3224
	NPO法人 しんぐるまざあず・ふぉーらむ・福岡	092-715-8805
佐賀県	一般財団法人 佐賀県母子寡婦福祉連合会	0952-97-9767
長崎県	一般社団法人 ひとり親家庭福祉会ながさき	095-813-0800
熊本県	社会福祉法人 熊本県ひとり親家庭福祉協議会	096-331-6736
大分県	一般財団法人 大分県母子寡婦福祉連合会	097-552-3313
宮崎県	一般財団法人 宮崎県母子寡婦福祉連合会	0985-22-4696
	宮崎市母子寡婦福祉協議会	0985-21-1765
鹿児島県	社会福祉法人 鹿児島県母子寡婦福祉連合会	099-258-2984
	鹿児島市役所 こども未来部こども福祉課	099-216-1260
沖縄県	公益社団法人 沖縄県母子寡婦福祉連合会	098-887-4099

全国家庭裁判所

夫婦関係や子どもに関する調停は、相手の住所地を管轄する家庭裁判所に申し立てます。
管轄の裁判所は、各都道府県の家庭裁判所（本庁）に問い合わせて確認してください。

（2020年11月現在）

裁判所名	電話番号
北海道	
札幌家庭裁判所	011-221-7281
函館家庭裁判所	0138-38-2370
旭川家庭裁判所	0166-51-6251
釧路家庭裁判所	0154-41-4171
東北	
青森家庭裁判所	017-722-5732
盛岡家庭裁判所	019-622-3452
仙台家庭裁判所	022-222-4165
秋田家庭裁判所	018-824-3121
山形家庭裁判所	023-623-9511
福島家庭裁判所	024-534-2436
関東・甲信越	
宇都宮家庭裁判所	028-621-4854
水戸家庭裁判所	029-224-8175
前橋家庭裁判所	027-231-4275
さいたま家庭裁判所	048-863-8844
千葉家庭裁判所	043-333-5327
東京家庭裁判所	03-3502-8331
横浜家庭裁判所	045-345-3463
静岡家庭裁判所	054-273-8768
甲府家庭裁判所	055-213-2541
長野家庭裁判所	026-403-2038
新潟家庭裁判所	025-333-0131
中部・北陸	
名古屋家庭裁判所	052-223-2830
津家庭裁判所	059-226-4711
岐阜家庭裁判所	058-262-5346
富山家庭裁判所	076-421-8154

裁判所名	電話番号
金沢家庭裁判所	076-221-3111
福井家庭裁判所	0776-91-5069
近畿	
大津家庭裁判所	077-503-8151
京都家庭裁判所	075-722-7211
大阪家庭裁判所	06-6943-5745
神戸家庭裁判所	078-521-5930
奈良家庭裁判所	0742-88-6521
和歌山家庭裁判所	073-428-9959
中国	
鳥取家庭裁判所	0857-22-2171
松江家庭裁判所	0852-35-5200
岡山家庭裁判所	086-222-6771
広島家庭裁判所	082-228-0494
山口家庭裁判所	083-922-1330
四国	
徳島家庭裁判所	088-603-0140
高松家庭裁判所	087-851-1942
松山家庭裁判所	089-942-0077
高知家庭裁判所	088-822-0442
九州・沖縄	
福岡家庭裁判所	092-981-9605
佐賀家庭裁判所	0952-38-5633
長崎家庭裁判所	095-804-4147
熊本家庭裁判所	096-206-3534
大分家庭裁判所	097-532-7161
宮崎家庭裁判所	0985-68-5146
鹿児島家庭裁判所	099-808-3722
那覇家庭裁判所	098-855-1273

参考資料

●裁判所公式サイト
https://www.courts.go.jp/index.html

●LEGAL MALL(ベリーベスト法律事務所法律情報サイト)
https://best-legal.jp/

『離婚の裁判例』
（阿部徹・上野雅和・杉本孝子・髙木喜孝・糠谷秀剛・森 有子・山川一陽編著、有斐閣）
『最新版 離婚の準備と手続きがわかる本』（広瀬めぐみ著、ナツメ社）
『離婚すると決めたら読む本』（ベリーベスト法律事務所著、日本実業出版社）
『図解 これだけは知っておきたい 離婚のための準備と手続き』
（鈴木幸子・柳沢里美著、新星出版社）
『新版 子連れ離婚を考えたときに読む本』（新川てるえ著、日本実業出版社）
『図解でよくわかる 離婚の準備・手続き・ライフプラン』（柳原桑子著、池田書店）
『令和版 離婚ハンドブック』（比留田 薫監修、主婦の友社）

監修　ベリーベスト法律事務所

2010年設立。「お客様の最高のパートナーでありたい。」という理念のもと、日本42拠点、海外2拠点に展開。設立以来、累計70万件以上の相談に対応してきた。さまざまな手続き・問題をまとめて解決できるよう、各分野の専門弁護士を中心に、税理士、社会保険労務士、弁理士、司法書士、行政書士とも連携して業務にあたる。

●ベリーベスト法律事務所　https://www.vbest.jp/

監修協力　弁護士 田渕朋子（たぶち・ともこ）

1987年東京大学法学部卒業。92年司法試験合格。95年最高裁判所司法研修所修了。個人法律事務所勤務等を経て、ベリーベスト法律事務所のパートナー弁護士となる。専門は、離婚・男女問題、債務整理・過払い金請求、遺産相続、一般民事、一般企業法務など多数。

スタッフ

デザイン	酒井一恵
イラスト	植木美江
校正	渡邉郁夫
編集協力	オフィス201（羽山奈津子）、寺本彩、櫻庭郁子、畑峰晶子、柄川昭彦
編集担当	柳沢裕子（ナツメ出版企画株式会社）

後悔しない！離婚の準備と手続き

2021年3月9日　初版発行

監修者　ベリーベスト法律事務所　Verybest Law Offices,2021
発行者　田村正隆

発行所　株式会社ナツメ社
東京都千代田区神田神保町1-52　ナツメ社ビル1F（〒101-0051）
電話　03-3291-1257（代表）　FAX　03-3291-5761
振替　00130-1-58661
制　作　ナツメ出版企画株式会社
東京都千代田区神田神保町1-52　ナツメ社ビル3F（〒101-0051）
電話　03-3295-3921（代表）
印刷所　ラン印刷社

ISBN978-4-8163-6974-2　Printed in Japan

本書に関するお問い合わせは、上記、ナツメ出版企画株式会社までお願いいたします。
〈定価はカバーに表示しております〉〈乱丁・落丁本はお取り替えします〉